"十三五"职业教育国家规划教材

大学生职业发展与就业指导教程

（第二版）

主　编　黄必义
副主编　李金莲

DAXUESHENG ZHIYE FAZHAN YU JIUYE ZHIDAO JIAOCHENG

高等教育出版社·北京

内容提要

本书是"十三五"职业教育国家规划教材，是在第一版的基础上修订而成的。

本书针对大学生的特点组织和选取教学内容，突出应用性和实践性。全书共分五个专题，内容包括职业目标确立、职业素质修炼、求职就业指导、就业权益保护、追求职业成功。本书以问题导学引入教学内容，激发学生的兴趣；理论部分穿插课堂活动、职场故事、拓展阅读以及小贴士引导学生积极思考，培养学生的职业精神和职业能力，指导学生求职、择业和职业发展。为利教便学，本书以二维码形式链接丰富资源，学生使用移动终端扫描二维码即可阅读拓展资料、观看相关视频等。

本书既可作为高等职业院校公共基础课教材，也可作为广大青年学生提升就业能力的参考书。

图书在版编目(CIP)数据

大学生职业发展与就业指导教程 / 黄必义主编. — 2版. — 北京：高等教育出版社，2021.8(2022.1重印)
ISBN 978-7-04-056468-6

Ⅰ.①大⋯ Ⅱ.①黄⋯ Ⅲ.①大学生—职业选择—高等职业教育—教材 Ⅳ.①G717.38

中国版本图书馆CIP数据核字(2021)第141147号

| 策划编辑 | 李光亮 | 责任编辑 | 余 红 | 封面设计 | 张文豪 | 责任印制 | 高忠富 |

出版发行	高等教育出版社	网 址	http://www.hep.edu.cn
社 址	北京市西城区德外大街4号		http://www.hep.com.cn
邮政编码	100120		http://www.hep.com.cn/shanghai
印 刷	当纳利(上海)信息技术有限公司	网上订购	http://www.hepmall.com.cn
开 本	787mm×1092mm 1/16		http://www.hepmall.com
印 张	16.75		http://www.hepmall.cn
字 数	378千字	版 次	2018年2月第1版
			2021年8月第2版
购书热线	010-58581118	印 次	2022年1月第2次印刷
咨询电话	400-810-0598	定 价	38.00元

本书如有缺页、倒页、脱页等质量问题，请到所购图书销售部门联系调换

版权所有 侵权必究
物 料 号 56468-00

第二版前言

随着我国普通高等教育的不断普及、大学毕业生人数的日益增多,高校毕业生所面临的就业形势不容乐观。面对日益严峻的就业形势,高职就业指导课程如何科学地指导和帮助学生正确认识自己、找准职业目标、实现顺利就业,进而助其走上职业成功之路,是紧迫而又现实的问题。由此,编写一本具有实践指导意义的课程教材具有重要意义。

本书紧扣立德树人的根本要求,坚持弘扬中华优秀传统文化,积极培育和践行社会主义核心价值观,将学生应具备的职业道德、职业素养、人文精神、工匠精神和问题解决能力融入教学内容和教学活动之中,通过全局设计、过程融合、细节安排,提升课程教学内涵,培养德智体美劳全面发展的社会主义建设者和接班人。

本书采用案例导入、拓展阅读、小贴士、职场故事、课堂活动、思考与练习等多种形式,深入浅出,循序渐进,寓教于乐,注重互联网技术、信息化手段在课程教学中的运用,对接职业教育国家教学标准体系和职业标准,服务产业发展,体现新技术、新工艺、新规范,反映岗位职业能力的新要求。

本次修订是以习近平新时代中国特色社会主义思想特别是关于教材建设的重要论述为指导,遵循高等职业教育国家规划教材的编写要求,以"德技兼修"为引领,从技术技能人才成长规律和学生认知特点出发,适应信息技术与教育教学深度融合的需要,根据行业企业人才需求的变化、生源变化以及大学生就业所面临的新形势、新情况和课程教学改革的实际,在广泛吸取当下同类教材的特色的基础上精心组织编写;通过调整、修订、完善教材内容,强化互联网等现代教育信息技术手段在课程教改中的运用,改进教材呈现形式,适应动态更新要求,配套开发并有机融入大量的微课等信息化教学资源;改进和提升课堂、课余活动设计,强化实践教学环节,用心打造培根铸魂、启智增慧的精品教材,努力提升课程的教育教学质量。

针对职业教育生源和教学特点,本书博采众长,"课堂活动"的设计从学生实际出发,坚持做中学、做中教;"职场故事"富有针对性、突出启发作用;"拓展阅读"强化内涵、开拓视野;"小贴士"短小精悍,发挥提示补充作用。本书坚持以学生为中心,贴近职场和学生职业生涯发展的实际,广泛采用"项目化""模块化"和"案例式""互动式"等教学方式,特色鲜明。

本课程的教学,建议安排在大一进行,每周2学时。其中第一专题12学时、第二专题6学时、第三专题10学时,第四、第五专题各4学时,总共36学时。各校也可根据自身的具体情况,每学期安排一个专题的教学。

在本书修订过程中,编者参考、借鉴、引用了一些学者、专家和同仁的研究成果和资料,在此一并表示衷心的感谢!限于水平,书中难免存在一些不妥之处,敬请广大师生、读者批评指正,以使其不断完善。

希望本书能对高职大学生的求职就业与职业发展有所帮助,也预祝老师、同学们工作顺利,学习进步,前程似锦!

编　者

2021 年 8 月

第一版前言

2007年,教育部办公厅发布了《关于印发〈大学生职业发展与就业指导课程教学要求〉的通知》(教高厅〔2007〕7号),提倡"所有普通高校开设职业发展与就业指导课程,并作为公共课纳入教学计划,贯穿学生从入学到毕业的整个培养过程"。为了贯彻教育部文件精神,提升高校就业指导服务水平,提高广大毕业生的就业能力,各高校相继将就业指导课程纳入人才培养工作,并列入就业"一把手"工程。自此,大学生职业发展与就业指导教材从无到有,历经十年的风雨历程。应该说,十年来,各高校无论是毕业生就业指导工作,还是就业指导课程建设,都取得了不俗的业绩。然而,大学生职业发展与就业指导课程诞生仅十年,无论是课程体系的构建,还是教学资料的积累、师资队伍的建设等,都还处于成长阶段,许多方面仍有待提高和完善。

随着我国高等教育步入大众化时代,高校就业指导工作、就业指导课程改革与发展呈现新的机遇和挑战。为了帮助高校学生更好地学习职业和求职就业的基本知识,了解当前的就业形势以及国家就业政策,正确认识自我,树立正确的职业观、就业观,提升就业能力与职业素质,实现职业目标,我们以《大学生职业发展与就业指导课程教学要求》为指南,广泛借鉴兄弟院校的同类教材,重构课程体系,针对学生特点组织和选取教学内容,编写了本书,力求帮助广大高校学生切实解决求职、就业和职业发展过程中的各种实际问题。

在编写过程中,我们根据学生成长、成才、成功的职业发展历程,紧紧围绕学生求职、择业、就业与职业发展需要,按照循序渐进的原则,始终把握求学与就业、学习与职业发展的逻辑联系,力求做到结构严谨、内容新颖、实用性强。

本书坚持理论知识"必需、够用"的原则,注重应用性与实用性,以提升学生就业能力为主线,根据学科特点和学生的认知水平,从高校毕业生求职就业、职业发展的需要出发,注重培养学生的职业精神和职业能力。同时,本书融入就业形势、就业政策和就业市场等内容,便于帮助学生更好地了解当前经济形势下的就业状况,了解用人单位对大学生素质的需求;采用问题导入、职场故事、课堂活动等形式,深入浅出,循序渐进,寓教于乐;注重互联网、信息化在课程教学中的运用,配置了大量的二维码拓展资料,增强课程的吸引力和感染力。

本书由黄必义担任主编,李金莲担任副主编。全书共五单元,第一单元、第二单元、第四单元、第五单元由黄必义编写，第三单元由李金莲编写，全书由黄必义统稿。在编写过程中，作者参阅、援引、选用了有关教材、著作、网络资料，吸取了其中的许多精华，并尽可能地对一些引用材料的出处予以注明，在本书的最后列出了相关的参考文献。在此，我们一并致以衷心的感谢！

  本书的编写得到漳州职业技术学院领导和同仁的大力支持，学院创新创业与职业发展教研室的陈燕玉、周晓彬、陈亚鹏、方振政等老师提供了配套的课程教学设计和教学课件。在本书付梓之际，也一并致以衷心的感谢！

  由于作者水平有限，加上时间仓促，书中疏漏和不妥之处在所难免，敬请专家、同行和广大读者批评指正。

编 者

2018 年 2 月

目 录

001　**专题一　职业目标确立**
001　　第一单元　大学生活与生涯发展
009　　第二单元　自我探索
036　　第三单元　职业认知
046　　第四单元　职业定向
057　　专题小结

059　**专题二　职业素质修炼**
059　　第一单元　提升职业修养
082　　第二单元　强化综合素质
097　　第三单元　培养职业能力
104　　专题小结

107　**专题三　求职就业指导**
107　　第一单元　就业形势与政策
124　　第二单元　就业信息的搜集与处理
133　　第三单元　求职材料准备
148　　第四单元　面试与笔试
161　　第五单元　求职心理准备
166　　专题小结

169　**专题四　就业权益保护**
169　　第一单元　就业协议与劳动合同
181　　第二单元　就业权益与义务
196　　第三单元　就业陷阱及其防范
206　　第四单元　劳动争议与处理
212　　专题小结

专题五　追求职业成功

- 215　**专题五　追求职业成功**
- 215　第一单元　顺利实现角色转换
- 228　第二单元　用心做好第一份工作
- 232　第三单元　做合格的职业人
- 244　第四单元　迈向职业成功
- 252　专题小结

254　**主要参考文献**

资源导航

005	1-1	微课：生涯与生涯规划
010	1-2	微课：兴趣与职业发展
011	1-3	微课：解码职业兴趣
015	1-4	文本：职业索引——职业兴趣代码与其相应的职业对照表
016	1-5	微课：职业性格
025	1-6	文本：MBTI职业性格类型及其职业倾向
032	1-7	微课：职业价值观
036	1-8	微课：职业世界认知
040	1-9	表格：2021年最新版《国家职业资格目录（专业技术人员职业资格）》
045	1-10	微课：生涯人物访谈
048	1-11	微课：职业生涯规划的步骤
049	1-12	微课：职业目标的确立
053	1-13	微课：决策平衡单
054	1-14	文本：大学生职业生涯规划书范文
054	1-15	微课：学业规划
056	1-16	文本：大学学业规划范文
062	2-1	微课：职业素质
064	2-2	微课：从业者的基本素质
065	2-3	文本：知识经济时代对从业者素质的新要求
069	2-4	微课：职业道德
079	2-5	微课：电话礼仪
085	2-6	微课：工作有规范
086	2-7	微课：岗位有责任
098	2-8	微课：职业能力
099	2-9	微课：高校毕业生应具备的能力
109	3-1	视频：2016—2020年我国的就业结构发生了什么变化
118	3-2	视频：退役士兵享受哪些教育优惠政策
121	3-3	视频：人社部：降低就业门槛　促进灵活就业
122	3-4	视频：2020年征兵公益宣传片——《参军报国　不负韶华》

页码	编号	资源
127	3-5	视频：在智联招聘网上搜索就业信息
129	3-6	微课：获取就业信息的渠道
132	3-7	微课：就业信息的分析与利用
135	3-8	微课：简历的规格
137	3-9	微课：如何描述实践经历
137	3-10	微课：简历的构成要素
140	3-11	微课：简历的投递
148	3-12	微课：面试类型
153	3-13	微课：面试技巧之自我介绍
155	3-14	文本：常见面试问题的回答思路
159	3-15	微课：笔试
165	3-16	微课：求职中的心理调适
169	4-1	微课：就业协议书
174	4-2	微课：劳动合同
176	4-3	微课：劳动纪律
178	4-4	微课：试用期
179	4-5	文本：劳动合同范本
195	4-6	微课：就业权益保护
199	4-7	文本：象牙塔外的骗局
205	4-8	微课：防范就业陷阱
209	4-9	微课：劳动争议及其处理
218	5-1	微课：顺利实现角色转换
228	5-2	微课：做好第一份工作
229	5-3	文本：认真只能把事情做对，用心才能将事情做好
230	5-4	微课：积极主动，用心工作
233	5-5	微课：做合格的职业人

专题一　职业目标确立

◇ **学习目标**
1. 认识职业生涯规划的重要性,树立正确的职业生涯规划意识。
2. 掌握职业生涯规划的方法和步骤,规划好自己的职业生涯。
3. 做好自己的大学学业规划。

第一单元　大学生活与生涯发展

◇ **问题导学**
1. 对所学专业不感兴趣怎么办?
2. 为毕业时能够找到自己喜爱的工作,大学时光该如何度过?
3. 为什么说大学生在就业市场上的角逐,实际上在大学学习阶段就开始了?

案 例 导 入

黄健是福建某高等职业院校动漫设计专业的学生,在校期间曾担任班长、系学生会主席职务。除努力学好专业课程之外,课余时间他还经常刻苦钻研 Photoshop、Flash、3DMAX 等软件的相关知识,不断扩充自己的知识面,专业技能水平不断提升。在学校和省教育厅主办的原创漫画大赛、VI 设计大赛、Flash 设计大赛中,他均获得了优异成绩。这些成绩的取得,得益于一进入大学阶段,他就做了比较符合实际的职业生涯规划。在正确分析自己的职业兴趣、个人特质、职业能力和职业价值观的基础上,黄健明确了职业定位,还为自己制定了短期、中期和长期的目标,为自己的职业发展打下了坚实的基础。大学刚毕业,黄健就在一家游戏公司谋得一份 Flash 设计工作。目前,黄健正在为自己的长期目标——成立自己的动漫设计公司做充分的准备。

每年金秋时节,总有莘莘学子通过自己勤奋的学习,迈进大学校门,翻开人生新的一页。大学为青年学生获取知识、提升技能、发挥潜能、展示才华提供了更大的平台,是人生发展历程的一大转折点。大学是大学生职业生涯重要的准备阶段,这一阶段的学习情况将直接关系每一位大学生将来进入什么行业、从事什么工作、如何发展。面对崭新的学习和生活环境,学生们既好奇又兴奋,也容易感到不适,希望通过本单元的学习,学生们能全方位地了解并尽快适应大学生活,正确认识职业生涯,尽早确立职业目标。

一、大学生活

卸下高考重负进入大学,大学新生第一次开始追逐自己的理想、兴趣。这是他们离开家庭,第一次独立参与集体生活;这是他们第一次不再由父母安排生活和学习,有足够的自由处理生活和学习中遇到的各类问题,支配所有属于自己的时间;对有些同学来说,这是个人一生中最后一次有机会系统性地接受教育,也是最后一次可以集中精力充实自我的成长历程。

(一)大学生活的特点

1. 生活独立性强,需要自立自强

中学阶段,学生多在家乡附近就读,衣食住行、生活起居多由父母亲友照顾,个人不必操心。大学则完全不同,由于远离家乡亲人,诸如看病、购物、洗衣、吃饭等许多生活琐事无不需要自主安排。

2. 学习氛围宽松,强调自我管理

大学生个性张扬,自我约束力不强,再加上大学管理不同于中学,主要依靠学生的自我管理和自我教育,容易产生懈怠。

3. 学习内容较多,需要自觉自主

相对中学而言,大学的课程多、教学进度快、课程难度大、自学内容增多、生活节奏更快,自觉、自主学习显得尤为重要。

4. 就业压力较大,需要自强不息

面对日益严峻的就业形势,大学生要顺利完成学业,必须要自强自信,要相信自己的能力,善于参与,敢于竞争,勇于吃苦耐劳,努力克服自身的弱点,善于战胜和超越自我,做生活和学习的强者;面对困难和挫折,要以平静的心态接受,以积极的态度去克服,而不要怨天尤人,更不要自暴自弃。

5. 社会联系密切,需要自律自省

大学校园也是一个小的社会,社会上许多不良的东西也会渗透到校园中来,从而对大学生产生不良影响。大学生要自觉加强道德修养,要从一点一滴的小事做起,不要随心所欲,放纵自己,坚持"慎独"和"吾日三省吾身"的道德修养原则,堂堂正正、诚信做人。

6. 人际交往广泛,需要自尊自爱

《礼记·学记》云:"独学而无友,则孤陋而寡闻"。与中学阶段相比,高职学生的人际交往更为广泛,在校内要与老师、同学、老乡、朋友等交往,在校外不管社会实践、顶岗实习还是社会调查,都要与社会方方面面的人打交道。而与人交往的基础是自尊和尊人。著名画家徐悲鸿说过:"人不可有傲气,但不可无傲骨"。大学生在交往中既要善交友、广交友、交好友,又要讲究做人的道德,把握交往的原则,力求做到自尊自爱、光明磊落。

大学阶段作为高校学生职业生涯的最后准备阶段,也是职业生涯真正的起点。为了奠定未来职业发展的基础,为了在毕业时找到自己喜爱的工作,每一位在校大学生都应明确大学阶段的主要任务,理性认识并积极适应大学学习生活。

（二）大学阶段的主要任务

1. 学会做人

学会做人，首先要明晰自己要做一个什么样的人，以及要在人际交往中表现出怎样的对待他人、对待自己的原则和态度。《人民日报》1982年5月4日发表的社论《当代青年的历史使命》提出要把青年培养成为"有理想、有道德、有文化、有纪律、有强健体魄的新一代"。这也是当代大学生应该树立的做人的标准。

人生的成与败归根结底在于做人的得与失。一个人不管有多聪明、多能干，背景条件有多好，如果不懂得如何做人，那么他最终的结局肯定是失败的。做人是一门艺术，更是一门学问。做人的问题实质就是要处理好自己和他人、自己和社会的关系。懂得做人的智慧，往往就会工作顺利、家庭美满、生活顺畅；反之，不懂得做人的智慧，就会导致人生的败局。

做事先做人，做事中体现着做人。一个人不管有多少财富、多高的地位、多么聪明、多么能干，如果不懂得做人的道理，最终不会获得真正意义上的成功和幸福。"学会做人"对于我们每个人来说，不是一时一事之功，而是一生当中时时刻刻、事事处处都要面对的课题。高校大学生应该从现在做起，从一点一滴、一言一行做起，立志成为一名有志向、有教养、善良、乐观和宽容的人。

低调做人，高标准做事。一个人只有放低心态、谦虚谨慎才能明确自己的处境，从而知进识退、进退有节、挥洒自如，并在激烈的社会竞争中立于不败之地。

"学会做人"是个既现实又深奥的话题，学校里没有"如何做人"的教材，也没有开设"如何做人"的课程。如何学会做人，是值得高职学生长期用心去思考的问题。在日常学习和生活中，大学生应该做一个有心人，从老师、同学、朋友的言行中去体会和揣摩：在面对矛盾和问题时，别人为什么会这样做；他处理得怎样，有待改进的地方有哪些；自己应该从中吸取什么。应该说，"学会做人"是个逐渐积累的过程，它不仅是大学阶段的主要任务，也是整个职业生涯发展过程中的重要内容。统一企业创始人高清愿先生曾说："学问好不如做事好，做事好不如做人好。"

2. 学会学习

作为一位未来的职业人，大学生的首要任务就是努力学习，发展自己的职业能力，增强对未来社会的适应能力，使自己在毕业时具有较强的就业竞争力。诚然，在信息大爆炸的今天，我们在学校学到的知识不可能一直都是有用的。但在大学里，必须学会独立思考并掌握学习的方法，也就是学会学习，它能使我们在面对岗位转换和激烈竞争时，做到游刃有余、得心应手。

学会学习需要树立明确的学习目的，培养科学的学习态度，具备饱满的求知热情和严谨务实的求学作风。

大学不是"职业培训场"，而是一个让学生学会适应社会、适应不同工作岗位的平台。在大学期间，专业知识的学习固然重要，但更重要的是要学习独立思考和解决问题的方法。只有这样，毕业后才能适应瞬息万变的未来世界。因此，大学生不应该只跟在老师的身后亦步亦趋，而应当主动培养自学能力，掌握自修之道，要从课堂、书本、交往、实践等方面进行全方位学习。

在未来的职业发展中，具备学习能力才能与时俱进，及时更新知识，培养新的工作技能，从而具备持续的职业发展能力。

3. 学会做事

学会做事就是掌握做事的本领,具备胜任某项工作所应有的综合素质。具体来说,需要培养专业能力、熟练使用办公软件、学会收集和处理信息,培养沟通协调能力以及独立分析问题和解决问题的能力等。做事的本领不仅限于硬技能,而且包括软素质。学会做事就是要用一种善始善终的态度认真地对待和处理各种事务,坚持不懈并力求完善。学会做事必须从小事做起,用心做事,诚信做事。

4. 学会共处

人是生活在社会之中的,任何人都很难脱离群体而生存、发展。学会与他人共处是人生的必修课,大学生应该在社会交往中学会了解自身、尊重他人、学会关心他人、学会分享、学会合作、学会平等对话;学会用和平的、协商的、非暴力的方法处理矛盾,解决冲突;学会共处就是要求大学生具备基本的沟通协调能力,掌握交流与交谈的技巧,以适应未来工作岗位的要求。

拓展阅读 1-1

九句话,告诉你读大学的意义

(1) 读书,不是为了拿文凭,而是成为一个有温度懂情趣会思考的人。

(2) 大学将赋予你足够的时间和实践,去认真思考怎样的人生才是有意义的;大学将重新塑造你的价值观、人生观、世界观。

(3) 大学让你有机会释放自己的能力,用实践去检验自己的新奇甚至疯狂的猜想。

(4) 知道做个任何人都不得罪的人并非好事,常常有人反对你、有人支持你,学会自己做出决定才是精彩的人生。

(5) 能集中解决很多困惑,从而形成自己的原则,开始学会拒绝。

(6) 认识未来几十年最重要的朋友,能分辨哪些人自己一辈子都不会交往。

(7) 明白世界上有很多优秀的人,你开始有靠近的动力。

(8) 懂得再好的大学也有差生,再差的大学也能出人才;不是大学决定你的未来,而是无论在什么样的大学里、在什么样的环境下,你都知道自己要成为哪种人。

(9) 面对不公平,开始明白抱怨无用,努力奋斗找到最适合自己的公平才是真的。

二、职业生涯

(一) 职业生涯概述

职业生涯,是个人在人生中所经历的一系列职业、职位和角色变迁的过程和经历,是追求自我实现的重要人生阶段。在这里,职业不只是谋生的手段,更是实现个人价值、追求人生理想的重要途径。

人的一生都要经过幼年、少年、成年、老年等各个阶段,而成年阶段的时间最长,是人们从事职业活动最重要的时期,是人生全部活动的主体。因此,也可以说,职业生涯就是人的生涯。

个体的职业生涯是一个漫长的过程,我们既可以遵循传统观念,一生只从事一种职业,持续而稳定地在该岗位上晋升、增值,也可以根据个人的兴趣、能力、价值观以及工作环境的变化而经历不同的岗位、职业甚至行业。

个体的生命价值,在某种意义上体现在其职业生涯方面的成就。在一个人有限的生命中,职业生涯占有绝对重要的位置。职业生涯伴随我们的大半生,甚至更长,成功的职业生涯助力完美人生。

(二)职业生涯发展阶段

1. 准备阶段(0—14岁)

在准备阶段,个体通过对家庭成员、朋友以及老师的认同和与他们之间的相互作用,逐渐建立个人独立性及自信心,学习基础知识和技能。

2. 探索阶段(15—22岁)

在探索阶段,个体试图通过学校教育、休闲活动和顶岗实习等途径,选择自己的生活方式,建立工作目标,将自己的职业选择与对职业的了解以及个人兴趣和能力匹配起来,认真地探索各种可能的职业选择。

3. 确立阶段(23—30岁)

这是个体建立明确、稳定且具体的职业目标并找到与之对应的工作单位的阶段。职业确立期可能很短、也可能很长,关键在于个体寻找并落实职业目标所对应的现实工作岗位的速度。在我国,大多数人职业确立的时间在30岁之前。

4. 发展阶段(31—55岁)

在找到符合职业发展目标的具体工作岗位后,个体就会全力以赴地投入自我提升与职业发展之中,这个时期被称为职业发展期,也是获得职业成就感最多的阶段。个体需要不断提升自己的职业能力,并适时调整职业发展阶段性的具体目标,使自己职业发展的速度更快、质量更高,最终达到能力所及的职业高峰。

5. 退出阶段(56—60岁)

退出阶段一般指退休前5年左右的时间(从心理适应角度看,一些人可能会延续到退休后2~3年)。在这个阶段,一方面个体大多数处于职业的高峰,有一定的职业优越感,经验、资历等方面具有优势;另一方面,个体的生理条件、心理能力开始走下坡路,并且开始意识到年龄带来的变化和即将结束的职业生涯。因此,这个阶段个体最大的特点是职业成就感与退出恐惧感之间的矛盾。调整好心态,逐步转移关注的重心是这个阶段必须做到的;不应该再对职业发展做过高的要求,应该慢慢将关注的重心从职业发展转移到职外生活和家庭中来,为即将到来的退休做好准备。

1-1 微课:生涯与生涯规划

(三)影响职业生涯的因素

人们一生的职业历程,有诸多的可能:有的人从事这种职业,有的人从事那种职业;有的人一生换了多种职业,有的人终生奋斗在一种职业上;有的人不断晋升、事业成功,有的人穷困潦倒、无所作为。职业生涯是个人发展的基础,又是个人发展的历程。在这个重要而又漫长的过程中,每个人的职业生涯都会受到教育、家庭、性格、价值观、社会环境、性别、健康状况及机遇等诸多主客观因素的影响。

1. 教育

教育是赋予个人才能、塑造个人人格、促进个人发展的社会活动。它奠定了一个人的基本素质。一个人通过接受教育或培训，形成自己特有的知识结构、能力和才干，对人的一生具有巨大的影响。不同教育背景的人在选择职业时，具有不同的能量。这关系到一个人职业生涯开端与适应期是否良好，还关系到以后的发展、晋升是否顺利；人们所学专业及从事的职业种类，对其职业生涯有着决定性的影响；人们接受的不同层次的教育，所学的不同学科门类，所在的不同院校及各院校不同的教育思想，会使其形成不同的思维模式，从而采用不同的态度来对待自己、对待社会、对待职业生涯的发展。

2. 家庭

一个人的家庭是其素质形成和生涯发展的主要影响因素之一。家庭是人的第一所学校。人们从幼年开始，就会在家庭潜移默化的影响下形成一定的价值观和行为模式，有的人还从家庭中自觉或不自觉地习得某些知识或技能。在择业过程中，家庭成员的建议，也会对择业者的职业生涯产生较大的影响。

3. 性格

"性格决定命运"，可见，性格与个体的职业生涯具有很大的相关性。从事与自己性格相匹配的工作，能让人充分施展自己的才华，全身心投入工作，取得良好的工作成绩。如果性格与工作不符，能力也将难以充分发挥。

4. 价值观

毫无疑问，个体的需求与动机和一个人的追求、价值观、行为方式等都会直接影响职业生涯的发展，同样的工作对于不同的人有着不同价值，而同一个人对不同的职业会有不同的态度与抉择。择业时，人们会根据不同的职业评价和价值取向来选择自己所要从事的职业。在不同的年龄段、不同的阅历、特别是不同的职业经历等状况下，人们会根据自己的主客观条件，在职业的选择和调整方面有不同的动机和需求。

5. 社会环境

社会环境也是影响职业生涯的重要因素。社会环境通常是指社会的政治经济形势、习俗、职业的社会评价等大环境以及个人所在的学校、社区、家族关系、个人交际圈子等较小环境。这些环境因素决定了社会职业岗位的数量和结构，也决定了人们对不同职业的认知和规划，调整职业生涯的决策。另外，不同组织的人力资源管理理念、管理措施及管理者的水平，也是影响个人职业生涯的重要因素。

6. 性别

性别因素对个体的职业生涯有一定的影响。由于男女在生理、体格和思维方式上的差异，会在某些职业或岗位上形成不同的优势。因此，应合理地考虑自己的职业期望，以便充分发挥自己的性别优势，使自己获得成功。

7. 健康状况

健康状况也是一个不容忽视的因素。它对于职业选择、职业发展特别重要，几乎所有的职业都需要身心健康。

8. 机遇

机遇是指各种偶然因素对人们择业产生的影响，也包括所在组织给个人提供的培训、发展和向上流动的条件和机会。不可否认，在个体的职业生涯发展过程中，不可避免地也会受到"机遇"这种偶然性因素的影响。有的时候,机遇对个人的影响是难以抵挡的。当然,"机遇只偏爱那种有准备的头脑"。有所准备的人总是要比那些缺乏准备的人更容易掌握主动权,更容易获得机遇的青睐。

(四) 职业生涯规划的意义

职业生涯规划的目的不仅是帮助个人按照自己的资历条件找到一份合适的工作,更重要的是帮助个体真正了解自己,为自己定下事业大计,筹划未来,拟订一生的发展方向,根据主客观条件设计出合理且可行的职业生涯发展计划。

大学是学生提升个体职业能力,培养稳定的职业兴趣,逐步形成对未来职业生涯预期的阶段,也是完成职业学习和职业准备的阶段。大学生毕业后就将走上工作岗位,正式开始职业生涯。因此,大学生往往需要就自己的未来职业生涯作出关键性的决策。大学期间是职业生涯规划的黄金阶段,对大学生未来的职业走向和职业发展具有十分深远的影响。

具体来说,大学生职业生涯规划的意义主要表现在:

(1) 对自己起到内在的激励作用,使自己产生学习、实践的动力,激发自己不断为实现各阶段目标和终极目标而努力,促使其形成积极上进的人生观。

(2) 培养职业生涯规划意识,促使大学生规划好自己的职业生涯。

(3) 促使大学生做好大学期间的发展规划,解决好职业生涯中的"四定"——定向、定点、定位、定心,尽早确定职业目标,选择职业发展的路径,把握职业定位,保持平稳和正常的心态,按照目标和理想有条不紊、循序渐进地努力。

(4) 有助于全面提升大学生的综合素质,避免学习的盲目性和被动性,增强大学生的就业核心竞争力。

(5) 帮助大学生理性选择职业发展道路。

(6) 夯实未来事业成功的基础。

三、专业学习

(一) 概述

专业是教学、科研、实训等活动的基本单位,它是高等学校根据社会职业分工,用以确定人才培养规格,整合教学资源和可利用的社会实践资源,对专门知识、专门工作经验和技术、行业道德规范进行分类、分层教学的学业类别。大学教育属于专业教育,在校大学生学好从事专业工作所需要的各类知识并接受系统的专业训练,对自身的职业发展具有十分重要的意义。

学生在小学、中学阶段接受的都是基础教育,为日后的专业学习和职业发展奠定基础、创造条件;高考志愿填报是职业定向发展的预备阶段;大学阶段系统的专业教育和训练是职业定向和职业发展的关键阶段;大学毕业之后从事专业工作是职业定向发展的实现阶段。

大学阶段专业教育是分阶段进行的,大学新生一进校园就已经有了一个基本的职业取向。大学生围绕各自的职业取向通过专业基础课、专业核心课和专业拓展课程的系统学习和训练,逐步形成与专业有关的知识结构和思维方式,形成较为稳定的专业思想。专业知识和专业技能将成为大学生寻求职业的主要依托,也是大学生思考职业问题的立足点。专业学习在一定程度上决定了大学生人生发展的基本领域和空间。

专业学习与职业发展是一个连续不断的过程,大学阶段系统的专业教育、专业学习为职业发展做准备，使个体更能适应社会分工的需要。

为了使专业学习与职业发展更好地衔接，大学生在大学期间应该以职业发展为目标，制订合理的专业学习计划，注重职业能力的自我培养和职业素质的提升。

（二）要求

1. 围绕专业人才培养目标

专业人才培养目标即个体通过专业学习应达到的预期结果，它是明确和具体的。专业人才培养目标包括在专业基本理论、基本知识和基本技能方面达到的水平，在专业能力方面和实际应用方面达到的目标等。例如，在机械设计与制造专业的高职人才培养方案中，将其培养目标表述为：培养德、智、体、美、劳全面发展，具有良好职业道德和人文素养，掌握现代机械设计、机械制造工艺、机械制图等基本知识，具备机械设计、机械加工工艺编制、数控编程与加工、机械零件测量及生产管理等能力，从事机械设计与制造、设备生产与安装、调试与维护、生产现场管理等方面工作的高素质技术技能人才。

2. 采取个性化的学习方式

科学合理的专业学习方式有利于大学生更好地完成学业，不合理的专业学习计划则很难落实，容易半途而废。大学生需要找到适合自己的学习方式。而个性化的学习方式需要考虑个体本身的学习基础、学习能力、学习习惯、学科性质，以及学校能够提供的支持服务、自己能够保证的学习时间等多种因素，需要遵循学生学习心理活动的特点、学习规律以及个人的生理节律等。在综合考虑以上因素的同时，合情合理、因时因地地选择适合自己的学习方式。

3. 学习安排重点突出

高校学习时间是有限的，而专业学习的内容是无限的，必须突出重点难点、兼顾其他。所谓重点难点，通常是指：① 专业知识体系中的重要内容；② 与专业学习目标相关的内容；③ 自己专业学习中的薄弱环节。在专业学习过程中，大学生一定要集中时间、集中精力攻克重点难点。

课堂活动 1-1

分 组 辩 论

现在大学生就业"专业对口率"不高，有些人又不喜欢所学专业，毕业后准备改行找一份其他行业的工作。因此，有同学认为，对专业课程学习的态度就应该是：60分万岁！

对此，你有何看法？

四、社会活动

这里所说的社会活动，通常包括大学生社团活动和社会实践两部分。

大学生社团有实践类社团、学术类社团、体育类社团和文艺类社团等多种形式。社团作为活跃在大学校园里的一种组织形式，它集思想性、文化性、娱乐性、学术性于一体，已被越来越多的同学所认可和接受，并逐渐融入大学校园文化中，成为大学校园生活中一道亮丽的风景线。大学生社团作为高校校园文化的重要载体，是高校第二课堂的重要组成部分，大学生参与社团活动，可以丰富校园生活，培养兴趣爱好，扩大求知领域，增加交友范围，丰富内心世界。通过积极参与社团活动，大学生可各展所能、各尽其才，调动个体能动性，充分挖掘自己的潜能,使自己的个性与能力充分结合,提升自己的职业发展能力,为自己建立职业自信打下坚实的基础。

社会实践是大学生按照学校培养目标的要求,利用节假日等课余时间参与社会政治、经济、文化生活的教育活动的统称。社会实践是贯穿大学整个教学过程中的一个有机组成部分和重要环节,是以大学生亲身参与为主要教学途径的特殊教学形式,也是教学实践环节。

社会活动是指学校在课堂教学任务以外,以育人为宗旨,以培训学生基本技能和提升学生综合素质为重点,以丰富的资源和空间为载体,有目的、有计划、有组织地对学生进行多种多样的开放性教学活动,正是这样的活动为职业意识、职业精神的培养提供了广阔的平台。

社会活动强调以育人为中心,以学生为主体,促进大学生的思想教育、技能培养、素质提高,强化学生的主体意识、成功意识和成才意识。大学生积极参与社会活动可以积累职业经验,提高个人素养,增强综合素质,完善个性品质,提升职业能力,促进身心发展。因此,社会活动对大学生的职业发展具有不可估量的促进作用。

社会活动具有接触面广、形式多样的特点,参加社会活动可以使学生正确地认识自我,通过理论与实践的结合,了解自己的长处和短板,调整自己,以便更好地适应现代社会的职业生活。

积极参加社会实践活动,有利于提高大学生对就业形势、难度和需求情况的认识,自觉调整择业、就业的定位,主动缩小与就业岗位的差距,使个人的求职意向、择业心态更加符合用人单位的实际需求。因此,在学好专业知识的同时,大学生应该积极参加社会活动,多方面提升自己的就业竞争力。

第二单元 自我探索

◇ 问题导学

1. 为什么有的人频繁跳槽后,还是不知道自己究竟喜欢什么样的工作?
2. 你的优势是什么?适合从事什么样的工作?
3. 你有职业目标吗?准备如何做好自己的职业生涯规划?

案例导入

在一次大型人才招聘会上,毕业于某高职院校的小徐到一家用人单位应聘机械工程师的职位。他学的是机械设计与制造专业,大学期间各门功课都很优秀,毕业后的五年时间里,他先后从事过空调、摩托车、家具等产品的销售、品质主管等工作,换了六个单位,但是没有机械设计与制造方面的工作经历。招聘方的负责人看了他的简历后说:"如果你毕业后稳定从事过机械设计与制造方面的工作,则正是公司需要的人才,月薪8 000元也不在话下,但是由于你没有这方面的工作经验,公司无法录用你!"一句话说得小徐后悔不已。

高校毕业生盲目择业、缺乏职业规划的情况相当普遍,这将会对毕业生个人长远的职业发展带来不利的影响。

小徐的例子反映了大学生盲目就业所带来的危害。这样的例子并非个案,由于没有长远打算,很多大学生刚开始随波逐流、频繁地换工作,到了30多岁还没有职业定位。在这种情况下,个体若坚持下去不一定有出路,若重新定位又要费很大力气,于是陷入尴尬的境地。之所以造成这种局面,是因为在当前就业市场上有一些人急功近利、心态浮躁,什么挣钱就做什么;同时由于就业压力大,许多大学生就业困难,于是能找到什么工作就干什么工作,这些都是导致大学生忽视职业生涯规划的原因。

大多数毕业生在大学毕业时都面临职业选择的问题,职业选择的方式和途径也有多种。面对纷繁的职业选择和越来越大的就业压力,唯有真正了解自己的优势,了解所学专业与未来就业岗位的关系,从自身实际情况出发,扬长避短,做好职业生涯规划,才能找到真正适合自己的职业发展之路。

大学生在选择职业目标时,常常需要思考以下问题:① 我的兴趣、性格、能力、职业价值观是什么,我喜欢从事什么工作。② 客观的就业环境能够给我提供哪些就业机会。③ 凭借自己的综合素质、专业技能,我能够做什么工作。④ 通过对个人兴趣、性格、能力、价值观和就业环境的分析,我应该做什么工作。

选择比努力更重要。确立职业目标,实际上就是要求在校大学生尽早认清自己在特定条件下能干什么、不能干什么,应该在什么行业、什么领域从事什么样的职业,从而合理安排大学学习生活,促进个性发展和综合素质提升,解决人职匹配及人岗匹配问题,打造就业核心竞争力,提升自己的就业满意度,最终实现职业目标。

一、职业兴趣探索

(一) 兴趣与职业兴趣

兴趣是指个体认识某种事物或从事某种活动的心理倾向。兴趣是一种无形的动力,当人们对某件事情或某项活动感兴趣时,就会很投入,而且对这件事情或活动印象深刻,无论自己能力如何,外界评价如何,都乐此不疲。

兴趣是爱好的前提,是内心动力和快乐的最终来源,会对人的认识和活动产生积极的影响,但不一定有利于提高工作的质量和效果。爱好是兴趣的发展,爱好不仅表现为对事物的优先注意和向往,而且表现为某种积极的实际行动。

1-2 微课:兴趣与职业发展

职业兴趣是个体对不同类型的工作、活动的心理偏好程度。它反映个体对待工作的态度和对工作的适应能力,表现为有从事相关工作的愿望和热情。拥有职业兴趣将提升个人的工作满意度、职业成就感,并增强职业稳定性。

(二) 兴趣与职业选择

兴趣是影响人们工作满意度、职业成就感和职业稳定性的重要因素,它能帮助人们自觉克服各种艰难困苦,争取获得工作上的成就,并能在活动过程中不断体验成功的愉悦。

一个人如果能根据自己良好而稳定的兴趣爱好去确定职业目标,就会具有高度的自觉性和积极性,能充分发挥主动性,促使个体在职业生涯中作出成绩,取得成功,即使十分疲倦和辛劳,也能兴致勃勃、心情愉快;即使困难重重也决不灰心丧气,总能想尽办法,百折不挠地去克服困难,甚至废寝忘食,如醉如痴。反之,一个人如果对所从事的职业不感兴趣,就会影响其积极性的发挥,难以从职业活动中得到心理上的满足,不利于工作成就的取得。

兴趣有利于提高工作效率和充分发挥聪明才智，是保证职业稳定、职场成功的重要因素。因此，兴趣是职业目标选择的重要依据。

职业兴趣以一定的素质为前提。职业兴趣的形成与个性特征、自身能力、实践活动、客观环境等有着密切的联系。因此，大学生在规划未来职业目标时，不能只考虑兴趣，而应当结合个人能力、家庭背景、社会现实等因素来考虑。了解这些因素，有利于深入认识自己，进行职业目标规划。

1-3 微课：解码职业兴趣

另外，并不是所有的兴趣都应该或能够在自己的职业活动中得到满足。兴趣也可以通过业余爱好、兼职、志愿活动、参加社团等多种方式来实现。作为从业者，关键应该在职业角色与生活角色之间找到平衡，进行协调，使工作与个人兴趣爱好适度统一。在选择职业目标的时候，有必要将兴趣作为一个重要的因素考虑进去，在现实情况下进行择业，是成功就业的前提和基础。

（三）霍兰德职业兴趣测试

约翰·霍兰德（图1-1）是美国约翰斯·霍普金斯大学心理学教授、著名的职业指导专家。1959年他提出了具有广泛社会影响的人业互择理论，认为劳动者的人格类型、兴趣与职业密切相关，兴趣是人们活动的巨大动力；凡是具有兴趣的职业，都可以提高人们的积极性，促使人们积极地、愉快地从事该职业，职业兴趣与人格之间存在很高的相关性。这一理论根据劳动者的心理素质和择业倾向，将劳动者划分为六种基本类型，相应的职业也划分为社会型（social，S）、企业型（enterprising，E）、常规型（conventional，C）、现实型（realistic，R）、研究型（investigative，I）和艺术型（artistic，A）6种类型。霍兰德编制了一套职业兴趣测评工具——《霍兰德职业兴趣测试》，利用它可以帮助你根据测试结果获知自己的人格特征，了解自己更适合从事哪方面的工作。

图1-1 约翰·霍兰德

课堂活动 1-2

霍兰德职业兴趣测试

一、注意事项

（1）请根据第一印象作答，并以最快速度回答每个问题；没有"对"与"错"之分，不必仔细推敲。

（2）请选择更接近于你平时感受或行为的那项，选择你是怎么样做的，而不要选择你想要怎样、以为会怎样或者认为哪样更好。

（3）根据与你本人实际情况相符合的程度来判断。对于有些你没有机会从事的工作，可以在假设的情形下作出判断。

（4）记分规则：与本人实际情况相符合的记2分，不符合的记0分，难以回答的记1分，并将分数填写在题干后的括号内。

二、测试题

现实型问题：

1. 你曾经将钢笔全部拆散加以清洗并能独立地将它装起来吗？　　　　　　　　（　　）

2. 你会用积木搭出许多造型或小时候常拼七巧板吗？　　　　　　　　　　（　　）
3. 你在中学喜欢做实验吗？　　　　　　　　　　　　　　　　　　　　（　　）
4. 你对一些动手较多的技术工种（如电工、修钟表、冲印照片、编织、绣花、剪纸等）很感兴趣吗？　　　　　　　　　　　　　　　　　　　　　　　　　　　　（　　）
5. 当你家里有些东西需要小修小补时，常常是由你来做的吗？　　　　　（　　）
6. 你常常偷偷地摸弄不让你摸弄的机器或机械（如打字机、摩托车、电梯、机床等）吗？
　　　　　　　　　　　　　　　　　　　　　　　　　　　　　　　　（　　）
7. 你是否深深体会到身边有老虎钳等工具，会给你提供许多便利？　　　（　　）
8. 看到老师傅在干活，你能迅速地、准确地模仿吗？　　　　　　　　　（　　）
9. 你喜欢将一件事做完后再做另一件事吗？　　　　　　　　　　　　　（　　）
10. 在做事情时，你经常因害怕出错而对工作安排反复检查吗？　　　　（　　）
11. 你喜欢亲自动手制作一些东西，从中得到乐趣吗？　　　　　　　　（　　）
12. 你喜欢使用锤子、斧头一类的工具吗？　　　　　　　　　　　　　（　　）
13. 如果掌握一门手艺，并能以此为生，你会感到非常满意吗？　　　　（　　）
14. 你曾渴望当一名汽车司机吗？　　　　　　　　　　　　　　　　　（　　）
15. 小时候，你经常把玩具拆开，将里面看个究竟吗？　　　　　　　　（　　）
16. 你喜欢修理自行车、电器一类的工作吗？　　　　　　　　　　　　（　　）
17. 你喜欢跟各类机械打交道吗？　　　　　　　　　　　　　　　　　（　　）
18. 你亲手制作或修理的东西，经常令你的朋友满意吗？　　　　　　　（　　）

研究型问题：
1. 你对电视中或单位里的智力竞赛很有兴趣吗？　　　　　　　　　　　（　　）
2. 你经常到新华书店或图书馆翻阅图书（文艺小说除外）吗？　　　　　（　　）
3. 学生时代你常常会主动地去做一些有趣的习题吗？　　　　　　　　　（　　）
4. 你对一件新产品、新事物的构造或工作原理感兴趣吗？　　　　　　　（　　）
5. 当有人向你请教某件事情如何做时，你总喜欢讲清内部原理，而不仅仅是操作步骤吗？　　　　　　　　　　　　　　　　　　　　　　　　　　　　　　　　（　　）
6. 你常常会对一件想知道但又无法详细知道的事物，想象出它将是什么或将怎么变化吗？　　　　　　　　　　　　　　　　　　　　　　　　　　　　　　　　　（　　）
7. 看到别人在为一个有趣的难题争论不休时，你会加入进去或者独自一人思考，直到问题解决为止吗？　　　　　　　　　　　　　　　　　　　　　　　　　　（　　）
8. 看推理小说或电影时，你会常常成功分析推理出谁是罪犯吗？　　　　（　　）
9. 你喜欢做一些需要运用智力的游戏吗？　　　　　　　　　　　　　　（　　）
10. 相比而言，你更喜欢独自一人思考问题吗？　　　　　　　　　　　（　　）
11. 你的理想是当一名科学家吗？　　　　　　　　　　　　　　　　　（　　）
12. 你经常不停地思考某一问题，直到想出正确的答案吗？　　　　　　（　　）
13. 你喜欢抽象思维的工作吗？　　　　　　　　　　　　　　　　　　（　　）
14. 你喜欢解答较难的问题吗？　　　　　　　　　　　　　　　　　　（　　）
15. 你喜欢阅读自然科学方面的书籍和杂志吗？　　　　　　　　　　　（　　）
16. 你能够做那种需要持续集中注意力的工作吗？　　　　　　　　　　（　　）

17. 你喜欢学数学吗？ （　　）
18. 如果独自在实验室里做长时间的实验,你能坚持吗？ （　　）

艺术型问题：
1. 你对戏剧、电影、文艺小说、音乐、美术等其中的一两个门类较感兴趣吗？ （　　）
2. 你常常喜欢对文艺界的人员评头论足吗？ （　　）
3. 你参加过文艺演出、绘画训练或经常写诗歌、短文吗？ （　　）
4. 你的朋友经常赞扬你将自己的房间布置得比较优雅、有品位吗？ （　　）
5. 你能对别人的服装、外貌以及家具摆设等做出比较有见解的评价吗？ （　　）
6. 你认为一个人的仪表美主要是为了表现一个人对美的追求,而不是为了得到别人的赞扬或羡慕吗？ （　　）
7. 工作之余坐下来听听音乐、看看画册或欣赏戏剧等,是你最大的乐趣吗？ （　　）
8. 遇到美术展览会、歌星演唱会等活动,你会去观赏吗？ （　　）
9. 音乐能使你陶醉吗？ （　　）
10. 你喜欢成为人们注意的焦点吗？ （　　）
11. 你喜欢不时地夸耀一下自己取得的成就吗？ （　　）
12. 你喜欢做戏剧、音乐、歌舞、摄影等方面的工作吗？ （　　）
13. 你能较为准确地分析美术作品吗？ （　　）
14. 你爱幻想吗？ （　　）
15. 看情感影片或小说时,你常禁不住眼眶湿润吗？ （　　）
16. 当接受一项新任务后,你喜欢以自己独特的方法去完成它吗？ （　　）
17. 你有文艺方面的天赋吗？ （　　）
18. 与推理小说相比,你更喜欢言情小说吗？ （　　）

社会型问题：
1. 你常常主动给朋友写信或打电话吗？ （　　）
2. 你能列出五个你自认为够朋友的人吗？ （　　）
3. 你很愿意参加学校、单位或社会团体组织的各种活动吗？ （　　）
4. 不相识的人遇到困难时,你能主动去帮助他或向他表示同情与安慰吗？ （　　）
5. 你喜欢去新场所参加活动并结交新朋友吗？ （　　）
6. 对某些令人讨厌的人,你常常会由于某种理由原谅他、同情他甚至帮助他吗？
 （　　）
7. 有些活动,虽然没有报酬,但你觉得这些活动对社会有好处,就积极参加吗？ （　　）
8. 你会为了让人产生良好的印象很注意你的仪容风度吗？ （　　）
9. 大家公认你是一名勤劳踏实、愿为大家服务的人吗？ （　　）
10. 旅途中你喜欢与人交谈吗？ （　　）
11. 你喜欢参加各种各样的聚会吗？ （　　）
12. 你很容易结识同性朋友吗？ （　　）
13. 你乐于解除别人的痛苦吗？ （　　）
14. 对于社会问题,你很少持中庸的态度吗？ （　　）
15. 听别人谈家中被盗一类的事,很容易引起你的同情吗？ （　　）

16. 你通常不喜欢独处吗？ （　　）
17. 在工作中，你喜欢听取别人的意见吗？ （　　）
18. 和一群人在一起的时候，你经常能找到适当的话题吗？ （　　）

企业型问题：
1. 当你有了钱后，你愿意用于投资吗？ （　　）
2. 你常常能发现别人组织的活动的某些不足，并提出建议让他们改进吗？ （　　）
3. 你相信如果让你去做一个个体户，你一定会成为富翁吗？ （　　）
4. 你在上学时曾经担任某些职务（如班干部、课代表等），并且自认为干得不错吗？（　　）
5. 做一件事情时，你常常事先仔细考虑它的利弊得失吗？ （　　）
6. 在别人跟你算账或讲一套理由时，你常常能换一个角度考虑，而发现其中的漏洞吗？
（　　）
7. 你曾经渴望有机会参加探险吗？ （　　）
8. 你认为在管理活动中以个人的意志影响别人的行为是很必要的吗？ （　　）
9. 如果待遇相同，你宁愿当一名商品推销员，而不愿当一名机关办事员吗？ （　　）
10. 当你开始做一件事后，即使碰到再多的困难，你也执着地干下去吗？ （　　）
11. 你总是主动地向别人提出自己的建议吗？ （　　）
12. 你更喜欢自己下了赌注的比赛或游戏吗？ （　　）
13. 和不熟悉的人交谈对你来说毫不困难吗？ （　　）
14. 和别人谈判时，你不愿放弃自己的观点，是吗？ （　　）
15. 在集体讨论中，你不愿保持沉默，是吗？ （　　）
16. 你不愿意从事虽然工资少，但是比较稳定的职业，是吗？ （　　）
17. 你有信心说服别人接受你的观点吗？ （　　）
18. 你对一大堆的数字感到头疼吗？ （　　）

常规型问题：
1. 你能够用一两个小时来抄写一份你不感兴趣的材料吗？ （　　）
2. 你能按领导或老师的要求尽自己的能力做好每一件事吗？ （　　）
3. 无论填什么表格，你都非常认真吗？ （　　）
4. 在讨论会上，如果不少人已经讲的观点与你的不同，你就不发表自己的观点吗？（　　）
5. 你常常觉得在你周围有不少人比你更有才能吗？ （　　）
6. 你喜欢重复别人已经做过的事情而不喜欢做那些要自己动脑筋摸索着干的事吗？
（　　）
7. 你喜欢做那些已经很习惯了的工作，同时希望这种工作责任小一些，工作时还能聊聊天、听听歌曲吗？ （　　）
8. 你经常将非常琐碎的事情整理好吗？ （　　）
9. 你总留有充裕的时间去赴约会吗？ （　　）
10. 对别人借你的和你借别人的东西，你都能记得很清楚吗？ （　　）
11. 你喜欢经常请示上级吗？ （　　）
12. 你喜欢按部就班地完成要做的工作吗？ （　　）
13. 对于急躁、爱发脾气的人，你仍能以礼相待吗？ （　　）

14. 你是一个沉静而不易动感情的人吗？   （   ）
15. 你喜欢把一切安排得整整齐齐、井井有条吗？   （   ）
16. 你经常收拾房间，保持房间整洁吗？   （   ）
17. 你办事常常思前想后吗？   （   ）
18. 每次写信你都要好好考虑，写完后至少要重看一遍吗？   （   ）

三、分类统计各类型题目的总得分（表 1-1）

表 1-1　霍兰德职业兴趣测试分数统计表

职业类型	现实型(R)	研究型(I)	艺术型(A)	社会型(S)	企业型(E)	常规型(C)
分　数						

四、确定你的兴趣类型

（1）如果你在某一类型的得分明显高于其他类型，说明你的职业兴趣基本属于该种类型。

（2）测试结果中，几种类型的分数相对比较高，这种情况通常都属于综合型的职业兴趣类型。现实中，具有综合型的职业兴趣特征者居多数。那么如何确定自己的综合职业兴趣特征呢？首先，列出得分较高的三个兴趣类型的代号；其次，将得分最高的三种兴趣类型代号按分数从高到低依次排列，构成其兴趣组合型，如 EIS、AIS 等。

（3）参考右侧的二维码资料《职业索引——职业兴趣代码与其相应的职业对照表》，就可得知自己的主要职业兴趣倾向。

1-4　文本：职业索引——职业兴趣代码与其相应的职业对照表

拓展阅读 1-2

职业兴趣类型的内在关系

如图 1-2 所示：

（1）相邻关系，如 RI、IR、IA、AI、AS、SA、SE、ES、EC、CE、RC、CR。属于这种关系的两种类型的个体之间共同点比较多，如属于现实型 R、研究型 I 的人都不太偏好人际交往，在这两种职业环境中也较少有与人接触的机会。

（2）相隔关系，如 RA、RE、IC、IS、AR、AE、SI、SC、EA、ER、CI、CS。属于这种关系的两种类型个体之间共同点比相邻关系少。

图 1-2　六种职业兴趣类型的内在关系

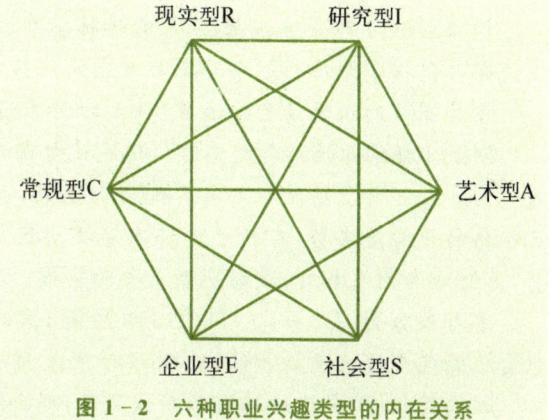

（3）相对关系，如 RS、IE、AC、SR、EI、CA。相对关系的人格类型共同点少，因此，一个人同时对处于相对关系的两种职业环境都感兴趣的情况较为少见。

二、职业性格探索

(一) 性格概述

性格是个体对现实的态度和相应的行为方式中比较稳定的、具有核心意义的个性心理特征。性格表现人们对现实和周围世界的态度,并体现在其行为举止中。性格主要体现在对自己、对别人、对事物的态度和所采取的言行上,如开朗、刚强、懦弱、粗暴等。性格是一种与社会关联最密切的人格特征。每个人都有与众不同的性格,性格与职业如能达成最佳匹配,可以使个体成为最有效的工作者。

性格是先天遗传和后天影响共同作用的结果。每个人都有自己天生擅长的一面,也有自己天生不擅长的一面。

性格分析结果是根据个体回答问题时的选择来确定其最有可能属于哪一种性格类型。但是,只有个体自己真正了解自己的性格类型。

性格类型没有好坏、对错之分,最好不要强行或是刻意地去改变它。大学生应该知道自己的性格并找到适合的工作,设法尽量发挥自己的性格特长。在选择职业时,扬长避短很重要;选择就业单位时,性格匹配也很重要。

1-5 微课:职业性格

可以用性格类型去解释自己的行为,但不能以此为做或不做某件事情的借口,也不要用性格类型来左右自己的选择。

(二) 职业性格评估

性格决定人的行为方式及特点。通过职业性格评估可以帮助个体认识真正的自我,无论今后准备从事什么职业,都应该做职业性格测试,看看自己到底喜欢做什么、适合做什么,哪些职业正好匹配自己的性格。

课堂活动 1-3

MBTI 职业性格测试

1. 测试须知

根据 MBTI 职业性格测试,人的性格类型包括由四个维度组合而成的 16 种类型。注意不能用任何一个维度的一个量来给自己的性格定型。

参加测试的人员请务必诚实、独立地回答问题,只有如此,才能得到有效的结果。

MBTI 提供的性格类型描述仅供测试者确定自己的性格类型用,性格类型没有好坏,只有不同。每一种性格特征都有其价值和优点,也有需要注意和改进的地方。清楚地了解自己性格的优势与劣势,有利于更好地发挥自己的特长,在为人处事中避免自己性格中的劣势,更好地和他人相处,更好地做重要的决策。

本测试分为四部分(表 1-2),共 93 题,需时约 18 分钟。所有题目没有对、错之分,请根据自己的实际情况选择,将所选择的 A 项或 B 项对应的圆圈涂黑。

只要是认真、真实地填写了测试问卷,那么通常情况下你都能得到一个和自己的性格相匹配的类型。希望你能从中或多或少地获得一些有益的信息。

2. MBTI 职业性格测试题

(1) 哪一个答案最能贴切地描绘你一般的感受或行为?

表 1-2 MBTI 职业性格测试表 1

序号	问题描述	选项	E	I	S	N	T	F	J	P
1	当你要外出一整天时,你会 A 计划你要做什么和在什么时候做 B 说去就去	A							○	
		B								○
2	你认为自己是一个 A 较为随意的人 B 较为有条理的人	A							○	
		B								○
3	假如你是一位老师,你会选教 A 以事实为主的课程 B 涉及理论的课程	A			○					
		B				○				
4	你通常 A 与人容易混熟 B 比较沉静或矜持	A	○							
		B		○						
5	一般来说,你和哪些人比较合得来 A 富于想象力的人 B 现实的人	A				○				
		B			○					
6	你是否经常让 A 你的情感支配你的理智 B 你的理智主宰你的情感	A						○		
		B					○			
7	在处理许多事情上,你会喜欢 A 随兴之所至行事 B 按照计划行事	A								○
		B							○	
8	你是否 A 容易让人了解 B 难于让人了解	A	○							
		B		○						
9	按照程序表做事 A 合你心意 B 令你感到束缚	A							○	
		B								○
10	当你有一份特别的任务时,你会喜欢 A 开始前小心组织计划 B 边做边找需做什么	A							○	
		B								○
11	在大多数情况下,你会选择 A 顺其自然 B 按程序表做事	A								○
		B							○	

续表

序号	问题描述	选项	E	I	S	N	T	F	J	P
12	大多数人会说你是一个 A 重视自我隐私的人 B 非常坦率开放的人	A B	○	○						
13	你宁愿被人认为是一个 A 实事求是的人 B 机灵的人	A B			○	○				
14	在一大群人当中,通常是 A 你介绍大家认识 B 别人介绍你	A B	○	○						
15	你会跟哪些人做朋友 A 常提出新主意的 B 脚踏实地的	A B			○	○				
16	你倾向 A 重视感情多于逻辑 B 重视逻辑多于感情	A B					○	○		
17	你比较喜欢 A 坐观事情发展才做计划 B 很早就做计划	A B							○	○
18	你喜欢花很多的时间 A 一个人独处 B 和别人在一起	A B	○	○						
19	与很多人一起 A 令你活力倍增 B 常常令你心力交瘁	A B	○	○						
20	你比较喜欢 A 很早便把约会、社交聚集等事情安排妥当 B 无拘无束,看当时有什么好玩就做什么	A B							○	○
21	计划一个旅程时,你较喜欢 A 大部分的时间都是跟着当天的感觉行事 B 事先知道大部分的日子会做什么	A B							○	○
22	在社交聚会中,你 A 有时感到郁闷 B 常常乐在其中	A B	○	○						

续 表

序号	问题描述	选项	E	I	S	N	T	F	J	P
23	你通常 A 和别人容易混熟 B 趋向自处一隅	A	○							
		B		○						
24	哪些人会更吸引你 A 思维敏捷,非常聪颖的人 B 实事求是,具有丰富常识的人	A				○				
		B			○					
25	在日常工作中,你会 A 颇为喜欢处理迫使你分秒必争的突发事件 B 通常预先计划,以免要在压力下工作	A								○
		B							○	
26	你认为别人一般 A 要花很长时间才认识你 B 用很短的时间便认识你	A		○						
		B	○							

(2) 在表1-3的每一对词语中,哪一个词语更合你心意？请仔细想想这些词语的意义,而不要理会它们的字形或读音。

表 1-3 MBTI 职业性格测试表 2

序号	问题描述	选项	E	I	S	N	T	F	J	P
27	A 注重隐私　　B 坦率开放	A		○						
		B	○							
28	A 预先安排的　　B 无计划的	A							○	
		B								○
29	A 抽象　　B 具体	A				○				
		B			○					
30	A 温柔　　B 坚定	A						○		
		B					○			
31	A 思考　　B 感受	A					○			
		B						○		
32	A 事实　　B 意念	A			○					
		B				○				
33	A 冲动　　B 决定	A								○
		B							○	

续表

序号	问题描述	选项	E	I	S	N	T	F	J	P
34	A 热衷　　B 文静	A	○							
		B		○						
35	A 文静　　B 外向	A		○						
		B	○							
36	A 有系统　B 随意	A							○	
		B								○
37	A 理论　　B 肯定	A				○				
		B			○					
38	A 敏感　　B 公正	A						○		
		B					○			
39	A 令人信服的　B 感人的	A					○			
		B						○		
40	A 声明　　B 概念	A			○					
		B				○				
41	A 不受约束　B 预先安排	A								○
		B							○	
42	A 矜持　　B 健谈	A		○						
		B	○							
43	A 有条不紊　B 不拘小节	A							○	
		B								○
44	A 意念　　B 实况	A				○				
		B			○					
45	A 同情怜悯　B 远见	A						○		
		B					○			
46	A 利益　　B 祝福	A					○			
		B						○		
47	A 务实的　B 理论的	A			○					
		B				○				
48	A 朋友不多　B 朋友众多	A		○						
		B	○							

续　表

序号	问题描述	选项	E	I	S	N	T	F	J	P
49	A 有系统　　B 即兴	A							○	
		B								○
50	A 想象丰富　B 以事论事	A				○				
		B			○					
51	A 亲切的　　B 客观的	A						○		
		B					○			
52	A 客观的　　B 热情的	A					○			
		B						○		
53	A 建造　　　B 发明	A			○					
		B				○				
54	A 文静　　　B 合群	A		○						
		B	○							
55	A 理论　　　B 事实	A				○				
		B			○					
56	A 富有同情心　B 合乎逻辑	A						○		
		B					○			
57	A 具有分析力　B 多愁善感	A					○			
		B						○		
58	A 合情合理　B 令人着迷	A			○					
		B				○				

（3）表1-4中各个问题的哪一个答案最能贴切地描绘你一般的感受或行为？

表1-4　MBTI职业性格测试表3

序号	问题描述	选项	E	I	S	N	T	F	J	P
59	当你要在一个星期内完成一个大项目时，你在开始的时候会 A 把要做的不同工作依次列出 B 马上动工	A							○	
		B								○
60	在社交场合中，你经常会感到 A 与某些人很难打开话匣子和保持对话 B 与多数人都能从容地长谈	A		○						
		B	○							

续 表

序号	问题描述	选项	E	I	S	N	T	F	J	P
61	要做许多人都做的事,你比较喜欢 A 按照一般认可的方法去做 B 构想一个自己的想法	A B			○	○				
62	你刚认识的朋友能否说出你的兴趣 A 马上可以 B 要待他们真正了解你之后才可以	A B	○	○						
63	你通常较喜欢的科目是 A 讲授概念和原则的 B 讲授事实和数据的	A B			○	○				
64	你认为,哪个是较高的赞誉 A 一贯感性的人 B 一贯理性的人	A B					○	○		
65	你认为按照程序表做事 A 有时是需要的,但一般来说你不大喜欢这样做 B 大多数情况下是有帮助而且是你喜欢做的	A B							○	○
66	和一群人在一起,你通常会选 A 跟你很熟悉的个别人谈话 B 参与大伙的谈话	A B	○	○						
67	在社交聚会上,你会 A 是说话很多的一个 B 让别人多说话	A B	○	○						
68	把周末期间要完成的事列成清单,这个主意会 A 合你意 B 使你提不起劲	A B							○	○
69	你认为,哪个是较高的赞誉 A 能干的 B 富有同情心的	A B					○	○		
70	你通常喜欢 A 事先安排你的社交约会 B 随兴之所至做事	A B							○	○
71	总的说来,要做一个大型作业时,你会选择 A 边做边想该做什么 B 首先把工作按步细分	A B							○	○

续表

序号	问题描述	选项	E	I	S	N	T	F	J	P
72	你能否滔滔不绝地与人聊天 A 只限于跟你有共同兴趣的人 B 几乎跟任何人都可以	A		○						
		B	○							
73	你会 A 跟随一些证明有效的方法做事 B 分析还有什么毛病,并攻克尚未解决的难题	A			○					
		B				○				
74	为乐趣而阅读时,你会 A 喜欢奇特或创新的表达方式 B 喜欢作者直接的表达方式	A				○				
		B			○					
75	你宁愿替哪一类上司(或者老师)工作 A 天性纯良,但常常前后不一的 B 言辞尖锐但永远合乎逻辑的	A					○			
		B					○			
76	你做事多数是 A 按当天心情去做 B 按照拟好的程序表去做	A								○
		B							○	
77	你是否 A 可以和任何人按需求从容地交谈 B 只是对某些人或在某种情况下才可以畅所欲言	A	○							
		B		○						
78	要作决定时,你认为比较重要的是 A 据事实衡量 B 考虑他人的感受和意见	A					○			
		B						○		

(4) 表1-5中哪一个答案最能贴切地描绘你一般的感受或行为?

表1-5 MBTI职业性格测试表4

序号	问题描述	选项	E	I	S	N	T	F	J	P
79	A 想象的 B 真实的	A				○				
		B			○					
80	A 仁慈慷慨的 B 意志坚定的	A						○		
		B					○			
81	A 公正的 B 有关怀心的	A					○			
		B						○		
82	A 制作 B 设计	A			○					
		B				○				

续 表

序号	问　题　描　述		选项	E	I	S	N	T	F	J	P
83	A 可能性	B 必然性	A				○				
			B			○					
84	A 温柔	B 力量	A						○		
			B					○			
85	A 实际	B 多愁善感	A					○			
			B						○		
86	A 制造	B 创造	A			○					
			B				○				
87	A 新颖的	B 已知的	A				○				
			B			○					
88	A 同情	B 分析	A						○		
			B					○			
89	A 坚持己见	B 温柔有爱心	A					○			
			B						○		
90	A 具体的	B 抽象的	A			○					
			B				○				
91	A 全心投入的	B 有决心的	A								○
			B							○	
92	A 能干	B 仁慈	A					○			
			B						○		
93	A 实际	B 创新	A			○					
			B				○				

3. 评分规则

将 8 项（E、I、S、N、T、F、J、P）涂黑的个数分别累加，每个记 1 分，将每项分数分别填在表 1-6 内。

表 1-6　MBTI 职业性格测试记分表

项目	外向 E	内向 I	感觉 S	直觉 N	思考 T	情感 F	判断 J	认知 P
分数								

4. MBTI 性格类型确定

(1) MBTI 以四个组别来评估你的性格类型倾向。

(2) "E-I""S-N""T-F"和"J-P"。请你比较四个组别的得分。每个组别中,获得较高分数的那个类型,就是你的性格类型倾向。例如:你的得分是E(外向)12分,I(内向)9分,那你的类型倾向便是E(外向)了。

(3) 将代表获得较高分数的类型的英文字母,填在下方(4)的括号内。如果在一个组别中,两个类型得分相同,则依据同分处理规则来确定你的类型倾向。同分处理规则是:假如E＝I,请填上I;假如S＝N,请填上N;假如T＝F,请填上F;假如J＝P,请填上P。

1-6 文本：MBTI 职业性格类型及其职业倾向

(4) 你的MBTI职业性格类型是:(　　　　)。

5. 性格解析

"性格"是一种个体内部的行为倾向,它具有整体性、结构性、持久稳定性等特点,是每个人特有的,可以对个人外显的行为、态度提供统一的、内在的解释。MBTI把性格分为四个维度,每个维度上包含相互对立的两种偏好:其中,"外向E—内向I"代表着各人不同的精力(energy)来源;"感觉S—直觉N""思考T—情感F"分别表示人们在进行认知(perception)和判断(judgement)时不同的用脑偏好;"判断J—认知P"针对人们的生活方式(life style)而言,它表明我们如何适应外部环境——在我们适应外部环境的活动中,究竟是认知还是判断发挥了主导作用。

三、职业能力倾向探索

(一) 能力与技能

能力是个体顺利完成某种活动所必须具备的、稳定的个性心理特征。能力总是和某种活动相联系并直接影响活动效率,并在具体活动中表现出来。

能力按其获得的方式(先天具有与后天培养)的不同,可以分为能力倾向和技能两大类。能力倾向是上天赋予每个人的特殊才能,它是与生俱来的,不过也有可能因未被开发而荒废。因此,这是一种潜能。

技能是指经过后天的学习和培养而形成的能力,通常表现为某种动作系统和动作方式,如阅读能力、人际交往能力、表达能力等。

拓展阅读 1-3

技能的分类

1. 知识技能

这是需要通过教育或培训才能获得的、特别的知识和能力,如掌握英语、CAD绘图等,一般用名词来描述。

2. 可迁移技能

可迁移技能就是指一个人的通用技能,比如教学、组织、说服、管理、计算、调查、分析、设计等。可迁移技能可以从生活的方方面面中得到发展，同时又可以比较容易地迁移到其他情境中。例如，组织（能力）是可迁移技能，可以从工作之外得到发展，也可以迁移到不同的工作中去。

3. 自我管理技能

这常常被看作一个人正面、积极的人格特点，实际上也是能力的体现，通常是指一个人的行事风格或特点，一般用形容词或副词来表达，如认真的、严谨的、有创造力的、顽强的、独立的、积极的、乐观的等。

(二) 职业能力

职业能力作为人们从事某种职业活动的多种能力的综合，主要包括三个基本要素：第一，为了胜任一种具体职业而必须具备的能力，通常表现为任职资格；第二，在步入职场之后表现出来的职业素质；第三，开始职业生涯之后具备的职业生涯管理能力。

1. 职业能力倾向与职业选择

每个人的天赋不同，社会背景及受教育的机会、努力程度不同，导致每个人各方面能力的发展和表现存在差异。如能及早了解自己各方面能力的发展状况和水平，在制定未来职业发展目标时考虑这方面的因素，将有助于充分发挥个人的潜能，从而助力职业生涯成功。

如果说职业兴趣能影响一个人的择业方向以及乐于付出努力的程度，那么，职业能力则说明个体在既定的职业方面是否能够胜任，也表明其在该职业领域中取得成功的可能性。

职业能力对职业的影响表现在：① 一定的职业能力是胜任某种职业岗位的必要条件；② 不同的能力类型与不同的职业相匹配，不同的能力水平与不同的职业层次相对应；③ 某些职业对从业者的智力水平有明确的要求，智力在相当大的程度上决定了从业者所要从事的职业类型；④ 选择职业时应充分发挥优势能力的作用。每个人都有一个由不同能力组成的多层次的能力系统。在这个系统中，各方面能力的发展是不平衡的，常常是某些方面的能力占优势，而另一些方面的能力不太突出。对职业选择和职业决策而言，更多的是要考虑个体最佳能力或能力倾向，选择最能运用其优势能力的职业。

2. 职业能力评估

(1) 用 STAR 法编写成就故事并分析所涉及的技能。STAR 是情境（situation）、任务（task）、行动（action）、结果（result）四项的缩写。成就故事的写作内容通常包括：当时的情境（背景）、面临的任务（目标）、采取的行动（态度）和取得的结果。例如：

本学期，我参加了"解决问题能力训练"公共选修课的学习。课程采用分组学习、项目教学的方式，老师要求每个小组必须完成一个实践项目。课程结束时，各组要进行项目成果展示，用 PPT 进行一次演示讲解。根据小组项目工作分工，我负责项目成果展示 PPT 的制作。

在此之前，我没有学过如何制作 PPT。

我请同班同学用了大约一个小时的时间教我如何使用 PowerPoint 软件。接着，我自己在电脑上琢磨了一下午，并向同学请教了几个不太清楚的问题。我选定了我要使用的PPT模板以后,上网查找了相关的资料和图片,然后根据小组项目实施情况,制作了一个项目成果PPT,并进行了展示汇报。

在课堂讲解演示中,由于我制作的PPT图片精美、文字与内容搭配适当,在成果展示汇报环节中,我们小组获得了95分的高分,得到了老师和同学的一致称赞。

通过分析这一成就事件,可以发现"我"用PPT制作课件所涉及的技能包括:快速学习,善于利用人际关系,寻求帮助,沟通,搜集信息,文字、图片编辑处理,适应能力,敢于迎接挑战,耐心,积极主动,关注细节,克服压力,PPT制作等。

分析成就故事,可以从中了解自己的职业能力。为更好地认识和评估自己的职业倾向,每个同学最好写出3~5个成就故事,并在小组中逐一进行分析讨论,看看在这些故事中是否有重复出现的技能,并将这些技能按优先次序加以排列。

小贴士1-1

在撰写每一个成就故事时,都应当包含以下要素:
第一,自己需要完成的事情,即想达成的目标。
第二,当时面临的主要困难或障碍。
第三,自己采取了哪些具体行动步骤,是如何一步步克服困难、达成目标的。
第四,对结果进行具体描述,说明取得了什么成就(最好能用具体数据或某种方式来衡量)。

(2)职业能力倾向测试。职业能力倾向测试是通过职业能力心理测试来预测职业定位以及适合的职业类型的专业心理测试。职业能力倾向测试可以发现一个人的潜在才能,预测个体在将来的学习和工作中可能达到的成功程度,帮助个体选择适合自己的职业。

课堂活动1-4

职业能力倾向测试

本测试由华东师范大学戴忠恒教授修订,它把人的职业能力倾向分为九种,每种能力由一组五个题目反映。测验时,请你仔细阅读每一题,自己进行评定。在相应的表格内画"√"。

评分标准:能力由弱到强分为五级,弱(1分)、较弱(2分)、一般(3分)、较强(4分)、强(5分)。请以周围的人为参考,评估你的得分情况。

温馨提示:测试结果通常与你的情况相符。但由于你把对自己的期望、片面的经验以及社会对你的期望投射到测试里,所以也可能存在一些偏差,而你还以为是正确的。这是所有的心理测试都在所难免的。

1. 测试

职业能力倾向测试如表1-7所示。

表 1-7 职业能力倾向测试表

一、一般学习能力倾向(G)	弱	较弱	一般	较强	强
1. 快而容易地学习新内容					
2. 快而正确地解数学题					
3. 你的学习成绩(能力)属于					
4. 对课文的字、词、段落、篇章的理解、分析和综合能力					
5. 对学习过的知识的记忆能力					
二、言语能力倾向(V)	弱	较弱	一般	较强	强
6. 善于表达自己的观点					
7. 阅读速度和理解能力					
8. 掌握词汇量的程度					
9. 你的语文成绩(能力)					
10. 你的文学创作能力					
三、算术能力倾向(N)	弱	较弱	一般	较强	强
11. 做出精确的测量					
12. 笔算能力					
13. 口算能力					
14. 打算盘					
15. 你的数学成绩(能力)					
四、空间判断能力倾向(S)	弱	较弱	一般	较强	强
16. 解决立体几何方面的习题					
17. 画三维的立体图形					
18. 看几何图形的立体感					
19. 想象盒子展开后的平面图					
20. 想象三维的物体					
五、形态知觉能力倾向(P)	弱	较弱	一般	较强	强
21. 发现相似图形中的细微差别					
22. 识别物体的形状差异					
23. 注意物体的细节部分					
24. 观察物体的图案是否正确					
25. 对物体的细微描述					

续 表

六、书写知觉能力倾向(Q)	弱	较弱	一般	较强	强
26. 快而准确地抄写资料(如姓名、日期、电话)					
27. 发现错别字					
28. 发现计算错误					
29. 能很快查找编码卡片					
30. 自我控制能力(如较长时间抄写资料)					
七、眼手运动协调能力倾向(K)	弱	较弱	一般	较强	强
31. 玩电子游戏					
32. 打篮球、排球、踢足球一类活动					
33. 打乒乓球、羽毛球运动					
34. 打算盘能力					
35. 打字能力					
八、手指灵巧度(F)	弱	较弱	一般	较强	强
36. 灵巧地使用很小的工具					
37. 穿针眼、编织等使用手指的活动					
38. 用手指做一件小工艺品					
39. 使用计算器的灵巧程度					
40. 弹琴					
九、手腕灵巧度(M)	弱	较弱	一般	较强	强
41. 用手将东西分类					
42. 推拉东西时手的灵活度					
43. 很快地削水果					
44. 灵活地使用手工工具					
45. 在绘画、雕刻等手工活动中的灵活性					

2. 确定等级

统计每类职业能力倾向的总得分,计算每类职业能力倾向的自评等级。自评等级等于每类职业能力倾向的总得分除以5,将自评等级填入表1-8中。

3. 确定职业定向

根据职业能力倾向测试结果,对照下列说明,确定你的职业定向。

第一组:语言能力。具有对词、句子、段落、篇章的理解能力,以及善于清楚而正确地表达自己的观念和向别人介绍信息的能力。

最适宜从事的职业有：外销人员、商务师、导游、演员、导演、编辑、播音员、节目主持人、教师、律师、审判员等。

第二组：数理能力。能迅速而准确地运算，并具有在快速准确地计算的同时进行推理、解决应用问题的能力。

最适宜从事的职业有：会计、银行职员、保险公司职员、税务员、审计员、统计员、自然科学家、计算机工程师等。

第三组：空间判断能力。具有对立体图形以及平面图形与立体图形之间关系的理解能力，包括能看懂几何图形、识别物体在空间运动中的关系、解决几何问题。

最适宜从事的职业有：技术员、工程师、服装设计师、艺术家、家具设计师、建筑师、摄影师、家电维修专家、自然科学家、军官、司机等。

第四组：察觉细节能力。对物体或图形的有关细节具有正确的知觉能力，对图形的明暗、线的宽度和长度能作出区别和比较，可以看出其细微的差别。

最适宜从事的职业有：技术员、工程师、电工、房管员、咨询师、运动员、教练员、导演、图书管理员、会计、银行职员、保险公司职员、审计员、统计员、编辑、播音员、自然科学家等。

第五组：书写能力。对印刷品、账目表格等材料的细微部分具有正确的知觉能力，善于发现错字和正确地校对数字。

最适宜从事的职业有：教师、公务员、社会学家、秘书、打字员、编辑、银行职员、咨询师、经理、记者、作家等。

第六组：运动协调能力。眼、手、脚、身体能够迅速并协调地做出准确的动作和运动反应，手能跟随眼睛所看的东西迅速行动，具有正确控制的能力。

最适宜从事的职业有：运动员、教练员、演员、服装设计师、家具设计师、美容师、电工、司机、服务员、导游、医生、护士、药剂师、导演、警察等。

第七组：动手能力。手指、手腕能迅速而准确地活动和操作小的物体，在拿取、放置、调换、翻转物体时，手能作出精巧的运动以及手腕的自由运动。

最适宜从事的职业有：医生、护士、药剂师、运动员、教练员、自然科学家、技术员、工程师、服装设计师、家具设计师、艺术家、美容师、售货员、服务员、保育员、摄影师、演员、导演等。

第八组：社会交往能力。擅长人与人之间的相互交往、相互联系、相互帮助、相互作用和影响，从而具有协同工作和建立良好人际关系的能力。

最适宜从事的职业有：采购员、推销员、公共关系人员、外销人员、商务师、编辑、调度员、经理、服务员、房管员、导游、咨询师、银行信贷员、税务员、审计员、保险公司职员、演员、导演、教师、社会科学家、公务员、秘书、警察、律师等。

表1-8 职业能力倾向测试记分表

序号	1	2	3	4	5	6	7	8	9
项目	一般学习能力倾向(G)	言语能力倾向(V)	算术能力倾向(N)	空间判断能力倾向(S)	形态知觉能力倾向(P)	书写知觉能力倾向(Q)	眼手运动协调能力倾向(K)	手指灵巧度(F)	手腕灵巧度(M)
等级									

第九组：组织管理能力。善于组织和安排各种活动，并且具有协调人际关系的能力。

最适宜从事的职业有：调度员、导游、教练员、导演、教师、经理、公务员、商务师、保育员、咨询师、税务员、秘书、律师、警察等。

拓展阅读 1-4

部分职业所需职业能力等级标准如表 1-9 所示。

表 1-9 部分职业所需职业能力等级标准

职业	G	V	N	S	P	Q	K	F	M
小学、幼儿园教师	2	2	3	3	3	3	3	3	3
中学教师	2	2	3	4	3	3	4	4	4
系统分析和计算机程序员	2	2	2	2	3	3	4	4	4
产品设计和内部装饰工作人员	2	2	3	2	2	4	2	2	3
演员	2	2	3	4	4	3	4	4	4
社会工作者	2	2	3	4	4	3	4	4	4
电台播音员	2	2	3	2	2	4	2	2	2
翻译人员	2	1	4	4	4	3	4	4	4
职业指导工作者	2	2	3	4	4	3	4	4	4
内、外、牙科医生	1	1	2	1	2	3	2	2	2
护士	2	2	3	3	3	3	3	3	3
医院药剂师	2	2	2	4	2	3	3	3	3
作家和编辑	2	1	3	3	3	3	3	4	4
秘书	3	3	3	3	3	2	3	3	3
出纳员	3	3	3	4	4	2	3	3	4
商业经营管理者	2	2	3	4	4	3	4	4	4
统计员	3	3	3	3	4	2	3	4	4
一般办公室职员	3	4	3	4	4	3	3	4	4
警察	3	3	3	4	3	3	3	4	3
导游	3	3	4	3	3	5	3	3	3
驾驶员	3	3	3	3	3	3	3	4	3
体育运动员	3	3	4	2	3	4	2	2	2
体育教练	2	2	2	4	4	3	4	4	4

四、职业价值观探索

(一)价值观与职业价值观

价值观作为个体用来区分好坏标准并指导行为的心理倾向,是个体对周围事物的评价或态度,是个体在一定环境中的动机、目的和情感意志的综合体现。价值观为个体自认为正当的行为提供充分的理由,是浸透于整个个性之中并支配着个体的行为、态度、观点、信念、理想的一种内心尺度。

职业价值观,是指个体无论从事什么工作,都会努力在工作中追求的东西。从另一个角度来讲,职业价值观就是最期待从工作中获得的东西。

1-7 微课:职业价值观

(二)职业价值观与职业选择

职业价值观在人们的职业生涯发展中起着极其重要的、决定方向性的作用,甚至往往超过了兴趣和性格对职业发展的影响。但是,很少有一份工作能够完全满足一个人所有的重要价值观。因此,一方面,人们总是要不断地作出妥协和放弃,个体需要对自己的价值观进行澄清和排序,才知道如何取舍;另一方面,由于个人所处的生涯发展阶段、社会环境的不同,个体的需求也会发生改变,从而可能导致价值观发生变化。虽然工作并不能完全满足个体的价值观,但依然有很多方法可以把个体的价值观与工作环境结合起来。

(三)职业价值观测量

每个人在进行职业生涯规划时都会想到,怎样才能知道自己适合做什么工作,如何根据自身特点作出正确的职业选择。美国职业生涯管理学家埃德加·施恩(图1-3),提出了职业锚理论,并在此基础上制订了测试量表,可以帮助我们解决这些问题。职业锚是职业价值观的另一种说法,是人们选择和发展职业时所围绕的中心。当一个人不得不作出职业选择的时候,他无论如何都不会放弃的至关重要的价值观就是职业锚。

经过几十年的发展,职业锚已成为许多个人职业生涯规划的必选工具和人力资源管理的重要工具。在进行职业生涯规划方向定位过程中,职业价值观测试可以帮助个体确定自己的发展方向,审视自己的价值观是否与当前的工作相匹配。只有职业定位和所从事的职业相匹配,人们才能在工作中获得源源不绝的巨大动力,实现自己的价值。

图1-3 美国职业生涯管理学家埃德加·施恩

课堂活动 1-5

职业价值观测试

表1-10中有52个测试项目,每个项目都有五个备选答案:A. 非常重要;B. 比较重要;C. 一般;D. 较不重要;E. 很不重要。请根据自己的实际情况或想法,在测试项目后相应位

置画"√",每题只能选择一个答案。通过测验,你可以大致了解自己的职业价值观念倾向。

表1-10 职业价值观测试项目一览表

序号	测 试 项 目	备选答案				
		A	B	C	D	E
1	你的工作必须经常解决新的问题					
2	你的工作能带来看得见的社会效益					
3	你的工作奖金很高					
4	你的工作内容经常变换					
5	你能在你的工作范围内自由发挥					
6	工作能使你的同学朋友非常羡慕你					
7	工作带有艺术感					
8	你的工作能使人感觉到你是团体的一分子					
9	不论你怎么干,你总能和大多数人一样晋级和涨工资					
10	你的工作使你有可能经常变换工作地点或方式					
11	在工作中你能接触到各种不同的人					
12	你的工作上下班时间比较自由					
13	你的工作使你不断获得成功					
14	你的工作赋予你高于别人的权力					
15	在工作中你能试行一些自己的新想法					
16	在工作中你不会因为身体或能力等因素被人瞧不起					
17	你能从工作的成果中知道自己做得不错					
18	你的工作经常要外出参加各种集会和活动					
19	只要你从事了一份工作,就不会被调到其他意想不到的部门和工种上去					
20	你的工作能使世界更漂亮					
21	你在工作中不会有人常来打扰你					
22	只要努力,你的工资会高于其他同龄人,晋级或涨工资的可能性比做其他工作大得多					
23	你的工作是一项对智力的挑战					
24	你的工作要求你把一些事物管理得井井有条					
25	你的工作单位有舒适的休息室、更衣室及其他设备					
26	你的工作有可能结识各行各业的知名人物					

续 表

序号	测 试 项 目	备选答案				
		A	B	C	D	E
27	在你的工作中能和同事建立良好的关系					
28	在别人眼中你的工作是很重要的					
29	在工作中你经常接触到新鲜的事物					
30	你的工作能使你常常帮助别人					
31	你在工作单位中有可能经常变换工作内容					
32	你的作风使你被别人尊重					
33	同事和领导人品较好,相处比较轻松					
34	你的工作会使很多人认识你					
35	你的工作场所很好,如有适度的灯光、安静清洁的工作环境、甚至恒温恒湿等优越的条件					
36	在工作中你为他人服务,使他人感到很满意,你自己也很高兴					
37	你的工作需要计划和组织别人的工作					
38	你的工作需要敏锐的思考					
39	你的工作可以使你获得较多的额外收入,如常发实物、常发商品的提货券、有机会购买进口货等					
40	在工作中你是不受别人差遣的					
41	你的工作结果应该是一种艺术而不是一般的产品					
42	在工作中,不必担心会因领导不满意而受到训斥或经济惩罚					
43	在你的工作中能和领导有融洽的关系					
44	你可以看见自己努力工作的成果					
45	在工作中常常要你提出许多新的想法					
46	由于你的工作,经常有许多人来感谢你					
47	你的工作成果常常能得到上级同事或社会的肯定					
48	在工作中你可能做一个负责人,虽然可能只管理很少的人,你信奉"宁做兵头不做将尾"的俗语					
49	你从事的那种工作,经常在报刊、电视中被提到,因而在人们的心目中很有地位					
50	你的工作有数量可观的夜班费、加班费、保健费或营养费					
51	你的工作比较轻松,精神上也不紧张					
52	你的工作需要和影视、戏剧、音乐、美术、文学等艺术打交道					

上面的 52 个测试项目分别代表 13 种工作价值观,每选一个 A 得 5 分,每选一个 B 得 4 分,每选一个 C 得 3 分,每选一个 D 得 2 分,每选一个 E 得 1 分。

请你根据表 1-11 评价表中每一项前面的题号,计算一下不同题号的得分总数,并把它填在对应的得分栏上,然后在表格下面依次列出得分最高和最低的三项。

表 1-11 职业价值观类型及说明一览表

得分	题 号	价值观类型	说 明
	2,30,36,46	利他主义	工作的目的和价值,在于直接为大众的幸福和利益尽一份力
	7,20,41,52	美感	工作的目的和价值,在于能不断追求美的东西,得到美的享受
	1,23,38,45	智力刺激	工作的目的和价值,在于不断追求智力进步,动脑思考,学习以及探索新事物,解决新问题
	13,17,44,47	成就感	工作的目的和价值,在于不断创新,不断取得成就,不断得到领导与同事的赞扬,或不断实现自己想要做的事
	5,15,21,40	独立性	工作的目的和价值,在于能充分发挥自己的独立性和主动性,按自己的方式、步调或想法去做,不受他人的干扰
	6,28,32,49	社会地位	工作的目的和价值,在于所从事的工作在人们的心目中有较高的社会地位,从而使自己得到人们的重视与尊重
	14,24,37,48	管理	工作的目的和价值,在于获得对他人或某事物的管理支配权,能指挥和调遣一定范围内的人或物
	3,22,39,50	经济报酬	工作的目的和价值,在于获得优厚的报酬,使自己有足够的财力去获得自己想要的东西,使生活过得较为富足
	11,18,26,34	社会交际	工作的目的和价值,在于能和各种人交往,建立比较广泛的社会联系和关系,甚至能和知名人物结识
	12,25,35,51	舒适	希望能将工作作为一种消遣、休息或享受的形式,追求在一起感到愉快、自然,优越的工作条件和环境
	8,27,33,43	人际关系	希望一起工作的大多数同事和领导人品较好,相处在一起感到愉快、自然,认为这就是很有价值的事,是一种极大的满足
	4,10,29,31	变异性或追求新意	希望工作的内容经常变换,使工作和生活显得丰富多彩、不单调枯燥
	9,16,19,42	安全感	不管自己能力怎样,希望在工作中有一个安稳局面,不会因为奖金、涨工资、调动工作或领导训斥等经常提心吊胆、心烦意乱

得分最高的三项依次是:1._____;2._____;3._____。
得分最低的三项依次是:1._____;2._____;3._____。

通常分数最高的就是你的职业价值观类型。根据得分较高和较低的前三项,从中可以看出你的职业价值观倾向,可在职业定位时予以重点考虑。

第三单元　职 业 认 知

◇ **问题导学**

1. 据你所知,目前与你所学专业相关的职业有哪些?
2. 该如何去真正了解自己所希望从事的职业?
3. 该如何对生涯人物访谈到的信息进行加工?

案 例 导 入

陈晓莉是一个开朗活泼的女孩,在高考填报志愿的时候,在家长的建议下,她选择了会计专业。随着对专业了解的深入和对未来职业发展道路的思考,晓莉越来越感觉到自己是一个性格外向、善于与人打交道、追求创新和变化的人,而会计岗位天天和数据、表格打交道,这样的工作并不适合自己,所学的专业和本人的职业兴趣不符。因而她对未来职业发展充满了苦恼。

在毕业实习时,晓莉又发现社会上会计专业毕业生已供过于求,要找一份专业对口的工作并不是一件十分容易的事情。她只能应聘到一家大型超市做收银员工作。

大学会计专业的毕业生去做收银员,这在旁人看来是不可思议的。但晓莉也有她自己的想法,这个选择是暂时的。事实也确实如此,晓莉在收银员这个岗位上兢兢业业、勤勤恳恳,也在等待新的机会。几个月后这个超市刚好缺少一名管理人员,由于她工作认真、适应能力强,再加上有大专文凭,便被调入人事部。晓莉边干边学,很快就获得领导的赏识,现在已升为经理助理。

职业无所谓好坏。但是,不同的职业却意味着不同的人生。如果同一学校、同一专业、同一个班级的人毕业后从事的是同一个职业,几年之后,同学之间的差别一般不会太大。但是,如果他们从事的是不同的职业,那么,七八年之后,他们的差别就可能会很大。由此可见选择职业发展方向的重要性。

许多毕业生大学期间没有真正去了解自己心目中的理想职位,对工作岗位缺乏正确认识,求职存在极大的盲目性。应该说这样的高校毕业生不在少数。要想有效避免职业期待错位,就必须真正了解职业。

一、职业概述

(一)职业的概念与特征

1. 职业的概念

现代意义上的职业是人们参与社会分工,利用专门的知识和技能,为社会创造物质财富和精神财富,获取合理报酬作为物质生活来源,并满足精神需求的专业化的社会劳动岗位。

职业由下述几个要素构成:① 职业名称。这是职业的符号特征,它一般由

1-8 微课:职业世界认知

社会通用称谓来命名。② 职业主体。职业主体是从事一定社会分工活动的劳动者，必须有承担该职业活动所需要的资格和能力。③ 职业客体。职业客体是指职业活动的工作对象、内容、劳动方式和场所等。④ 职业报酬。职业报酬包括通过职业活动所取得的各种报酬。⑤ 职业技术。劳动者在从事职业活动中所运用的自然技术、社会技术与思维技术的总和。它包括人们从事职业活动时使用工具、材料、工艺方法的发展和应用，也包括尚未形成系统的经验。

2. 职业的特征

（1）目的性。职业活动的最基本的目的是获得经济来源。通过职业活动，人们既满足自己的需要，同时也满足社会的需要。

（2）社会性。职业是社会分工的产物，它体现的是劳动力与劳动资料之间的结合关系，其实也体现出劳动者之间的关系。劳动产品的交换体现的是不同职业之间的劳动交换关系。这种劳动过程中结成的人与人的关系无疑是具有社会性的，他们之间的劳动交换反映的是不同职业之间的等价关系，这反映了职业活动、职业劳动成果的社会属性。

（3）稳定性。任何一种职业都会经历一个从酝酿到形成到发展完善，最后再到消亡的变化过程。职业的生命周期具有相对的稳定性，在生命周期内是稳定的，随着社会的发展，会不断诞生新的职业，淘汰旧的职业。

（4）规范性。不同的职业在其劳动过程中都有一定的操作规范性，这是保证职业活动的专业性要求。当不同职业在对外展现其服务时，还存在伦理范畴的规范性，即职业道德。这两种规范性构成了职业规范的内涵与外延。

（5）差异性。人们常说"隔行如隔山"，不同的职业，其工作条件、工作强度、工作对象、工作性质、生产方式、工作内容等方面存在着极大的差异，因此也就形成了不同的行为模式、道德规范和语言习惯。

拓展阅读 1-5

职位、工作、行业、工种、岗位和就业

（1）职位。职位就是人们具体的工作岗位，是指人们在机关、部队和企事业单位中的具体工作岗位及其所处的地位。职位是具体工作任务、责任和权利、利益构成的统一体。

从职业与职位的概念来看，二者既有联系又有区别。一方面，职位是职业划分的基础。一般而言，有职业就有职位划分的存在，职位是对职业的数量定位；另一方面，职业是一种社会劳动，职位是具体的工作岗位；从社会需求的角度来看，职业无等级和贵贱之分，但职位有高低之别，如"高校教师"这一职业，按职位划分为教授、副教授、讲师和助教等。同一个职业通常会有多个职位。

（2）工作。工作是由一系列相似的职位所组成的一个特定的专业领域，它与分配给个人的一系列具体任务直接相关。在日常生活中可以理解为"干活"。

（3）行业。行业是指从事国民经济中同性质的生产或其他经济社会的经营单位或者个体的组织结构体系，如林业、汽车业、银行业等。

通常很多人会混淆行业和职业，实际上它们是有很大区别的。行业是按工作对象来划分的，比如计算机行业、保险行业、农牧业……职业是按工作职能来划分的，比如企业家、科学家、老师、军人等。

（4）工种。工种是指根据劳动管理的需要，按照生产劳动的性质、工艺技术的特征或者服务活动的特点而划分的工作种类。

（5）岗位。岗位是组织要求个体完成的一项或多项责任以及为此赋予个体的权力的总和。

岗位跟职位具有明显不同。职位是组织重要的构成部分，泛指一个阶层（类），面更宽泛，而岗位则具体得多。职位是按规定承担的工作或为实现某一目的而从事的明确的工作行为，由一组主要职责相似的岗位所组成。职位是随组织结构定的，而岗位是随事定的，也就是我们常说的因事设岗。

（6）就业。就业是指在法定年龄内的有劳动能力和劳动愿望的人们所从事的为获取报酬或经营收入而进行的活动。

（二）职业的功能

人的一生是在家庭生活、职业生活和社会生活中度过的，职业是连接社会和家庭的纽带。可以说，人生因职业而精彩，人生的最大幸福莫过于职业理想与职业目标保持一致、职业生活和家庭生活高度和谐。职业生活在人们的社会生活中居首要地位，解决好职业问题对个体一生的发展具有重要意义。

1. 从个人角度看职业的功能

（1）职业是个人获得经济收入的来源、维持家庭生活的主要手段。

（2）职业是促进个性发展的手段，当个人所从事的职业能使其兴趣、特长得到发挥时，这个人的个性也就得到了发展。

（3）职业是在社会劳动体系中从事具体劳动的体现，是个人为社会做贡献的途径。

（4）职业是个人名誉、地位和权力等的来源。

2. 从社会角度看职业的功能

（1）职业的存在及职业活动构成了人类社会存在和社会发展的基础。

（2）职业劳动创造社会财富，从而为社会的存在和发展奠定了物质基础。

（3）职业的分工是构成社会经济制度及其运行的主体。

（4）职业是维持社会稳定、实现社会控制的手段。

（5）职业运动如职业结构的变化、职业层次间的矛盾解决也是推动社会进步的一种动力。

课堂活动 1-6

互 动 分 享

如果有人愿意供养你一辈子，让你衣食无忧，想买什么买什么，想吃什么吃什么，想玩什么玩什么，想学什么学什么，但你必须做到一点——不做任何工作（即不能出去就业，不能自己开店，连去做义工或扶养孩子都不可以）。

你会接受吗？为什么？

（三）职业分类

职业分类是指以一定的规则、标准及方法，按照职业的性质和特点，将一般特征和本质特征相同或相似的社会职业,统一归纳到一定类别中去的过程。

产业、行业与职业三者之间存在归属关系。不同产业相应地包含着各种行业,不同的行业也相应地包含着各种职业,而产业是国民经济中最基本的分类。

按照国际上通行的说法,一个国家的国民经济可以划分为三大产业:第一产业包括农业、林业、畜牧业、渔业和矿业;第二产业包括机器制造业、加工业和建筑业;第三产业是指为社会公众提供社会性服务的非物质生产部门,如金融业、保险业、商业、旅游业、咨询业和信息业等。

职业分类主要是依据从业者在社会岗位上从事的活动、所包含的目标、应完成的任务以及所体现的社会职能来进行的。例如社会服务性职业主要是指帮助公众解决问题或困难的职业,具体有民事调解员、心理咨询员、医疗卫生工作者等;一般服务性职业是指为社会公众、家庭提供专项服务的职业,具体有服务员、导游、钟点工、保姆等。

职业分类对于适应和反映经济结构特别是产业结构变化,适应和反映社会结构特别是人口、就业结构变化,适应和反映人力资源开发与管理特别是人力资源配置需求等方面,都具有重要意义。

1. 国际职业分类

(1) 按脑力劳动和体力劳动的性质、层次进行分类。这种分类方法把工作人员划分为白领工作人员和蓝领工作人员两大类。白领工作人员包括专业性和技术性的工作人员,即农场以外的经理和行政管理人员、销售人员、办公室人员。蓝领工作人员包括手工艺及类似的工人、非运输性的技工、运输装置机工人、农场以外的工人、服务性行业工人。这种分类方法明显地表现出职业的等级性。

(2) 按心理的个别差异进行分类。如美国职业指导专家霍兰德将人格类型划分为六种,即现实型、研究型、艺术型、社会型、企业型和常规型。与其相对应的是六种职业类型。

(3) 国际标准职业分类。国际标准职业分类把职业由粗至细分为四个层次,即8个大类、83个小类、284个细类、1 506个职业项目,总共列出职业1 881个。其中8个大类是:

① 专家、技术人员及有关工作者;
② 政府官员和企业经理;
③ 事务工作者和有关工作者;
④ 销售工作者;
⑤ 服务工作者;
⑥ 农业、牧业、林业工作者及渔民、猎人;
⑦ 生产和有关工作者、运输设备操作者和劳动者;
⑧ 不能按职业分类的劳动者。

这种分类方法便于提高国际职业统计资料的可比性,加强国际交流。

2. 我国的职业分类

人社部、国家质检总局和国家统计局牵头成立的国家职业分类大典修订工作委员会修订的《中华人民共和国职业分类大典》(2015版),将职业结构分为8个大类、75个中类、434个小类、1 481个职业。8个大类为:

① 党的机关、国家机关、群众团体和社会组织、企事业单位负责人;
② 专业技术人员;

③ 办事人员和有关人员；
④ 社会生产服务和生活服务人员；
⑤ 农、林、牧、渔业生产及辅助人员；
⑥ 生产制造及有关人员；
⑦ 军人；
⑧ 不便分类的其他从业人员。

二、职业资格证制度

(一) 职业资格

职业资格是从事某一职业所必备的学识、技术和能力的基本要求。

职业资格包括从业资格和执业资格。从业资格是指从事某一职业（专业）所必需的学识、技术和能力的起点标准。执业资格是政府对某些责任较大、社会通用性强、关系公共利益的职业（专业）实行准入控制，是依法独立开业或从事某一特定职业（专业）所必需的学识、技术和能力的必备标准。

2017年9月，按照国务院要求，在分批清理减少职业资格及征求有关部门意见的基础上，人力资源和社会保障部公布了国家职业资格目录清单。国家职业资格目录共计140项职业资格。其中，专业技术人员职业资格59项，含准入类36项，水平评价类23项；技能人员职业资格81项，含准入类5项，水平评价类76项。这些职业资格基本涵盖了经济、教育、卫生、司法、环保、建设、交通等国家重要的行业领域，符合国家职业资格设置的条件和要求。

准入类职业资格关系公共利益或涉及国家安全、公共安全、人身健康、生命财产安全，均有法律法规或国务院决定作为依据；水平评价类职业资格具有较强的专业性和社会通用性，技术技能要求较高，行业管理和人才队伍建设确实需要。

为贯彻落实国务院"放管服"改革要求，结合近年来国务院有关部门职责调整、行政审批事项改革等情况，2021年1月，人力资源和社会保障部对2017年公布的《国家职业资格目录》专业技术人员职业资格部分进行调整。调整后，列入专业技术人员职业资格58项，其中，准入类31项，水平评价类27项。近几年，人力资源和社会保障部已经把国家资格考试目录从几百种考试精选到现在的58种，可谓大浪淘沙！2021年最新版《国家职业资格目录（专业技术人员职业资格）》是人力资源和社会保障部、住建部、工信部、发改委、民政部、应急管理部等国家级别的考试认证，是全国统考，全国认可。

1-9 表格：2021年最新版《国家职业资格目录（专业技术人员职业资格）》

职业资格目录明确了国家职业资格范围、实施机构和设定依据，有利于从源头上解决职业资格过多过滥的问题。目录之外一律不得许可和认定职业资格，目录之内除准入类职业资格外一律不得与就业创业挂钩。

(二) 职业资格证书

我国从1994年开始实施职业资格证书制度。

职业资格证书是劳动就业制度的一项重要内容，也是一种特殊形式的国家考试制度。它是按照国家制定的职业技能标准或任职资格条件，通过政府认定的考核鉴定机构，对劳动者的技能水平或职业资格进行客观公正、科学规范的评价和鉴定，对合格者授予相应的国家职业资格证书。

开展职业技能鉴定，推行职业资格证书制度，是落实党中央、国务院提出的"科教兴国"战略方针的重要举措，也是我国人力资源开发的一项战略措施。这对于提高劳动者素质，促进劳动力市场的建设，深化国有企业改革，促进经济发展都具有重要意义。

职业资格证书是表明劳动者具有从事某一职业所必备的学识和技能的证明。它是劳动者求职、任职、开业的资格凭证，是用人单位招聘、录用劳动者的主要依据，也是境外就业、对外劳务合作人员办理技能水平公证的有效证件。

对求职就业者来说，职业资格证书是求职就业的必备条件和增强择业竞争能力的重要手段。

拓展阅读 1－6
职业教育"1＋X"证书制度试点

2019 年 4 月，教育部、国家发展改革委、财政部、市场监管总局联合印发了《关于在院校实施"学历证书＋若干职业技能等级证书"制度试点方案》（以下简称《试点方案》），部署启动"学历证书＋若干职业技能等级证书"（简称 1＋X 证书）制度试点工作。

什么是"1＋X"证书制度？"1"为学历证书，学历证书全面反映学校教育的人才培养的质量；"X"为若干职业技能等级证书，职业技能等级证书是毕业生、社会成员职业技能水平的凭证，反映职业活动和个人职业生涯发展所需要的综合能力。

把学历证书与职业技能等级证书结合起来，探索实施"1＋X"证书制度，是"职教20条"的重要改革部署，也是重大创新。试点工作将按照高质量发展的要求，坚持以学生为中心，深化复合型技术技能人才培养培训模式和评价模式改革，提高人才培养质量，畅通技术技能人才成长通道，拓展就业创业本领。

《试点方案》提出，自 2019 年开始，重点围绕服务国家需要、市场需求、学生就业能力提升，从 10 个左右职业技能领域做起，稳步推进"1＋X"证书制度试点工作。试点院校以高等职业学校、中等职业学校（不含技工学校）为主，本科层次职业教育试点学校、应用型本科高校及国家开放大学等积极参与。

院校是"1＋X"证书制度试点的实施主体。试点院校要推进"1"和"X"的有机衔接，进一步发挥好学历证书作用，夯实学生可持续发展基础，积极发挥职业技能等级证书在促进院校人才培养、实施职业技能水平评价等方面的优势，将证书培训内容有机融入专业人才培养方案，优化课程设置和教学内容，对专业课程未涵盖的内容或需要强化的实训，组织开展专门培训。鼓励试点院校学历教育与职业培训并举，在面向本校学生开展培训的同时，积极为社会成员提供培训服务。考核站点一般设在符合条件的试点院校。

根据《试点方案》要求，目前，教育部委托教育部职业技术教育中心研究所，经过面向社会公开招募、专家遴选、公示公告等程序，在建筑工程技术、信息与通信技术、物流管理、老年服务与管理、汽车运用与维修技术等五个领域遴选确定了参与首批试点的有关职业技能等级证书，包括：建筑信息模型（BIM）职业技能等级证书、Web 前端开发职业技能等级证书、物流管理职业技能等级证书、老年照护职业技能等级证书、汽车运用与维修职业技能等级证书和智能新能源汽车职业技能等级证书。

三、职业发展趋势

(一)职业发展的特点

人类社会已经进入知识经济时代,产业结构、行业结构、社会结构以及由此决定的职业结构将发生巨大变化。从总体上看,职业发展呈现出以下特点:

(1) 第三产业的职业数量大幅度增加。随着科技水平的提高,第三产业的职业数量大幅度增加,其就业人数在发达国家已超过50%。由于第三产业所具有的就业容量大、流动性大及弹性高的特点,将会吸引更多的高职院校毕业生从事第三产业的职业。

(2) 社会职业种类越来越多,新职业出现的频率逐渐上升。随着社会生产力的发展,社会的分工逐渐精细化,职业的种类也越来越多,现在的职业已远远超过"三百六十行"。据有关资料表明,各种职业岗位的总和已发展到10 000多个。物流师、心理咨询师、项目管理师、舞台灯光师、茶艺师、直播带货销售员等各种新型职业不断涌现。

(3) 职业分工由简单到复杂、精细。以建筑业为例,从最开始的少数职业发展到现在的建筑设计、监理、造价、土建、装修等各类职业。

(4) 社会职业结构变迁的速度越来越快,职业活动的内容不断更新。同样的职业,在不同的时代,内容也会发生变化。如设计院的工程师以前设计图纸时,使用图板、丁字尺、画笔,而现在运用CAD软件画图。再如邮政业,古代靠骑马传送邮件,而现在除了用飞机、火车、汽车等交通工具传送邮件,还使用电话、网络、传真等手段传送信息。

(5) 职业向专业化方向发展。若不具备一定的专业能力,达不到专业要求,则不能从事该职业。

(6) 职业活动自由化。职业活动自由化主要表现在有的职业活动场所自由化、时间自由化和自由职业者增多。

新知识、新技术的层出不穷,相应的产业结构将加快调整和升级,职业也因此表现出一些新的发展趋势。主要表现在:面向第三产业的职业、与高新技术有关的职业发展更加迅速;职业的综合化、智能化、专业化程度越来越高;传统职业将萎缩,新的职业将不断涌现。

(二) 21世纪我国最有发展前景的行业

随着我国市场经济的发展和经济结构的调整,各行业在社会发展中的地位和发展潜力也在发生变化。某些行业社会需求的增加促进了这些行业的蓬勃发展,并成为未来社会发展的主导产业。据有关专家的预测,21世纪我国最有发展前景的行业有:① 信息产业;② 金融、社会保险业;③ 现代生活产品制造业;④ 科学技术业;⑤ 环境科学行业;⑥ 生物工程技术业;⑦ 旅游休闲及相关产业;⑧ 餐饮、娱乐与服务业;⑨ 教育产业等。

(三) 21世纪我国社会的主导职业

随着我国经济、社会文化和科学技术的发展,我国的产业结构将发生根本的变化。未来10年有较大的发展潜力的行业主要有:电子技术、生物工程、航天技术、海洋开发与利用、新能源、新材料、信息技术、机电一体化、农业科技、环境保护技术、生物工程研究与开发、工商与国际经贸、律师等。

我国的人事管理机构根据全国各类专业协会的有关统计资料,对我国未来急需人才进行了分析和预测。分析结果认为,21世纪我国未来主导职业包括:会计、计算机、软件开发、环保、健康与保健医药、咨询服务、保险、法律、老年医学服务、公关与服务、市场营销、生命科学、咨询与社会工作、旅游管理与服务、人力资源管理等十六个职业。

拓展阅读 1-7

当今社会最热门的十大行业

（1）金融银行业。金融银行业在国内算是垄断行业之一，一般职员的薪金在全国平均薪金中之上，进入这个行业的门槛很不容易。加入世界贸易组织（WTO）后，国外大量的资金进入，大量的投资人进入，必然带来大量的人才需求。

（2）保险经纪人。同保险代理人一样，保险经纪人代表投保险人购买保险单或介绍保险业务，促使保险合同成立。不同的是，保险代理人代表保险公司与投保人洽谈保险业务，保险经纪人的佣金，一般由保险人即保险公司支付。

（3）注册会计师。整个行业的前景非常看好，市场缺口很大。一方面是国家对于注册会计师质量的严格控制，但另一方面也说明注册会计师是不折不扣的"紧销货"。

（4）传播媒介业。如今可以叫做传媒时代，任何风潮可以在一夜之间传遍世界的每一个角落，因而传媒红人无不红得发紫，传播媒介业始终是一道亮丽养眼的风景线。

（5）人力资源开发和管理。国内随着体制改革和经济发展的深入，人力资源的开发和管理越来越受到重视，一个现代企业，最重要的不是资金是否充足，而是有没有一群有知识、有能力并与企业共同成长的员工。

（6）公关行业。在眼球经济时代，公关比任何时候都更重要。中高级公关人员总是在全球各地飞来飞去，为所属的各大公司做专题、组织培训，以至企业战略咨询、与政府的联络等。

（7）互联网行业。最近几年，互联网行业正在以迅猛的速度改变着传统行业，而它们巨大的吸金能量和对人才的巨大需求和渴望，也使得这两年互联网企业的涨薪速度曲线接近陡直向上。

（8）教育和培训行业。中国适龄劳动人口基数巨大，劳动力技术技能培养的需求也是巨大的，这个行业的潜力从新东方火热上市就可以看出端倪。并且，不管什么时候，中国人对下一代培养都是全力以赴的。

（9）文化娱乐行业。中国很多地方大力发展文化经济，但常缺乏宏观思路。信息时代的传播媒介，会加快文化的传播速度，会迅速产生全国性的，甚至世界性的影响力。

（10）信息安全分析行业。从宏观角度来分析，越来越大的市场规模会导致人才需求剧增。智慧城市的建设也对信息安全体系提出了全新的要求，云计算、移动互联网、大数据、移动支付等领域的应用信息安全逐渐成为市场的主要发展方向。

四、预期职业探索

探索职业世界，是个体正确和合理地进行职业选择和规划的前提和基础。预期职业探索实际上是对自己喜欢或要从事的职业进行理论分析和实际调研的过程，目的是对目标职业有充分的了解,并在明确自身与职业要求的差距中制定求职策略,从而有效地规划大学学习生活。

(一) 建立自己预期的职业库

预期的职业库职业来源包括：① 头脑风暴出所有可能的职业；② 自己脑海中出现过的职业；③ 自己喜欢的、期待的职业；④ 自己曾经梦想的职业；⑤ 亲朋好友提供的职业；⑥ 来自自我职业兴趣、性格、能力、价值观探索定位的职业。

(二) 确定职业认知的具体内容

一般来说,职业认知的具体内容包括：

(1) 职业描述。

(2) 职业的核心工作内容。

(3) 职业的发展前景。

(4) 薪资待遇及潜在收入空间。

(5) 岗位设置及不同行业、企业间的差别。

(6) 入门岗位及其职业发展通路。

(7) 职业标杆人物。

(8) 职业的典型一天。

(9) 职业通用素质及入门的具体能力要求。

(10) 工作与思维方式及对个人内在素养的要求。

(三) 获取职业信息的途径

1. 互联网

当今社会越来越多的信息都是通过网络获取的。网络上有很多与职业相关的网站,如前程无忧、智联招聘、中华英才等。有些网站特别针对不同专业提供了不同的职业信息。通过搜索引擎查找目标公司网站(全球及中国)、行业协会网站、猎头公司网站、网上讨论区及相关新闻,就可获得比较充分的行业、公司及职位信息。

2. 文献资料

文献资料包括：①《中华人民共和国职业分类大典》。这是我国第一部对职业进行科学分类的权威性文献。② 有关专业(行业)期刊、杂志、报纸、对外发布的行业分析报告等。③ 其他资料。其他资料包括各种活动、展会资料,也包括行业展会、研讨会、专题讲座、咨询沙龙、商会活动等收集的信息材料。

3. 社会关系

同学、老师、校友、亲戚朋友、邻居等可以提供你感兴趣的行业、职位信息,以及现状及趋势的信息。

4. 社会实践

通过实地参观、见习、业余兼职、专业实习等实践途径,获取直接工作经验,明确了解某职业的实际情况。

5. 人才市场

政府部门、教育系统、高等院校、企事业单位等主办的各级各类人才市场、职业介绍所、招聘会等会提供大量的就业信息,这是大学生了解、获取职业信息的直接渠道。

6. 生涯人物访谈

生涯人物访谈是通过与一定数量的职场人士（通常是自己感兴趣的职业从业者）会谈而获取一个行业、职业和单位"内部"信息的一种职业探索活动。通过访谈，了解该职业岗位的实际情况，获取相关职业领域的信息，进而判断自己是否真的对该工作感兴趣。这实际上是一次间接、快速的职业体验。

生涯人物访谈活动对于没有工作经验和社会阅历的大学生来说，是了解职业的一个比较好的方法。下面介绍基本的访谈流程。

（1）了解自我。通过自我探索，在了解自己的职业兴趣、性格、能力、价值观的基础上，结合自己的兴趣、技能、职业价值观、教育背景和已掌握的职业知识列出自己未来可能从事的几个职业。

（2）寻找生涯人物。通过亲戚朋友介绍或毛遂自荐，在自己未来可能从事的每个职业领域寻找不少于三位在职资深工作者或至少具备三年以上工作经验者作为生涯人物，定为访谈对象。

（3）设计访谈问题。结合目标职业信息，访谈问题通常包括：① 你是如何找到这份工作的；② 你的职位、工作任务或内容是什么；③ 做好这份工作需要哪些教育、培训背景或经历；④ 学校开设的哪些课程对在这个行业就业有帮助，还需要哪些个人资格、技巧和能力；⑤ 工作地点在哪，工作环境怎样，从事这份工作将面临什么问题；⑥ 喜欢这个工作的哪些方面，不喜欢哪些方面；⑦ 拥有什么样个人品质、性格和能力的人更能做好这份工作；⑧ 在你所在的工作领域，刚毕业的大学生和工作一年后员工的薪资水平如何；⑨ 目前存在的困难及前景如何，对打算进入这个领域的人有什么建议；⑩ 你所在行业内，单位一般会为新进员工提供哪些培训。

（4）预约生涯人物。预约方式有电话、QQ、微信、电子邮件和普通信件等，其中以电话为首选。预约时首先介绍自己，然后说明找到他的途径、采访目的、感兴趣的工作类型以及进行采访所需要的时间，确认采访的时间和地点。

联系前的准备要充分，电话联系时还应备好纸和笔，礼貌地告诉对方，由于你对该项职业比较感兴趣，希望能更进一步了解该职业的相关资讯，以及他从事该职业的心得和经验。请他安排半个小时至一个小时的时间，让你到他的工作场所拜访他。如对方工作繁忙，也可通过微博、微信、邮件、QQ 等其他方式进行交流。

（5）采访生涯人物。访谈方式可以是面谈、电话访谈、视频访谈，推荐采用面谈方式。面谈前，采访者一般可以用已经从其他渠道了解的生涯人物的消息轻松打开话题。之后就可以按设计好的问题开始访谈了。生涯人物谈兴正浓时，采访者要乐于倾听，给生涯人物留出提供其他信息的机会。关注访谈中的细节问题，突出重点，访谈过程中应善于倾听、提问，并做好记录。在访谈结束时，请生涯人物再给自己推荐其他相关的生涯人物，这样就可以以滚雪球的方式拓展自己的职业认知领域。

1－10 微课：生涯人物访谈

> **小贴士 1－2**
>
> **温馨提示**
>
> 采访前为自己准备"30 秒的广告"，因为在访谈过程中生涯人物可能会问采访者的职业

兴趣和求职意向；面谈前，应征求生涯人物的意见，视情况对谈话进行录音或书面记录；面谈一定要守时、简洁，不浪费他人时间；访谈结束后，对于不允许访谈现场记录的内容应迅速补记；采访结束后一天之内，要通过合适的方式表示感谢。

（6）用信息加工的观点进行分析。在一个职业领域采访三个以上的生涯人物后，用职业信息加工的观点来辩证地分析访谈到的内容。对照之前自己对该职业的认识进行比较，找出主观认识与现实之间的偏差，确定自己是否适合这一行业、职业和工作环境，是否具备所需能力、知识与品质，形成书面总结报告，进而详细制订大学期间的自我培养计划。如果访谈结果与自己之前的认识出现严重脱节，就有必要进入另一个职业领域开展新一轮生涯人物访谈。

拓展阅读 1—8

生涯人物访谈问题提纲

进行生涯人物访谈前要列出问题提纲。具体内容如下：
(1) 工作性质、任务或内容。
(2) 工作环境、就业地点。
(3) 所需教育、培训背景或经历。
(4) 所需个人的资格、技巧和能力。
(5) 收入或薪资范围、福利。
(6) 工作时间和生活形态。
(7) 相关职业和就业机会。
(8) 企业文化和规范。
(9) 未来展望。
(10) 喜欢这个工作的哪些方面，不喜欢哪些方面，对打算进入这个领域的人有何建议。

第四单元　职　业　定　向

◇ 问题导学

1. 我所学的专业的就业方向有哪些？
2. 我该如何进行职业定向？
3. 如何寻找到一种职业，使个人兴趣、职业能力和价值观达到平衡？

案例导入

某高等职业院校毕业生晓丽，高中毕业时觉得导游能整天游山玩水，于是填报高考志愿时选择了旅游管理专业。可大学三年读下来，她一点也不喜欢这个专业，毕业后不想当导游,觉得工作太累了。如果转到酒店行业,又觉得酒店普遍工资低,在酒店工作没地位。前些天,家人托人帮她找工作。人家问她想做什么工作,她脑子里却一片空白。"这个我还真没想过!""不知道!""不清楚!""您看我能干什么吧!"她只能这么回答。除了不想当导游,对自己要找一份怎样的工作,晓丽还真没有慎重地考虑过。她只觉得大学毕业后,找份月薪5 000元左右、不要太辛苦、离家稍微近一点的工作就行了。如今半年过去了,她的工作还是没着落。从期待到失望,晓丽想找份称心的工作怎么就这么难呢?

客观来说,晓丽所学专业并不偏门。随着我国旅游业的不断发展,对旅游管理人才的需求日渐增加,晓丽求职困难的根本原因是她在大学阶段不知如何准确定位,也没有分析自身的优势、劣势,不了解职业环境,缺乏明确的就业方向。

"凡事预则立,不预则废。"大学生就业同样如此。但实际上,当站在就业的十字路口时,很多大学生却茫然无措,不知何去何从,其中最主要的原因就是在大学期间缺乏对未来生活和职业目标的规划与准备,或者根本不知道该如何规划与准备。

面对严峻的就业形势,如果大学生希望在毕业时能有一个好的选择,在未来职业生涯中充分体现自我价值,就应该尽早制订职业生涯规划,及时确定职业发展方向,并据此制订具体实施方案。因此职业生涯规划是大学生就业最先行、最基础的一项准备工作,也是大学生实现职业理想和职业目标的关键一环。大学生唯有尽早做好职业定位和生涯规划,并针对职业目标不断进行调整和修正,努力打造自身就业的核心竞争力,才能实现顺利就业,进而实现职业理想。

一、职业生涯规划

职业生涯规划是指个体在对自己职业生涯的主客观条件进行测定、分析、总结的基础上,对自己的个性、兴趣、爱好、能力进行综合分析与权衡,结合时代的特点,根据自己的职业倾向,确定最佳的职业奋斗目标,并为实现这一目标做出行之有效的行动计划。

职业生涯规划对一个人的发展起着十分重要的作用。由于职业生涯贯穿着人的一生,因此职业生涯规划就是为自己的未来人生绘制理想的蓝图,它能帮助高职学生更好地认识新的就业形势,唤醒职业规划意识,做出正确的职业选择,找到适合自己的职业目标。通过职业生涯规划,可以培养个人的职业素质、提升职业能力、增强就业竞争力。

(一)职业定向的原则

1. 择己所爱

择己所爱即选择自己喜欢的职业。从事一份自己喜欢的工作,工作本身就能给你带来一种满足感,职业生涯也会从此变得妙趣横生。一个人只有对自己所从事的职业有着浓厚的兴趣,才能激发起对这项工作强烈的求知欲、探索欲,才会全身心地投入,在工作中有所发明、有所创造。这既是一种自我能力的开发和展现,又是对工作的促进和推动。兴趣是最好的老师,是成功之母。调查表明:兴趣与成功概率有着明显的正相关性。因此,在设计自己的职业生涯时,务必认真考虑自己的个性特征,珍惜自己的兴趣,择己所爱,选择自己喜欢的职业。

2. 择己所长

择己所长即选择自己有优势的职业。任何职业都要求从业者掌握一定的技能,具备一定的素质条件。每个人的性格特点以及工作能力,都有所差异,一个人很难掌握所有的技能,因此,在选择职业目标时应择己所长,发挥自己的优势。

3. 择世所需

择世所需即选择社会所需要的职业。社会需求在不断变化,旧的需求不断消失,新的需求不断产生,新的职业也会不断产生。所以大学生在设计自己的职业生涯时,一定要客观分析社会需求,择世所需;最重要的是,目光要长远,对未来行业或者职业发展方向有一定认识,不仅要关注目前已有的社会需求,还要重视未来需求量较大、发展前景好的行业。

4. 择己所适

择己所适即确定职业目标要选择最适合自己的,而不必在乎别人怎么看,有些看起来风光的职业很可能会让你身心俱疲。

小贴士 1-3

在现实生活中,不通过自我调整,就找到一个"完全适合"自己的职业目标,几乎是不可能的。因此,在寻找具体目标时,要掌握以下四点:① 兴趣是可以培养的;② 性格是可以完善的;③ 能力是可以提高的;④ 潜能是可以挖掘的。

(二)职业生涯规划的方法

1. 客观评估自己

"知己知彼,百战不殆"。客观评估自我,了解自己的性格、职业兴趣、职业能力倾向、职业价值观等,弄清"我喜欢什么、我能够干什么、我适合干什么、对未来的工作我最看重什么"四个问题,找准优势、找出差距,以便在未来的职业生涯发展中更好地扬长避短,走好每一步。

1-11 微课:职业生涯规划的步骤

2. 客观认识职业环境

(1)了解行业未来的需求状况、有无支持行业发展的战略性规划和有利于大学生就业的新政策、行业近期有无与目标职业相关的重点投资项目、发展规划等。

(2)了解目标行业、目标职位对从业者素质与能力的要求。

(3)选择用人单位类型和工作环境。

(4)选择工作地域。主要考虑交通、家庭住址、经济条件、个人的发展机会、生活习惯和家庭成员关系等。

(5)分析家庭环境和学校环境。家庭环境分析包括对家境、父母文化水平和职业、经济条件、所处地域、有利于就业的因素等的分析。学校环境分析主要包括对学校的办学定位、所学专业的师资、教学条件、社会声誉、历届毕业生就业状况等因素的分析。

深入分析行业发展前景与职位需求状况及今后的发展趋势,结合自身家庭的经济条件、社会关系、成员的健康状况等,评估环境因素对自己职业生涯发展的影响,把握环境因素的机会与威胁。

3. 合理确定职业定向、职业目标和发展路径

职业定向要考虑性格与职业的匹配、兴趣与职业的匹配、特长与职业的匹配、内外环境因素对职业的影响等。良好职业目标的确定是以自己的最佳才能、最优性格、最大兴趣、最有利的环境等因素为依据进行选择的结果，应做到人职匹配。

职业目标通常有短期目标、中期目标、长期目标和人生目标之分。长期目标需要个人经过长期艰苦努力、不懈奋斗才有可能实现。确立长期目标时要立足现实、慎重选择、全面考虑，使之既有现实性、又有前瞻性。短期目标更具体，对个体的影响更直接，它也是长期目标的组成部分。

职业目标确定后，是向行政管理路线发展，还是向专业技术路线发展？抑或是先走技术路线，再转向行政主管路线？在具体的岗位方面也需要做出选择，行政管理、市场营销、技术研究、服务支持……职业目标如何实现？是通过能力和业绩，通过社会关系，还是通过获得文凭？都要做出选择。由于发展路线不同，职业发展的要求也不相同。因此，在职业规划中，必须做出最适合自己的抉择，以便使自己的学习、实践以及各种行动措施沿着自己职业生涯路线预定的方向前进。

1-12 微课：职业目标的确立

职业规划的路线并不是一条道走到底的，其中也可能会出现交叉和并轨。例如，最初在企业从事的是软件开发等纯技术的工作，经验和能力不断积累后，被提拔为研发部的经理，走向更高层的管理位置，逐步由专业技术型转向行政管理型，或者是视时机成熟后开创自己的企业，创办自己的公司，变成自主创业型。

拓展阅读 1-9

职业发展路线

（1）专业技术路线。这是指工程、生产、财会、法律等职能性专业方向，需要具备一定的专业技术知识和能力。其相应的职业成就包括技术职称的晋升、技术性成果的认可以及业内知名度的提高等。

（2）行政管理路线。把管理这个职业视为自己的目标，需要有良好的个人综合素质、人际关系技巧和领导才能。相应的职业成就包括行政职位的晋升、管理权力的扩大等。

（3）市场营销路线。将营销物质产品或精神产品作为职业，需要有敏锐的市场嗅觉和反应能力、出众的表达能力。相应的职业成就包括销售业绩的不断提高，以及随之而来的财富增长。

（4）自主创业路线。以开创完全属于自己的事业为目标，需要有充足的资金及其他条件、敏锐的市场大局意识、过硬的心理素质和综合能力。相应的职业成就包括打造自有品牌并成功地立足于市场，在经济收入上有丰厚的回报。

---

4. 积极实施计划，提高自身素质

在职业生涯目标确定之后，行动便成了关键的环节。没有切实的行动，任何职业目标都

是空谈,事业的成功更是遥遥无期。

行动是落实目标的具体措施,主要包括工作、训练、教育、轮岗等方面的措施。例如,为达成职业目标,在工作方面,计划采取什么措施来提高自己的工作效率;在业务素质方面,计划学习哪些知识,掌握哪些技能来提高自己的业务能力;在潜能开发方面,采取什么措施来开发自己的潜能等。这些都需要有具体的计划与明确的措施,以便定时检查。

> **拓展阅读 1-10**
>
> **有效的职业生涯规划的要求**
>
> 有效的职业生涯规划由认识自我、评估环境、确立目标、确立和调整生涯策略四个环节组成。有效的职业生涯规划能帮助人们达到和实现个人目标。
>
> 有效的职业生涯规划必须在充分正确地认识自身条件与相关环境的基础上进行。对自我及环境的了解越透彻,职业生涯规划就越合理,越容易做到人职匹配。
>
> 有效的职业生涯规划需要做好职业定位,确定切实可行的职业目标,以便排除不必要的干扰,全心致力于目标的实现。如果没有切实可行的目标作为驱动力,就很容易对现状妥协。
>
> 有效的职业生涯规划需要有确实能够执行的生涯策略。具体且可行性较强的行动方案会帮助个体一步一步走向成功,实现目标。
>
> 有效的职业生涯规划需要不断地反省、修正生涯目标,不断反省策略方案是否恰当,以适应环境的改变,同时可以作为下一轮职业生涯规划的参考依据。

二、职业生涯规划书

职业生涯规划书是职业生涯规划的书面形式。用书面形式呈现大学生对自己的职业生涯发展目标的选择、实施计划及行动方案,可以在具体的学习和工作中起到指导和监督作用。

(一)职业生涯规划书的内容

职业生涯规划书主要包括以下内容:封面、目录、引言、认识自我、职业生涯条件分析、职业目标定位及其分解组合、具体执行计划、评估调整、结束语。

(二)职业生涯规划书的写作要求

1. 封面

封面要写明作品名称和年月日,也可以在封面插入图片和警示格言。

2. 扉页

扉页一般写明个人资料,包括姓名、性别、出生年月、籍贯、所在学校、班级及专业、学号、联系方式(通信地址、邮编、联系电话、E-mail)等。

3. 目录

通常,职业生涯规划书的篇幅都较长,为方便阅读,应编制详细目录。职业生涯规划书的目录应做到各部分序号、标题明晰,并且与正文一致,对应页码准确。目录通常为三级,篇幅最好不要超过三页。

4. 引言

引言就是前言。好的开头是成功的第一步,职业生涯规划书必须有一个好的引言。引言部分一般写明制订职业生涯规划的背景、目的和意义。

5. 自我评估

一个有效的职业生涯规划必须在充分且客观地认识自己、了解自己的基础上进行。自我评估就是指要全面、客观地剖析自我,充分了解自身的优势和劣势。自我评估应包括自己的职业兴趣、性格、职业能力和职业价值观等方面的评估,要对自己进行全方位、多角度的分析。

（1）职业兴趣——喜欢干什么。

（2）个人特质(性格)——适合干什么。

（3）职业能力——能够干什么。

（4）职业价值观——最看重什么。

（5）自我评估小结。认识自我要将自我评估和他人评价相结合,对自我分析结果进行总结,明晰自身优势、劣势。

6. 职业环境分析

对影响职业选择的外部环境应进行较为系统的分析。职业环境分析主要从家庭环境（经济状况、家人期望、家族文化以及对本人的影响等）、学校环境（学校特色、专业学习、实践经验等）、社会环境（就业形势、就业政策、竞争对手等）、职业环境（行业的现状及发展趋势）、岗位（岗位工作内容、工作要求、发展前景、人和岗位匹配度分析等）、企业（单位类型、企业文化、发展前景、发展阶段、产品服务、员工素质、工作氛围、企业匹配度分析等）、工作地域分析（工作所在城市的发展前景、文化特点、气候、水土、人际关系等）等方面进行全面客观、正确的分析,最后进行环境分析小结。

7. 职业定位

（1）职业定位的 SWOT 分析。综合自我评估（第一部分）及职业环境分析（第二部分）的主要内容,分析内部环境因素的优势、劣势和外部环境因素的机会、威胁,确定本人职业定位和职业目标。

拓展阅读 1-11

SWOT 分析法既可以帮助确立职业生涯目标,也可以帮助制订职业生涯规划。运用 SWOT 分析法分析个人技能、能力、职业偏好和职业机会,确定适合个人的职业生涯目标,进而制订出职业生涯规划。

"SWOT"四个英文字母分别代表优势（strength）、劣势（weakness）、机会（opportunity）、威胁（threat）。其中"SW",主要指内部条件分析;"OT",主要指外部条件分析。利用这种方法可以从中找出对自己有利的、值得发扬的因素,以及对自己不利的、要避开的因素,发现存在的问题,找出解决的办法,明确以后的目标和发展方向。

"S"是"我"的优势及其利用,主要指自己的个性特征、个人成就、实践经验、专业知识等方面的优势,比如,曾经做过什么,学习了什么,最成功的是什么,并说明自己将如何发挥。

> "W"是"我"的劣势及如何弥补,主要指自己身体条件、性格弱点、经验或经历中所欠缺的方面等弱势,并简要说明自己将如何克服。
>
> "O"是"我"的机会及其利用,主要指社会大环境如行业发展、工作环境、工作地点、人脉关系等对自己职业发展的有利方面,并简要说明自己将如何把握。
>
> "T"是"我"面临的威胁及其排除策略,主要指如行业发展、工作环境、工作地点、人脉关系等社会环境对自己职业发展的不利方面,并简要说明自己如何规避。

职业生涯目标往往需要经过反复权衡才能确立。只有充分了解相关职业的外部条件,并将两者结合起来分析,才能最终确定自己的职业生涯目标。开始时也许你会发现自己的职业生涯目标有多个,但是如果不断探寻,最终会发现其中贯穿着一条内在主线。因此,需要进行多次分析和反复调整。

确定职业生涯目标,务必注意以下几个问题:

① 目标要高远,但不能好高骛远。追求的目标越高,才能发展得越快,对社会越有益。

② 幅度不宜过宽。最好选择较窄的领域,并把全部身心力量投入进去,这样更容易取得成功。

③ 要注意长期目标与短期目标的结合。长期目标指明发展方向,短期目标是实现长期目标的保证,长短结合更有利于职业生涯目标的实现。

(2) 制作决策平衡单。"决策平衡单"经常被应用于职业生涯决策和职业选择中,通过系统分析每一个可能的选项,判断分别执行各选项的利弊得失,然后依据其在利弊得失上的加权计分排列各个选项的优先顺序,以执行最优先或最偏好的选项,见表1-12。实施步骤主要有:

第一步,建立"职业生涯决策平衡单",并列出有待深入评估的潜在职业选项3~5个。

第二步,判断各个职业选项的利弊得失,提供思考的重要得失因素。

第三步,各项考虑因素的权重。在各个方面的利弊得失之间,个体会因身处不同情境而有不同的考量。权重可以乘1至5倍,特别重要的乘5倍,一般重要乘1倍。因此,需要在详细列出各项考虑因素之后,再进行加权计分。

第四步,计算出各个职业选项的得分。利弊得失分数设定范围是+5至-5,"得"计正分,"失"计负分。把各因素的权重和利弊得失分数相乘后累加,计算各个生涯选项的总分。

第五步,排列各个生涯目标选项的优先顺序。依据各生涯选项总分的高低,排列优先次序。这个优先次序就可作为个体职业生涯目标决策的依据。

表 1-12 职业目标确定决策平衡单

选项	选项一 职业生涯目标一（　　）		选项二 职业生涯目标二（　　）		选项三 职业生涯目标三（　　）	
考虑因素	权重	得(+)	失(-)	得(+)	失(-)	得(+)	失(-)
1. 经济收入							
2. 健康状况							

续表

选　　项		选项一 职业生涯目标一 (　　)		选项二 职业生涯目标二 (　　)		选项三 职业生涯目标三 (　　)	
考虑因素	权重	得(+)	失(-)	得(+)	失(-)	得(+)	失(-)
3. 自由、独立							
4. 未来发展							
5. 职业声望							
6. 休闲时间							
7. 进修需求							
8. 兴趣满足							
9. 挑战性							
10. 成就感							
11. 应用所长							
12. 父亲支持							
13. 母亲支持							
14. 男/女朋友支持							
15. 其他							
总　　计							

职业生涯目标(　　　　)得分最高,我的职业目标是:将来从事(　　　)行业的(　　　)职业。

通常,每个人有多个适合自己的职业目标,最适合的为第一目标,其余的则应是备选方案,是完善职业规划的一步。做好备选方案的调控,可以有效地应对社会、环境的变化。

1-13 微课:决策平衡单

8. 职业目标的分解与组合

将职业目标分成长期、中期和短期三个规划期,并对各个规划期及要实现的目标进行分解。

(1) 长期目标:毕业后十年或以上,达到的总目标(如退休时要达到的目标)。长期目标通常比较粗略、不够具体,可能随着内外部环境的变化而变化,在设计时以勾画轮廓为主。

(2) 中期目标:毕业后五年,达到的总目标。

(3) 短期目标:通常是指在大学三年内要达成的目标,是中期目标和长期目标的具体化,是最清晰的目标。

9. 制订行动方案

职业目标需要有具体的行动方案来保证。没有行动方案,职业目标只能是一种梦想。因此,要制订周详的行动方案,更要注意去落实这一行动方案。

制订实现职业生涯目标的行动方案,需要分析自身条件与职业生涯目标的差距,以缩小差距为目的,制订出可以实现又具挑战性的行动计划与措施。首先是根据职业目标,寻找知识差距、能力差距以及综合素质差距;其次是根据差距,寻找正确的缩短差距的方法。

大学生应将大学、职业、人生串联起来进行思考、规划并付诸行动,这对自己进一步明确职业目标并采取行动,朝着自己的目标职业迈进具有积极的推动作用。作为在校学生的生涯规划,特别强调大学阶段的目标分解与行动计划。大学期间的生涯规划可详细到各个学期的计划,从确定时间跨度、总目标、分目标以及策略和措施四个方面来着手进行规划。

10. 评估调整

影响大学生职业生涯规划的因素很多。有的变化因素可以通过各种方法进行比较准确的预测,有些诸如经济发展和社会环境等因素难以进行有效的预测和判断。这些不确定因素的存在会使职业生涯规划在具体执行的过程中与原本设定的目标出现偏差,这就需要大学生认真检查职业生涯规划的目标和执行过程,并做出适时和适当的修正和调整。一般要写出评估的内容、评估的时间和调整的原则。

（1）评估的内容：① 职业目标评估：是否需要重新选择职业。② 职业路径评估：是否需要调整发展方向。③ 实施策略评估：是否需要改变行动策略。④ 其他因素评估：身体、家庭、经济状况以及机遇、意外情况的及时评估。

（2）评估的时间。在一般情况下,定期(半年或一年)评估规划;当出现特殊情况时,随时评估并进行相应的调整。

（3）调整原则。个人的职业生涯规划既要有挑战性,又要有可行性;职业生涯规划调整应遵循职业关联原则、目标导向原则、可操作性原则、时间坐标原则。

1-14 文本:大学生职业生涯规划书范文

11. 结束语

一般是表述对自己执行职业生涯规划的决心和信心。

小贴士 1-4

大学生职业生涯规划书写作的基本要求

① 资料翔实,步骤齐全;② 论证有据,分析到位;③ 言简意赅,结构紧凑;④ 重点突出,逻辑严密;⑤ 目标明确,合理适中;⑥ 分解合理,措施具体;⑦ 格式正确,图文并茂。

三、学业规划

（一）学业规划概述

在大学期间,大学生需要完成专业学习和职业准备,通过提升职业能力,稳定职业兴趣,逐步形成对未来职业生涯的预期。大学生毕业后就会走上初次就业岗位,正式开启职业生涯。在大学阶段,大学生往往需要就自己未来的职业生涯做出关键性的决策。所以,大学期间是职业生涯规划的黄金阶段,对大学生个人的未来职业走向和职业发展具有十分深远的影响。学业规划是实现个人职业目标的基石,对一生都具有重大的意义。

1-15 微课:学业规划

学业规划是指大学生对与其职业目标相关的学习进行的统筹安排。大学生通过对自身性格、能力、个性特征的正确分析,在对未来职业环境进行深入分析的基础上,确定自己的职业目标,进而确定学业发展方向,然后结合自己的实际情况制订学业规划。学业规划通过解决学什么、怎么学、用什么学、什么时候学等问题,以确保自身顺利完成学业,为成功实现就业或开辟事业打好基础。

(二) 学业规划的三大要素

大学生的学业构成,不仅包括科学文化知识的学习,还包括思想、政治、道德理论知识的学习,以及组织管理能力、创新能力等的训练。因此,学业规划的三要素:一是知识结构,二是能力结构,三是素质结构。

(1) 知识结构。知识结构是个体经过专门学习培训后所拥有的科学文化知识体系,是由诸多要素组合而成的有序列和有层次的整体信息系统。现代社会的职业岗位需要的是知识结构合理、能根据社会和职业的要求,将自己所学到的各类知识科学地组合起来的适应社会需求的人才。因此,学业规划的首要目标就是建立合理的知识结构。

一般而言,合理的知识结构有三种模式:

① 金字塔型知识结构。金字塔结构的底层是基础知识,包括自然科学、社会科学和一些应用型学科;中间层次是专业知识,包括专业基础知识、专业核心知识和专业前沿知识;金字塔的顶端是专业主攻的方向或者目标。这种知识结构强调基础理论的深厚扎实和知识的广博精深,有利于从业人员迅速掌握学科前沿动态,有利于从事纯理论和应用科学的研究工作。

② 网络型知识结构。网络型知识结构以所学的专业知识为中心,与其他专业相近的、有较大相互作用的知识作为网状连接的点,如图 1-4 所示。这种知识结构适应性强,能够在较大空间发挥作用。具有这种知识结构的求职者在就业过程中能凭借自身的知识结构的弹性与应变能力在市场竞争占据主动位置,随着社会经济的不断发展,这种人才越来越受欢迎。

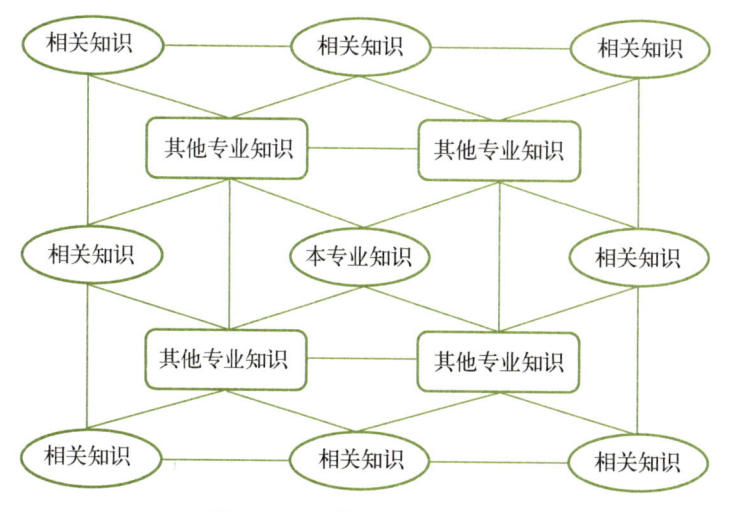

图 1-4 网络型知识结构示意图

③ 帷幕型知识结构。帷幕型知识结构是指一个具体的单位对其员工在知识结构上的总体要求,单位的个体成员依其在组织中所处的层次,在知识结构上形成一些差异。具备这

种知识结构的从业人员不但要注意职业类型在整体上对员工知识结构的要求,同时还要了解相关职业岗位在其所在单位的位置与层次。

基于职业对求职者的知识结构的要求——既有精深的专门知识,又有广博的知识面,具有事业发展实际需要的最合理、最优化的知识体系,大学生的学业规划应建立相应的知识结构体系。

(2)能力结构。每个人的能力都是多维的、多层次的。一般来说,各个不同的学科和专业对其毕业生有不同的能力要求,即要具有从事本专业活动的某些专门能力。但是,无论什么专业的毕业生要想顺利就业并有所成就,都必须具备一些共同的基本能力。能力结构是各种能力的有机组合,可以发挥更大的合力。大学生完成学业所需要的能力有很多种,有的在自己过往的学习生活中已经习得,有的则需要重新学习和培养。这些能力,不仅在大学阶段能帮助个体顺利完成学业,而且有助于个体顺利实现就业,有信心驰骋于未来职场。

(3)素质结构。素质是以人的先天禀赋为基质,在后天环境和教育影响下形成并发展起来的。大学生在注重建立合理的知识结构、全面提高自身能力的同时,也要对自身生理素质、心理素质、职业素质的培养引起足够的重视,几方面都不可偏废。

(三)学业规划的一般步骤

(1)确定自身优势。了解自己的兴趣、特长、性格、职业价值观,评估市场需求、行业动态、就业前景,确定自身的优势与劣势,这是做好学业规划的基础。

(2)确立职业目标。根据自己优势和客观条件,确定自己的职业定位和发展目标,做到人职匹配,这是制订学业规划的关键。

(3)制订学习方案。这包括课程学习目标、掌握哪些技能、参加哪些社会实践活动、如何提高学习效率;也包括如何开发自己的潜能、怎样克服实现学业规划道路上的各种困难和障碍、时间如何分配等方面的措施。

(4)调整修正目标。现实社会中存在许多不确定因素,这就需要学业规划具有一定的弹性,以便于自己及时反省和修正学业目标,变更实施措施与计划。

一份切实可行的学业规划,犹如大学阶段的一盏明灯。高校大学生只有规划好大学学业,才能够赢在起跑线上,找到通往成功的最佳途径。

1-16 文本:大学学业规划范文

课堂活动 1-7

互 动 分 享

1. 主题:我将如何度过大学时光——学业规划展示。

2. 目标:通过展示自己的学业规划,进一步了解学业规划制定的一般步骤和主要内容,锻炼学生的实际动手能力和口头表达能力,提高分析问题和解决问题的能力。

3. 时间安排:20分钟。

4. 活动步骤

(1)根据全班学生总人数确定分组数,每组以4~6人为宜。小组成员既可以自由组合,也可以由教师指定组合,每小组推选组长一名。

(2)同一小组的学生围坐在一起,教师向学生说明本次课堂活动的目的与要求,以小组为单位,推选出本组最佳的一份学业规划,并据此制作宣讲PPT。

(3) 各组派代表一名(最好是作者本人),向全班分享本组最佳的一份学业规划。

(4) 其他小组成员就该学业规划的特色、优点和不足提问,由作者进行解答,该小组其他成员可做必要的补充。

(5) 教师对本次课堂活动进行全面总结,并逐一分析每小组的表现情况。

(6) 根据课堂活动情况,每位同学参与程度与表现、采取小组互评和教师评价相结合的方式,确定每位同学的得分,作为课程考核评价的依据之一。

专题小结

我们每个人都有自己独特的技能、天赋和能力。在当今分工日益精细的市场经济条件下,每个人擅长某一领域,而不可能样样精通。要想在当今社会有一个好的发展,首先要对自己的性格、兴趣、能力、价值观等有一个清楚的认识;其次是要对自己的职业生涯有一个合理的规划。如果说人生是一次旅行,职业规划就是一个旅途导航仪,它可以帮我们选择合理的路线,以最短的时间,走最少的弯路,到达目的地。本专题主要介绍大学生职业生涯规划的意义和方法。如何度过大学时光,如何为未来的职业发展做好准备,这是摆在每一位同学面前的重要课题。职业发展、人生成功需要职业生涯规划。"一个人的悲哀不在于目标未达成,而在于没有目标可达成。"成功没有捷径,但有方法;选择比努力重要,方向比速度重要。只要目标有了,方向对了,成功的路途就不会遥远。

思考与练习

一、制订学业规划

根据自身实际,制订一份行之有效的大学生学业规划并立即着手实施。

二、案例分析

雷雪是某大学中文专业的在校学生。她为自己设定的五年职场规划目标是:成为广告行业某知名公司的市场总监。雷雪认为在进入职场之前就必须对自己的未来做好规划。她觉得大学生活的确丰富多彩,但不可能弹奏每一根琴弦。"有别人没有的东西",这是雷雪给自己的座右铭。"适合自己并着眼于未来的职业发展",这是她在制订职业规划时遵守的基本原则。

对此,你有何看法?你是怎么规划自己的大学生活以及未来发展的?

三、课后反思

1. 通过本专题的学习,我懂得了:

(1) _____

(2) _____

(3) _____

2. 我的职业定位是(　　　　　),其主要依据有:

(1) _____

(2) _____

(3) _____

3. 大学阶段,我准备从以下几方面入手,学会做人、学会做事：

(1) _____

(2) _____

(3) _____

专题二　职业素质修炼

> ◇ **学习目标**
> 1. 了解职业道德、职业礼仪的基本规范。
> 2. 认识职业素质、职业意识、职业能力的重要性。
> 3. 学会先做人再做事，努力提升自身的职业素质。

第一单元　提升职业修养

◇ **问题导学**
1. 为什么有的人经历丰富、专业扎实，求职却屡屡碰壁？
2. 为什么有的人总能够得到上司的赏识和重用？
3. 为什么有的人干工作、做事情，老板总是不满意？

案例导入

　　喜剧演员陈佩斯，一开始，只是个跑龙套的小演员。可是他并没有降低对艺术的追求，而是下苦功钻研每一个角色。

　　有一次，他扮演一个小匪兵，这是个戏份非常少的小配角，谁也没有对他有过多的注意，导演也没有给他说戏。可是陈佩斯却自己揣摩起来，把为数不多的几个镜头都研究透了。到正式表演的时候，陈佩斯发挥自己的天分，虽是一个小匪兵，他却设计了一个表情动作，格外搞笑，一下就让这个角色鲜活起来。导演一看，顿时就觉得这个小匪兵格外出彩，也由此发现了陈佩斯的表演天赋。从那以后，陈佩斯一步步走上了成功之路。

　　工作单位就像一个大舞台，每个人都扮演着不同的角色，也许你从事的工作非常平凡和普通，就像一个跑龙套的小演员，但请记住：心有多大，舞台就有多大，小角色身上也能闪耀光彩。工作中的高低之分，不在于工作本身，也不在于起点，而在于每个人的境界和素质。只有提升自己的境界，才能提升工作的质量；只有具备了优秀的职业素质，一个普通平凡的人才能成长为不可替代的人才。

培养良好的职业素质，提升自我职业修养，对于每个即将走向社会、追求职业成功的大学生来说都是非常重要的。我们每天都会从报纸、网络等媒体上看到大量的招聘广告，其中无一例外地对应聘者的学历、工作经验、沟通协调能力、团队精神等有要求。一般用人单位在招聘员工时，都会通过求职材料的筛选、笔试、面试、试用等多种方式对应聘者进行考核。用人单位为什么在招聘员工时要提出那么多的要求，还要通过不同方式对应聘者进行考核？这里就涉及用人单位对应聘者职业素质的要求。因此，我们需要全面了解职业素质。

一、职业素质

（一）职业素质概述

1. 概念与意义

所谓职业素质，是从业者在一定生理和心理条件基础上，通过教育培训、职业实践、自我修炼等途径形成和发展起来的，在职业活动中起决定性作用的、内在的、相对稳定的基本品质。职业素质包括职业道德、职业精神、职业行为、职业意识、职业技能等方面。影响和制约职业素质的因素很多，主要包括受教育程度、实践经验、社会环境以及自身的基本情况（如身体状况）等。

一般来说，劳动者能否顺利就业并取得职业成功，在很大程度上取决于个人的职业素质。职业素质越高的人，获得成功的机会就越多。对大部分人而言，职业成功是人生意义和价值的体现，职业生涯既是人生历程中的主体部分，又是最具价值的部分。因此，职业素质是个体素质的主体和核心。

随着时代发展和科技进步，用人单位对员工的职业素质越来越重视，要求也越来越高。当今社会，有很多人找不到称心如意的工作岗位，同时却又有许多工作岗位找不到合适的员工；不少员工总是感到单位对自己不够重视，而又有不少单位领导总是感慨"人才难得"。其中一个重要的原因在于员工职业素质无法满足用人单位和工作岗位的要求。

职业素质是职业内在的规范和要求，是用人单位选用人才的第一标准，是大学毕业生职场制胜、事业成功的第一法宝。在校大学生只有自觉培养知识经济时代职业人所应具备的职业精神、职业态度、职业意识，努力掌握未来工作岗位所需要的专业知识和技能，主动提升职业素质，才能在未来平凡的工作岗位上做出不平凡的业绩，实现自己的人生价值。

有研究者根据2 000多家用人单位提供的实证数据，总结出目前用人单位所推崇的大学生职业素质，包括专业基础知识、品德修养、社会适应能力、团队合作精神、工作态度、责任心、学习能力、管理能力、刻苦踏实精神、创新能力、人际交往能力、实践经历等多个方面。从统计结果来看，专业基础知识是用人单位招聘毕业生时考察的最重要的因素；品德修养、团队合作精神、工作态度、责任心也受到用人单位的高度重视。因此，在校大学生必须针对自己的实际情况，迅速找准自己职业素质的短板，并采取有针对性的措施加以弥补和完善。

人与人的一切差异归根结底都是素质上的差异，素质决定了人的能力、名誉，也决定了人的成就和生存状态。而人是组织、社会、国家的基本组成单位，从这个意义上讲，素质是一切人和组织进步的根源。

虽然世界上没有十全十美的人，但我们也要追求完美，否则将与优秀永远保持很大距离。而要追求完美，就要在提升自己的素质上下功夫。世界上不存在一切都称心如意的工作,正因为如此,我们才要提高自身的职业素质,让自己成为一名优秀的员工,使得并不完美的工作变得称心如意,并在实际工作中不断提升自己的素质,实现自己的人生价值。

2. 职业素质的基本特征

(1) 职业性。职业不同,对从业人员的要求也不相同。对建筑工人的素质要求,自然不能用于财务会计;公司经理必备的一些职业素质,教育工作者就很可能不具备。

(2) 稳定性。不可否认,学习思考的深入、阅历的增长、环境因素的影响,都可能导致从业者职业素质的改变。但就总体而言,个体的职业素质通常都是在长期的学习、实践中日积月累形成的,一旦形成,便具有相对的稳定性。

(3) 内在性。在长期的职业实践活动中,从业者经过学习、认识和亲身体验,对职业的基本要求都会有所感悟,经过有意识地内化、积淀和升华,这些感悟就会成为其职业素质的一部分。人们常说,"把这件事交给某某同志去做,他有把握,可以放心。"人们之所以相信某个人,就是因为他的内在素质较高。

(4) 整体性。从业人员的职业素质与其整体素质密切相关。通常,我们认为某人的职业素质高,不仅指其思想政治素质、职业道德素质高,而且指他的科学文化素质、专业技能素质,甚至包括身体、心理素质都比较高。一个从业人员,如果仅某一方面的素质高,而其他方面素质明显偏低,就不能说这个人整体素质好。

(5) 发展性。尽管就个体而言,职业素质具有一定的稳定性。但是,随着社会发展对从业者的要求越来越高,人们为了更好地适应社会经济发展的需要,总是不断地提高自己的职业素质来适应职业的要求,因而职业素质也具有发展性特征。

职场故事 2-1

一个午后,一位顾客从一家餐厅出来,叫了一辆出租车,但因临时想起一件事,他又与同伴说了几句话才上车。上车后,他告诉司机去松山机场。这位顾客在外贸协会工作,吃完饭后想回公司。公司坐落在松山机场附近,因办公楼不大,也不显眼,知道的人不多,所以他每次都是说去机场,免得费力解释半天。

但这次,他刚说完,司机就紧接着说道:"你是不是要去外贸协会啊?"这位顾客非常吃惊,也非常好奇,便细问司机是怎么知道的。司机说:第一,你最后上车时跟朋友只是一般性的道别,一点都没有送行的感觉;第二,你没有任何行李,而你这个时间才去机场,就算搭乘最晚班机,也没有可能当天就赶回来,所以你真正去的地方不可能是机场;第三,你手里拿的是一本普通的英文杂志,并且被你随意卷折过,一看就不是重要的公文之类的东西,而是供你自己消磨时间用的,一个把英语杂志作为普通阅读物的人既然不是去机场就一定是去外贸协会啦,机场附近就只有外贸协会一家单位的人才会这样读英语的嘛。

这位顾客非常吃惊:司机怎么会在瞬间捕捉到这么多东西,又如此自信。一路聊开来,他发现这位司机真有自信的本钱。这位司机每个月都会比其他出租车司机多赚很多。他每天的行车路线都是根据时间详细计划好的。周一至周五早晨,他会先到搭出租车上班的人相对比较多的一个住宅区。9点钟左右,他又会跑各大饭店,这个时间,人们刚吃完早餐,出差的人要出去办事了,游玩的人也要出去玩了,出租车是顾客最好的选择。午饭前,他跑公司云集的大写字楼,这个时间,会有不少人外出吃饭,又因中午休息时间较短,其中大多数人又会搭出租车外出就餐;午饭后,他跑餐厅较集中的街区,因为吃完饭的人又赶着要返回公司上班。到了下午5点钟,市区开始堵车了。他便去机场或火车站附近。到了晚饭后,他又会去生意红火的大酒楼,接送那些吃完饭的人……

可见,要立足职场,一个人不能没有相应的职业素质。职场竞争十分激烈,只有具备良好职业素质的人,才能做出比他人更为突出的工作成绩。

3. 职业素质的结构

美国心理学家麦克利兰把人的素质描述为一座在海上漂移的冰山,并将其分为表面的"水面以上部分"和深藏的"水面以下部分",如图2-1所示。其中,"冰山的水上部分"包括基础知识、基本技能,是外在表现,是容易了解与测量的部分,只占1/8,露在海平面,被称为显性职业素质,相对而言,比较容易通过培训来改变和发展。"冰山的水下部分"包括社会角色、自我形象、特质和动机等,是个体内在的、难以测量的部分,占7/8,存在于水下,被称为隐形职业素质。它们不太容易通过外界的影响而得到改变,但对个体的行为与表现起关键性的作用。因此,大学生不仅要重视培养显性职业素质,更要重视提升隐形职业素质。

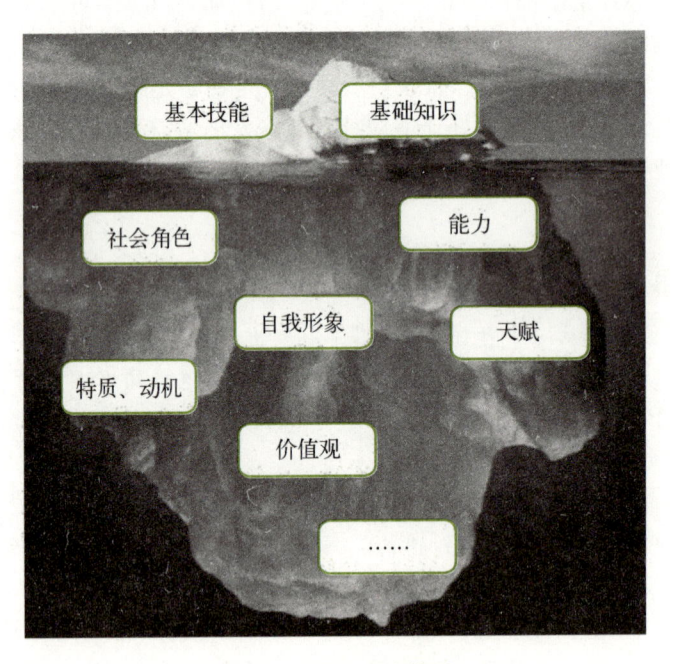

2-1 微课:职业素质

图2-1 冰山理论模型

拓展阅读2-1

一杯茶就能看出你"水底下的冰山"

第一种人,有人给他倒茶,他一动不动,心安理得。
第二种人,接过茶杯,连声道谢!
第三种人,立刻起身,抢过茶壶,说:"我来,我来……"

第一种人连最基本的礼貌都不懂;第二种人有礼貌却不够主动;第三种人有礼貌且积极主动。

用人单位需要的就是第三种人。如果这是一次"隐性"面试的话,你能通过吗?

(二)从业者职业素质的基本要求

1. 思想品德素质

思想品德素质包括思想认识、思想觉悟、思想方法、价值观念等。思想品德素质深受家庭、社会等客观环境因素的影响。"要做事,先做人"。一个人无论从事何种职业,首先要学会做人,学会尊重人,对国家、社会、民族和家庭有责任感,有社会公德(尤其是要有职业道德),能妥善处理个人、集体和国家之间的关系。李开复强调"我把人品排在人才所有素质的第一位,超过了智慧、创新、情商、激情等","我认为一个人的人品如果有了问题,一个公司就不值得去考虑是否雇用他"。

思想品德素质决定了一个人在本职岗位尤其是艰苦岗位上能否成为报效祖国、默默奉献、服务社会的人才。大学生正处在世界观、人生观和价值观的形成时期,思想还不成熟,可塑性大,容易接受正面教育,也容易受到社会上各种不良思想的影响。作为未来职业人,培养科学的世界观、人生观、价值观和良好的思想品德,是在校大学生的首要任务。

2. 职业道德素质

社会职业多种多样,职业道德规范也各不相同。然而,各行各业都要求从业人员具备良好的职业道德素质。思想品德素质和职业道德素质是用人单位人才选用的第一标准。

3. 科学文化素质

科学文化素质是指从业人员所应具备的科学技术、文化知识、文化修养方面的素质,它是职业素质的核心。建立合理的知识结构是培养职业素质的关键。科学文化知识越丰富,对技术技能形成的引导性就越强,就能避免在实践中走弯路,减少摸索时间,提高工作效率。

4. 专业素质

专业素质是指从业人员从事某种专业性职业活动所必需的智力和操作技能,专业素质包括专业知识、专业理论、专业技能和必要的组织管理能力等。专业素质是岗位就业的基本条件,也是在本职岗位上有所作为的必要条件。

5. 生理心理素质

生理素质是指在遗传基础上发展起来的人体形态和生理功能上的特征,包括生理解剖特征(如身高、体重)和生理机能特征。心理素质是在一定遗传素质的基础上,在主观努力、教育和环境影响的共同作用下个体形成的心理状态、心理品质和心理能力。职业从业人员必须具备良好的生理素质和健全的心理素质。

6. 社会交往和适应素质

这主要包括语言表达能力、社交能力、社会适应能力等。社会交往和适应是后天培养的个人能力。作为职业素质的另一核心,社会交往和适应素质侧面反映个人能力。

7. 学习能力素质

人类科学技术的高速发展、高速传播与高速转化,大大地缩短了知识更新的周期。大学阶段所掌握的知识有很多在毕业时已陈旧过时,毕业生在走上工作岗位后,会发现知识已不够用。因此,作为未来的从业人员,大学生在校期间除学好专业知识外,更应提高学习能力,根据工作需要不断地调整自己的知识结构,加速知识的更新换代以适应社会发展的要求。

8. 创新能力素质

创新能力是动手能力、观察能力、分析能力、思维能力的综合运用,是人们利用所学知识,主动参与科学研究和技术革新,或提出新的见解的业务素质。科技进步日新月异,世界形势瞬息万变,如果墨守成规、安于现状就会落伍。从业人员需要克服依赖心理,要勤于思考,善于总结,勇于实践,具备创新能力和素质。

2-2 微课:从业者的基本素质

小贴士 2-1

企业家鲁冠球的用人心得

有德有才者,大胆聘用,可三顾茅庐,高薪礼聘;有德无才者,委以小用,可教育培训,促其发展;无德有才者,坚决勿用,如伪装混入,后患无穷。

总之,大学毕业生必须提高自己的思想道德素质和科学文化素质,做德才兼备的高素质技术技能人才。

(三) 各类职业对从业者的素质要求

现代职业对求职者文化素质、知识结构的要求受多种因素特别是当代科学技术发展状况的影响。随着科学技术的快速发展,社会生产、生活各方面都发生了翻天覆地的变化,与此同时,各类现代职业对于从业者文化素质和合理的知识结构的要求也愈来愈高。就知识结构而言,现代职业不仅对知识技能共性的要求愈来愈多,而且对从业者知识和技能与职业的适应度的要求也愈来愈高。

1. 不同职业对从业者知识结构的共性要求

(1) 扎实的基础理论知识。基础理论知识是知识大树的躯干和知识结构的根基。大学毕业生无论选择何种职业,也不管今后向哪个方向发展,都必须具备深厚扎实的基础理论知识,就像万丈高楼平地起,全靠基础来支撑。随着科技和经济的高速发展,社会产业、行业、职业结构调整的速度必然加快,职业岗位的随时变动不可避免。要适应这种变化,就必须有扎实深厚的基础理论知识作支撑。

(2) 广博精深的专业知识。所谓广博精深,就是要求大学生精通且深入了解自己要从事的专业岗位所需要的知识和技术。同时,对其专业相关领域的知识也要有所了解,善于将其专业知识与其他领域相关知识紧密联系起来。专博相济,专深博广,已成为当前对人才素质的共性要求。

(3) 大容量的新知识储备。现代各类职业都要求从业者的知识"程度高、内容新、实用性强"。"程度高"是指知识层次高,知识面广;"内容新"是指从业者的知识结构应以反映当今科学技术发展状况的新知识、新信息为主;"实用性强"是指从业者的知识在生产、工作中有很强的实用价值。目前用人单位普遍要求毕业生具有较高学历,能够熟练地运用一门外语和使用计算机。此外,毕业生如能掌握一技之长诸如书法、绘画、驾驶等也将提升其求职的成功率。

（4）不断调整和完善的知识结构。大量事实证明，一个从业者大学阶段所获取的知识仅仅是职业生涯中所需知识的一小部分，大量知识都要在日后的工作实践中根据需要自学而获得。一个人的知识结构并不是一成不变的，随着形势的发展，知识也需要不断地补充和更新。在校大学生为保持知识结构的最佳状态，应紧紧围绕自己选定的职业目标，不断积累新的知识，调整和完善自己的知识结构。

职场故事 2-2

一位哲学家搭乘一位渔夫的小船过河。行船之际，这位哲学家问渔夫："你懂数学吗？"渔夫回答："不懂。"哲学家又问："你懂物理吗？"渔夫回答："不懂。"哲学家再问："你懂化学吗？"渔夫回答："不懂。"哲学家叹道："真遗憾！这样你就等于失去了一半的生命。"

这时，水面上刮起一阵狂风，把小船掀翻了。渔夫和哲学家都掉到了水里。渔夫向哲学家喊道："先生，你会游泳吗？"哲学家回答说："不会。"渔夫非常遗憾地说："那你就要失去整个生命了！"

哲学家虽然具备丰富的理论知识，可是不会游泳，在水上遇到大风大浪依然无法应对。社会环境复杂多变，什么情况都有可能发生，因此，我们需要不断学习，提高自身各方面的能力素质，唯有这样才能应对各种变化情况。

2-3 文本：知识经济时代对从业者素质的新要求

2. 不同职业对从业者素质的特殊要求

职业门类不同，对从业者的素质要求也就有所不同，为帮助大学生完善自己的素质结构，在此向大家介绍六类职业对从业者的素质要求。

（1）工程技术人员应具备的职业素质。

① 专业基础扎实，有较好的外语水平和较强的计算机应用能力，熟悉相近专业的知识，注重实践，善于理论联系实际，解决实际问题。

② 具有较强的实际动手能力，能熟练进行试验操作和模型制作，善于将科技成果转化为生产成果。

③ 虚心好学，勇于创新，善于学习现代科技手段和方法，努力开发新技术。

④ 有良好的工作态度和实事求是、不辞劳苦的工作精神，对工作严肃认真、一丝不苟。

⑤ 深入实际工作第一线，密切联系群众，善于在实践中发现问题，并能与同事密切合作，一起解决攻关难题。

⑥ 具有较强的组织管理能力，善于充分调动和发挥每一个人的工作积极性。

（2）经营管理人员应具备的职业素质。

① 有强烈的事业心和责任感。

② 有强烈的市场和用户观念。

③ 是本行业生产的技术内行，知识面较宽。

④ 具有较强的综合分析能力。

⑤ 具有果断的办事能力，较强的控制能力和应变能力。

⑥ 有及时发现问题、善于捕捉信息及信息沟通的能力。

⑦ 具有良好的决策或辅助决策能力。

⑧ 具有良好的谈判和社交能力。

(3) 行政管理人员应具备的职业素质。

① 能深刻理解并较好地执行党和国家的方针政策。

② 具有饱满的政治热情、高度的责任感和全心全意为人民服务的精神。

③ 具有较强的法制观念、纪律观念和群众观念。

④ 具有较强的办事能力,工作忙而不乱,并能出于公心,公道处事。

⑤ 信息观念强,具有接受反馈、适时反应的应变能力。

⑥ 具有较强的综合协调、果断决策能力。

⑦ 具有较强的口头和文字表达能力。

⑧ 具有善于处理人际关系的能力。

(4) 财务管理人员应具备的职业素质。

① 熟练掌握所学的专业知识,知识面广,掌握一定的法律、经济以及营销、采购等方面的知识。

② 大公无私、诚实可靠。

③ 保守机密、严守纪律。

④ 踏实认真、慎重细致、敢于坚持原则。

⑤ 能当好领导的参谋。

⑥ 有较强的社交能力,不仅要和本单位人员广泛交往,而且要与银行、顾客、客户建立广泛的联系。

(5) 医务人员应具备的职业素质。

① 热爱本职工作,有较强的事业心和责任感。

② 具有扎实的专业知识。

③ 独立工作能力强,对技术精益求精,善于掌握现代化的医疗手段。

④ 虚心好学,肯于钻研,注重实践。

⑤ 具有较好的外语水平,善于学习借鉴国外的先进经验,掌握先进技术。

⑥ 具有全心全意为人民服务的精神,热心为患者服务。

⑦ 身体健康,具有较强的抵抗疾病的能力。

⑧ 具有较好的心理素质,有较强的神经系统控制能力和理性抑制能力,善于摆脱不良情绪的影响。

(6) 中小学教师应具备的职业素质。

① 以身作则,为人师表。

② 懂教育规律,具备一定的管理知识;有较强的记忆力和理解力。

③ 热爱教育事业、热爱学生,有奉献精神和创新精神。

④ 知识渊博,有较强的表达能力,授课富有启发性,能生动、巧妙地将自己的知识传授给学生。

⑤ 能为学生独立学习创造条件,促使学生学会自学。

⑥ 有较强的学习能力。

作为大学生,必须考虑如何才能较为顺利地进入职场、如何在职场上站稳脚跟继而在事业上取得成功,也必须考虑个人的职业生涯如何发展、个人的事业如何发展。应对这些问题的核心就在于客观认识自己、不断提升自己的职业素质,从而为将来走进职场、立足职场、成就事业打下坚实的基础。

职场故事 2-3

某高职毕业生小章,学的是生物,该专业的毕业生就业形势不容乐观。小章自己对这个专业并不感兴趣,他喜欢的是新闻。所以,在大学期间,他除了使自己的专业成绩达到合格,更注意在写作方面努力练习。只要有空他就坐在图书馆里查资料、读新闻著作,较为系统地自学了新闻理论。同时,小章积极参加学校新闻社团,在学校及周边有重大新闻发生的时候他总能快速投入采访,写出了很多好的新闻稿件,一时间成了校园里的明星人物。快毕业时,刚好一家媒体来学校招聘,看了小章的作品,立即拍板录用他。就这样,小章一举击败了一些新闻专业的本科生,顺利进入了这家新闻单位。

幸运之神随时可能叩响你的大门,关键在于你是否已经做好了准备。高职院校学生小章毕业应聘时击败学新闻的本科生,成功进入新闻单位从事新闻工作,如果不是前期做足了准备与规划,怎能脱颖而出?

(四)提升职业素质的方法

1. 树立全新的学习理念

知识经济时代,我们拥有的竞争优势就是拥有不断学习的能力,比竞争对手学习得更快,只有学会学习,才有能力成为知识经济时代的新主人。

理性化学习是现代社会学习最显著的特征。虽然学习本身具有理性的特征,但这不等于人们轻易能对学习形成明确的理性认识和采取理性的态度,并能树立一种牢固而执着的学习理念。为此,我们要理性地对待知识、对待学习,树立起全新的学习理念。学习向理性回归,已成为时代发展、社会进步的必然要求。联合国教科文组织由此提出:学会生存,学会学习,学会关心。"三个学会"已成为人类在知识经济背景条件下,广泛被认同和接受的新的学习理念。

2. 培养科学的思维方式

思维能力是人的能力结构的核心,是各种能力中最重要的一种能力。历史发展的进程表明,在知识创新、科技创新中,形象思维、直觉思维和体验能力起着关键性作用。思维能力的高低,在一定程度上决定着一个人事业的成败。因此,在校大学生要十分重视思维能力的培养,重视培养自己科学的思维方式。一般来说,科学的思维方式具有广阔性、深刻性、灵活性、敏捷性、独立性、批判性和理性思维的特征。大学生以学习科学知识、掌握人类文化成果为己任。科学文化知识是由理性思维创造的,必须借助理性思维才能消化吸收。在学习过程中,需要加强哲学知识学习,积累丰富的理论知识,同时,要不断调整自己的思维方式,多思、博学、善问、勤于钻研,努力提升独立思考问题的能力。

3. 建立合理的知识结构

通过向老师及周围的人学习、查阅文献资料、积极参加各种活动和广泛涉猎各种知识,坚持广博与精深、理论与实践、知识积累与适度调节、学习和创新的辩证统一，确立正确的科学思想，打造和完善自身合理的知识结构。

4. 锻炼多种实践动手能力

在努力学好理论知识的同时，要培养兴趣爱好，通过积极参加各种社会活动，动态跟踪本专业发展趋势，注重培养和提高自己分析问题的能力、解决问题的能力、表达能力、动手能力、适应能力、人际交往能力、组织管理能力、决策能力和创新能力。

课堂活动 2-1

分 组 讨 论

某网络公司招聘软件技术人员，条件是必须是重点大学计算机专业的本科毕业生。甲和乙都是某市属高等职业院校经济类专业的学生，他们都看到了这一则招聘信息，不同的是，乙觉得自己条件不够，没放在心上。而甲平时爱好广泛，在学好本专业之余，还辅修了计算机专业，通过了微软认证，并积极参加学校的课外科技活动，具有较强的实际动手能力。当他看到这一则招聘信息后，进行了冷静的自我分析，然后勇敢地敲开了公司人力资源办公室的门。一开始，招聘人员看甲的学历没有达到本科，又不是学习计算机专业的，就想婉言拒绝。可看过他的简历和证书后，他们改变了主意，因为甲丰富的实践经验充分反映了他的实力。于是招聘人员专门向总经理做了汇报，请求给予该学生面试的机会。之后，甲果然顺利通过了招聘，并获得了与本科生一样的待遇。乙看到甲成功获得了一份好工作，心里非常后悔。请分析：

① 甲、乙两位学生的区别在哪里？

② 结合以上两名同学的经历和自身特点，分析自己的职业素质在哪些方面还需要提升，如何提升。

二、职业道德

(一) 职业道德概述

1. 职业道德的概念

职业道德是同人们的职业活动紧密联系的、符合职业特点要求的道德准则、道德情操与道德品质的总和。职业道德包括职业观念、职业情感、职业理想、职业态度、职业良心、职业作风等多方面的内容。

由于人们所从事的职业不同，各行各业在不同的职业活动中有着各自不同的职业关系、职业利益、职业义务、职业活动范围和方式，从而也就形成了不同的职业行为规范和道德要求。职业道德具有职业性、继承性、实践性、多样性和纪律性等特征。职业道德既是对本行业从业人员在职业活动中行为准则的要求，又是其对社会所负的道德责任和义务。要成为一个合格的职业人，首先必须遵守职业道德。

2. 职业道德的作用

自人类社会产生职业道德之后，职业道德为什么能长期延续和发展下来？各行各业为什么都要求其成员必须具备良好的职业道德？这是因为，职业道德在调节人与人的关系，推进全社会的道德建设和精神文明建设等方面起着巨大的作用：① 职业道德是维护职业活动秩序的根本保证；② 职业道德是提高劳动者整体素质的关键要素；③ 职业道德是形成良好社会风气的重要保障；④ 职业道德是发展和完善社会主义市场经济的客观要求；⑤ 职业道德是提升企业竞争力的重要因素。

(二) 职业道德的内容

从事特定的职业不但需要特定的知识和技能,而且需要遵守特定的职业道德规范,如教师的为人师表、热爱学生；医生的救死扶伤、人道主义品质；记者的坚持真理、忠于事实；军人的纪律严明、卫国爱民、英勇善战；人事干部的廉洁奉公、作风正派、办事公道等。这些在长期实践中形成的职业道德规范对于人们的职业活动具有无形的约束作用。

2-4 微课：职业道德

根据《公民道德建设实施纲要》,现阶段我国各行各业普遍适用的职业道德包括"爱岗敬业、诚实守信、办事公道、服务群众、奉献社会"五条基本规范。

1. 爱岗敬业

爱岗,就是热爱自己的本职工作,能够为做好本职工作尽心尽力。敬业就是用一种恭敬、严肃的态度来对待自己的职业,即对工作专心、认真、负责。爱岗是敬业的基础,敬业是爱岗的具体表现,不爱岗就很难做到敬业,不敬业也很难说是真正的爱岗。所以,爱岗敬业就是从业人员在特定的社会形态中,认真履行所从事岗位的职责,对本职工作一丝不苟的行为,以及在职业生活中表现出来的兢兢业业、埋头苦干、任劳任怨的强烈事业心和忘我精神。爱岗敬业是为人民服务和集体主义精神的具体体现,是社会主义职业道德一切基本规范的核心和基础。

职场故事 2-4

李素丽,公共汽车售票员。自1981年走上工作岗位以来,她以周到的服务、细致的关怀赢得了社会的赞誉,作出了不平凡的成绩。当她看到行动不方便的乘客时就主动上前搀扶；看到上班族在追车,就尽量不关门；耐心为外地乘客指路,到站便提醒他们下车,被称为"中国雷锋工程形象大使"。

她曾说过："如果我能把10米车厢、3尺票台当成为人民服务的岗位,实实在在去为社会做贡献,就能在服务中融入真情,为社会增添一份美好。即便有时自己有点烦心事,只要一上车,一见到乘客,就不烦了。"

爱岗敬业有以下四层含义：① 乐业。热爱并热衷所从事的职业,快乐地工作。② 勤业。忠于职守,认真负责,刻苦勤奋,不懈努力。③ 精业。对本职工作业务娴熟,精益求精,尽善尽美,进步创新。④ 实业。讲究科学,实事求是,对本职工作一丝不苟,有严格的务实精神。

不敬业的三种典型表现：① 不求有功,但求无过。做事不主动,从不多做一点,认为多做就有可能多出错,干脆少做事或不做事。② 三心二意,敷衍了事。工作时不是无精打采,就是心不在焉,或者经常开小差。③ 明哲保身,怕负责任。一方面,认为工作做得越多,意味着担负的责任越大。所以,干脆只要做好自己的事情就行了,其他的事情能不管就不管、能推则推。另一方面,为了不得罪人,明明知道别人做错了事也从不指出,任何时候都保持"老好人"的姿态。

课堂活动 2-2

测一测:你的敬业度有多高?

表 2-1 敬业度测试表

序号	行 为 表 现	不赞成	基本赞成	赞 成
1	只为本企业工作			
2	不擅自离开工作岗位			
3	在工作的任何时间里,绝对不做有碍工作的事			
4	对企业使命有清晰的认识,认同企业的价值观			
5	积极参加企业组织的业务技能培训活动			
6	乐于承担更大的责任,接受更繁重的任务			
7	凡是支持本行业和属于本行业的人,均予以肯定			
8	不做任何有损企业名誉的事情			
9	不拿企业的任何物品			
10	对企业的商业秘密守口如瓶			
11	在规定的休息时间之后,及时返回工作场所			
12	看到别人有违反企业规定的举动,及时纠正			
13	不管能否得到相应的奖励都能积极提出有利于企业的意见			
14	关心自己和同事的身心健康			
15	对外界人士积极宣扬企业			
16	把企业的目标放在个人目标之上			
17	乐于在工作时间之外自动自发地加班			
18	业余时间注重钻研与工作有关的技能,加强职业素质的学习			
19	为保证工作绩效,善于劳逸结合,调节身心			
20	能享受工作中的乐趣			

评分标准:不赞成为1分,基本赞成为3分,赞成为5分。
结果分析:20道题累计得分40分以下,敬业度很低;40~59分,敬业度一般;60~80分,敬业度较高;80分以上,敬业度高。

(资料来源:刘兰明等.职业基本素养教程[M].大连:大连理工大学出版社,2011)

2. 诚实守信

诚实，即忠诚老实，就是忠于事物的本来面貌，不隐瞒自己的真实思想，不掩饰自己的真实感情，不说谎，不作假，不为不可告人的目的而欺瞒别人。守信，就是讲信用，讲信誉，信守承诺，忠实于自己承担的义务，答应了别人的事一定要去做。

诚实守信既是做人的基本准则，也是基本的职业道德要求。具体要求有如下三点：① 忠诚，诚实劳动，不弄虚作假；② 关心单位、团体发展，维护国家、集体、团体的信誉和形象；③ 信守承诺，遵守合同、协议和契约等。

职场故事 2-5

范玉恕，男，中共党员，天津建工集团三建公司项目经理、副总工程师，全国劳动模范、全国优秀项目经理。"老老实实做人，结结实实盖房"是范玉恕始终坚持的职业信条。他许诺：绝不向人民交付一平方米不合格的工程。为兑现诺言，范玉恕把全部心血都用在提高工程质量上，始终坚持"四个一样"：大事和小事一个样，外露工程和隐蔽工程一个样，分内事和分外事一个样，有要求和没要求一个样。在每项工程施工中，他都坚持制定一个高于国家要求的质量标准，拿出一套质量创优的措施，建立一套完备的质量保证体系，做出每道工序的质量样板。通过多年实践，他创造出保证工程质量的"8·5·15工作法"。1999年，范玉恕负责的所有工程质量全部优良，创造了天津建筑史上的"四个第一"，两次获得全国建筑行业最高奖——鲁班奖，被誉为"群众信得过的建房人"。

3. 办事公道

所有从业人员在本职工作中，都应以国家法律、各种纪律以及公共道德准则为标准，秉公办事，公平、公正、公开地处理问题。平等待人，不偏不倚，不以权害公，不以私害民，不损公肥私。

从业人员要做到办事公道就必须：① 遵纪守法，坚持原则。从业人员无一例外地要按照国家法规和职业纪律的要求行使职业权力、履行职业义务。② 廉洁奉公，公私分明。从业人员应该办事公正，严于律己，一心为公。③ 照章办事，公平公正。从业人员必须对自己的服务对象一视同仁、公平对待，杜绝办事不公、拉关系、走后门的现象。这既是职业纪律的要求，也是对服务对象起码的尊重。④ 光明磊落。做人不能有私心，要襟怀坦荡，行为正派。它既是做人的一种高尚品德，也是从业者应具备的职业道德。

职场故事 2-6

谭彦，中共党员，生前担任大连经济技术开发区人民法院刑事审判庭副庭长、审判委员会委员。曾被授予大连经济开发区优秀共产党员、大连市优秀共产党员、中国首届十大青年卫士等荣誉称号。

在职期间，他坚持秉公执法，客观公正，照章办事。他生前常说：我是法官，头顶着国徽，肩扛着天平，绝不能在我们手中办一件错案。无论是亲朋好友的说情，还是打着各种旗号的威胁，都被他顶回去。在身患重病的情况下，他仍然执法如山，认真办案。谭彦被人们誉为无私奉献的"铁法官"，尽管他已去世多年，但至今仍被法官们奉为学习的楷模。

4. 服务群众

服务群众就是在职业活动中，一切从服务对象的利益出发，满足服务对象的要求，尊重服务对象的利益，为服务对象提供高质量的服务；服务群众就是要听取群众意见，了解群众需要，端正服务态度，改进服务措施，提高服务质量，全心全意地为人民服务。作为职业道德的基本规范，服务群众是社会主义道德的集中体现，是建立和发展社会主义市场经济的需要，也是为人民服务精神在职业生活中的具体化，它表明了职业活动的目的。

服务群众的职业道德要求做到：① 为服务群众着想，做任何事情都要时刻考虑到服务对象的利益。② 提供热情、周到、耐心的服务，使服务对象有宾至如归的感觉。③ 熟练掌握服务技能，为群众提供高质量的服务。

5. 奉献社会

所谓奉献，就是不期望等价的回报和酬劳，而愿意为他人、为社会或为真理、为正义献出自己的力量，甚至包括宝贵的生命。奉献社会要求从业人员在自己的工作岗位上，树立奉献社会的职业精神，并通过兢兢业业的工作，自觉为社会和他人做贡献。奉献社会是职业道德的本质特征。奉献是一种真诚自觉的付出。在工作中，要正确处理得与失的关系，无论做什么，应先公后私、先人后己，做一个大公无私、乐于奉献的人。

一个人不论从事什么行业的工作，不论在什么岗位，都可以做到奉献社会。倡导奉献精神，并不排斥人们对个人正当利益的追求。因此，必须正确认识和处理好无私奉献精神与人们追求正当利益之间的关系。

以上五条规范，是职业人应具有的良好职业道德修养的高度概括。每个人只有将这五条职业道德标准融入具体的职业行为中，才能在工作中做出更大的贡献。

课堂活动 2-3

分 组 讨 论

有一位护理专业的毕业生到一家大医院进行毕业实习，实习期满，如能让院方满意，就可留下当正式护士。

一天，来了一位生命垂危的伤员，实习护士被安排做主刀医生的助手。手术从清晨一直做到黄昏，眼看患者的伤口就要缝合，这名实习护士突然严肃地盯着主刀医生说："我们用了12块纱布，可您只取出来了11块。""我已经全部取出来了，一切顺利，立即缝合！"主刀医生头也不抬，不顾一切地回答。"不，不行！"实习护士高声抗议道："我记得清清楚楚，手术中我们共用了12块纱布！"主刀医生没有理睬她，命令道："听我的，准备缝合！"这名护士毫不示弱，大声叫了起来："您是医生，您不能这样做！"直到这时，主治医生冷漠的脸上才浮现出欣慰的笑容，他举起右掌心握着的第12块纱布，向在场的人宣布："这是我最满意的助手！"于是这名实习生成了这家大医院的正式护士。

讨论：
这名实习护士为何能成为这家大医院的正式护士？

（三）加强职业道德修养的途径和方法

一个人要立足社会并成就一番事业，除了必须刻苦学习，努力掌握现代科技文化、专业知识和技能,更为重要的是应注重提升道德修养,形成良好的道德品质。而任何一个人职业道德素质的提高,一方面靠社会的培养和组织的教育;另一方面取决于自己的主观努力,即自我修养。两个方面缺一不可,而且后者更加重要。

在校大学生要达到崇高的职业道德境界,必须按照职业道德规范的要求进行有意识、有目的的训练和培养,将职业道德原则和规范贯彻落实到具体的大学学习生活的全过程,养成良好的职业行为习惯,做到言行一致、知行统一,进而形成高尚的职业道德品质。

1. 大学生加强职业道德修养的途径

(1) 在日常生活中培养。职业道德行为的最大特点是自觉性和习惯性,而培养良好习惯的载体是日常生活。因此,大学生要紧紧抓住这个载体,有意识地培养自己的良好习惯,久而久之,习惯就会成为一种自然,即自觉的行为。"培养"意为按照一定的目的长期地教育和训练,在日常生活中培养职业道德行为应做到以下两点:

① 从小事做起,严格遵守行为规范。行为规范是指行为方面约定俗成的或明文规定的标准、准则,它对人们该怎样做、不该怎样做提出要求。大学生应从小事做起,严格遵守行为规范,遵守校规校纪等,在点滴细节中按照大学生的各种行为规范来严格要求自己。

② 从自我做起,自觉养成良好习惯。良好习惯是每个人终身受益的资本,不好的习惯则是人一生的羁绊。每一位大学生都要从自我做起,从行为规范要求入手,从行为习惯训练抓起,持之以恒,自觉养成良好的习惯。

课堂活动 2-4

分 组 讨 论

小林是旅游服务与管理专业的学生。毕业前夕,经学校推荐,她去了一家星级酒店的前厅实习。由于贪睡,第一天上班迟到了一分钟,被主管训了一顿;第二天上班时忘了带领结,又被主管训了一通;第三天在给客人服务的时候,因为自己心情不好,同客人讲话时的语气生硬,结果被客人投诉,她不得不当面给客人道歉……短短的一个月内,她自己也不知道因为多少"小事"被批评。到月终发工资的时候,她工资单上的数额为 100 元。她向主管申诉,主管拿出了扣钱的清单,迟到 1 分钟扣 10 元,服装不合规范每次扣 20 元,客人投诉每次扣 100 元……小林看着那些账目,泪水情不自禁地流了下来。

小林的问题出在哪里?

(2) 在专业学习中训练。专业理论知识与专业技能是形成职业信念和职业道德行为的前提和基础。职业道德行为的养成,离不开知识的学习和技能的提高。训练意味着有计划、有步骤地锻炼形成某种特长或技能。在专业学习中训练职业道德行为应该做到:

① 增强职业意识,遵守职业规范。职业意识是职业活动在人们头脑中的反映。职业规范是职业或岗位的准则,包括操作规程和道德规范。高校学生要在专业学习和实习中增强职业意识,遵守职业规范,这是未来做好本职工作、实现人生价值的重要前提。

② 重视技能训练,提高职业素养。向先进人物学习,刻苦钻研,培养过硬的专业技能,提高自己的职业素养。

(3) 在社会实践中体验。职业道德行为的养成离不开社会实践,社会实践是职业道德

行为养成的根本途径,"体验"意为通过实践来践行职业道德。在社会实践中体验道德行为的方法有以下几种:

① 参加社会实践,培养职业情感。在社会实践中有意识地进行体验,了解自我、了解社会、了解职业和体验职业,陶冶职业情感,培养对职业的热爱及责任感、主人翁意识、荣誉感和幸福感等情感。

② 学做结合,知行统一。在社会实践中,将学和做结合起来,把学到的职业道德知识、职业道德规范运用到实践中,落实到职业道德行为中,以正确的道德观念指导自己的实践,理论联系实际,做到言行一致、知行合一。

(4) 在自我修养中提高。个人在日常的学习、生活和各种实践中,应按照职业道德的基本原则和规范,在职业道德品质的修养中有目的地"自我锻炼""自我改造"和"自我提高",经常进行"内省"。一要严于解剖自己,善于认识自己,客观地看待自己,勇于正视自己的缺点;二要敢于自我批评、自我检讨;三要有决心改进自己的缺点,扬长避短,在实践中不断完善自己的职业道德品质。

(5) 在职业活动中强化。职业活动是检验一个人职业道德品质高低的试金石。在职业活动中强化职业道德行为要做到:

① 将道德知识内化为信念。"内化"是把学到的道德知识和规范变成个人内心坚定的职业道德信念、职业道德理想、职业道德原则,以及对自己履行的职业责任和义务的真诚信奉。它是职业道德知识、情感和意志的结晶,也是人们养成良好职业道德行为的强大动力和精神支柱。职业道德行为只有内化为信念,才有坚定性和永久性。

② 将职业道德信念外化为行为。"外化"是把内心形成的职业道德情感、意志和信念变成个人自觉的职业道德行为,指导自己的职业活动实践。大学生要履行自己的责任和义务,做一个言行一致、表里如一、有职业道德的人。

职业道德修养对个人的职业发展至关重要。在学习生活中,大学生要注重行为规范训练,养成良好的行为习惯,要加强职业道德修养,提高职业道德素质,积极参加各种社会实践活动,在实践中培养良好的职业道德行为,形成高尚的职业道德。

2. 大学生加强职业道德修养的方法

职业道德并不是自发形成的,需要通过人们的自觉培养和社会舆论进行规范来形成。社会职业道德水准的提高和发展,不仅需要整个社会和职业群体有计划、有组织地对人们进行系统的道德教育,同时也需要每个职业工作者自觉地加强道德修养。职业工作者要努力践行社会主义职业道德规范的基本要求,不断提升自己的职业道德境界,时时提醒自己"慎思、慎言、慎行",时时告诫自己"自重、自警、自励、自律"。只有这样,我们才能真正成为一个职业道德高尚的人。

(1) 立志。确立正确的人生观是加强职业道德修养的前提。人的职业道德行为是在思想意识的支配下进行的,一个人树立什么样的人生观,很大程度上会影响他的职业道德修养水平。在现实生活中,有的人对自己要求很严,大公无私,全心全意为人民服务;有的人则胸无大志,整日懒懒散散。有志向的人精神振奋,工作有成绩;胸无大志的人精神萎靡不振,工作毫无起色。所以,对于职业道德修养来说,立志是非常重要的。首先,应不安于现状,力争成为本行业、本部门、本单位的强者;对照先进,勤学苦练,提高业务水平,成为能手、行家。其次,必须脚踏实地、勤勤恳恳,立足本职工作。最后,应持之以恒,将职业志向与一生的努力、追求联系起来。

（2）学习。树立终身学习的理念，学习职业道德规范、掌握职业道德知识；努力学习现代科学文化知识和专业技能，提高文化素养；学习先进人物的优秀品质，不断激励自己，像先进人物那样具有强烈的社会责任感，严于律己，宽以待人，以集体、国家利益为重，能为了集体、国家的利益牺牲个人利益；对照先进人物的好思想、好作风检查自己的言行，敢于和善于发现自己的缺点和不足，并及时纠正，不断地同旧思想、旧意识以及社会上的不良现象作斗争。

（3）"慎独"。"慎独"就是指在无人监督的情况下，仍能坚守道德信念，自觉地遵守道德规范的要求。一个有道德的人在独自一人、无人监督时，也不会做任何不道德的事。"慎独"既是加强职业道德修养的重要方法和途径，也是一种崇高的思想道德境界。提倡"慎独"，重在自律，即在道德上自我约束，结合自己的工作实际，用更高的道德标准反省、鞭策自己。

（4）推己及人。孔子说："己所不欲，勿施于人。"意思是自己不喜欢或不愿意的，不要强加给别人。这里肯定了自己与他人之间的需要、感受、价值观等方面的可类推性。一个人若不希望被别人轻视、侮辱，那么他就不应该去轻视、侮辱别人；如果不希望被别人欺骗，那么也不应该去欺骗别人。

职业活动是社会分工的体现。职业是一个人的社会角色，在生活中，同时还会兼有其他社会角色，这些社会角色是会互相转换的。因此，人们在各自的岗位上不能只图一己方便，只谋本单位、本部门之利，而应将心比心、推己及人，用自己的良好情操和职业道德感染他人。

职场故事 2-7

在一次招聘会上，北京某外企的人事经理本想招聘一名有丰富工作经验的资深会计人员，结果却破例招了一位刚毕业的女大学生，让他们改变主意的起因只是一个小小的细节。人事经理回忆说，当时，女大学生因为没有工作经验，在面试一关即遭到了拒绝，但她并没有气馁，她请求主考官说："请给我一次机会，让我参加笔试。"主考官拗不过她，就答应了她的请求。结果，她通过了笔试。然后，由人事经理亲自主持复试。人事经理对她颇有好感，因为她的笔试成绩最好，不过女孩的话让经理有些失望，她说自己没工作过，唯一的经验是在学校掌管过学生会财务。找一个没有工作经验的人做财务会计不是他们的预期目标，人事经理决定结束面试："今天就到这里，如有消息我会打电话通知你。"

这时，女孩从座位上站起来，向经理点点头，从口袋里掏出两块钱双手递给经理："不管是否录取，都请您给我打个电话。"经理从未见过这种情况，问："你怎么知道我不给没有录用的人打电话？""您刚才说有消息就打，那言下之意就是没录取就不打了。"经理对这个女孩产生了浓厚的兴趣，问："如果你没被录取，我打电话，你想知道些什么呢？""请告诉我，在什么地方我不能达到你们的要求，在哪方面不够好，我好改进。""那两块钱？"女孩微笑道："给没有被录用的人打电话不属于公司的正常开支，所以由我付电话费，请您一定要打。"经理也笑了："请你把两块钱收回，我不会打电话了，我现在就通知你，你被录用了。"

有人问："仅凭两块钱就招了一个没有经验的人，是不是太感情用事了？"人事经理说："不是。这些面试细节反映了她作为财务人员具有良好的素质和人品，人品和素质有时比资历和经验更为重要。第一,她一开始便被拒绝,却一再争取,说明她有坚毅的品格。财务是十分繁杂的工作,没有足够的耐心和毅力是不可能做好的。第二,她能坦言自己没有工作经验,显示了一种诚信,这对从事财务工作尤为重要。第三,即使不被录取,也希望能得到别人的评价,说明她有直面不足的勇气和敢于承担责任的上进心。第四,女孩自掏电话费反映出她公私分明的良好品德,这更是财务工作人员不可或缺的。"

三、职场礼仪

职场礼仪是人们在职业活动中所应遵循的一系列礼仪规范的总称。了解、掌握并恰当地应用职场礼仪,有助于提升个人形象和职业化程度,促进有效沟通,赢得信赖。作为职场新人,要想成为合格的职业人,就必须掌握必要的职场礼仪,以展示个人良好的职业形象。

(一)仪表仪容礼仪

1. 仪表礼仪

发型基本要求:端庄、整洁、干净、大方。女士职场发型以简单、优雅为宜,服帖且不遮面。男士发型保持整洁、长短适宜。注意避免怪异的发型,发色自然为宜。

2. 仪容礼仪

仪容在很大程度上指的就是面容。首先要做到清洁,即要勤于洗脸,使之干净,无汗渍、无油污、无泪痕,无不洁之物。及时清理眼角的分泌物,如戴眼镜的人,应保持眼镜洁净明亮。耳朵是比较容易忽视的地方,在洗澡、洗头、洗脸时,不要忘记清洗一下耳朵。注意保持鼻腔清洁,不要让异物堵塞鼻孔或是让鼻涕流淌。若鼻毛长出鼻孔之外,应及时进行修剪。保持牙齿洁白、口腔无味。男士应经常及时地剃去胡须。女士在职场社交中,应适当化淡妆,以自然、大方为宜,避免给人以浓妆艳抹的感觉,慎用浓香型化妆品和香水。

(二)称呼礼仪

选择正确的、适当的称呼,既反映自身的教养,又体现了对对方的重视,有时甚至还体现双方关系的亲疏程度。

1. 正确的称呼方式

在工作场合,人们之间的称呼有其特殊性。下列正规的称呼方式,是可以广泛采用的。

(1)称呼行政职务。在人际交往中,尤其是在对外界的交往中,此类称呼最为常用,意在表示交往双方身份有别。

(2)称呼技术职称。对于具有技术职称者,特别是具有高、中级技术职称者,在工作中可直称其技术职称,以示对其敬意有加。

(3)称呼职业名称。一般来说,直接称呼对方的职业名称,往往都是可行的。如"张老师""何律师""黄医生""李会计"等。

(4)称呼通行尊称。对于商界人士、服务行业人士,通常按性别的不同对男士称"先生",对已婚女性称"女士""夫人"。对成年女性,若不清楚对方婚否,应称"女士""同志",不可称其为"夫人"。

（5）称呼对方姓名。称呼同事、熟人，可以直接称呼其姓名，以示关系亲近。但对尊长、外人，显然不可如此。

2. 错误的称呼方式

以下四种错误称呼，在工作场合都是不宜采用的。

（1）庸俗的称呼。有的人喜欢对上级冠以"老板""老大"等称呼，同级之间则以"哥们""兄弟"相称。在正式场合假如采用低级庸俗的称呼，既失礼，又失自己的身份。

（2）他人的绰号。在任何情况下，当面以绰号称呼他人，都是不尊重对方的表现。

（3）地域性称呼。诸如"师傅""伙计""小鬼"等具有地域性特征的称呼，不宜不分对象地滥用。

（4）某些带有侮辱性的称呼，在任何场合都是不应该使用的。

职场故事 2-8

小严是某高等职业学院旅游与酒店管理专业的毕业生。上班的第三天，小严受领导委派到机场接几位从英国来的客人。在出口处，小严看到客人出站，便急忙上前迎接。客人中有一位玛格丽特女士，看上去有40岁左右，小严热情地迎接她，并致以问候："欢迎您，玛格丽特夫人。"可是，没想到玛格丽特的反应很冷淡，刚展现的笑容一下子就没了。小严一头雾水，搞不清自己做错了什么。寒暄过后，小严把客人们接回酒店安顿好。后来，小严才听说玛格丽特未婚，这才明白了那天她不高兴的原因。

（三）问候礼仪

问候，亦称问好、打招呼，是人们与他人相见时以语言向对方进行致意的一种方式。通常认为，一个人在接触他人时，假如不主动问候对方，或者对对方的问候不予以回应，是十分失礼的。

在有必要问候他人时，需要在以下三个方面加以注意。

1. 问候的次序

在正式会面时，宾主之间的问候，在具体的次序上有一定的讲究。

（1）一人问候另一人。一个人与另外一个人之间的问候，通常应为"位低者先行"，即双方之间身份较低者首先问候身份较高者，才是适当的。

（2）一人问候多人。一个人有必要问候多个人时，既可以笼统地加以问候，也可以逐个加以问候。当一个人逐一问候许多人时，既可以由"尊"而"卑"、由长而幼地依次而行，也可以由近而远地依次而行。

2. 问候的态度

当问候他人时，在态度上需要注意四点。

（1）主动。问候他人，应该积极、主动。当他人首先问候自己之后，应立即予以回应。

（2）热情。在问候他人时，通常应表现得热情而友好。毫无表情或者表情冷漠，都是应当避免的。

（3）自然。问候他人时的主动、热情的态度，必须表现得自然而大方。矫揉造作、神态夸张,或者扭扭捏捏,都不会给他人留下好的印象。

(4) 专注。对交往对象进行问候时,应当面含笑意,以双目注视对方的双眼,以示专心致志。

3. 问候的内容

问候他人,在具体内容上大致有两种形式,它们各有不同的适用范围。

(1) 直接式。直截了当地以问好作为问候的主要内容。它适用于正式的人际交往场合,尤其是宾主双方初次相见的场合。

(2) 间接式。以某些约定俗成的问候语,或者在当时条件下可以引起的话题,诸如"忙什么呢""您去哪里"来替代直接式问好。它主要适用于非正式交往场合,尤其是经常见面的熟人之间。

(四) 介绍礼仪

在人际交往中,特别是人与人之间的初次交往中,介绍是一种最基本、最常规的沟通方式,是相互交流、沟通的出发点。

1. 介绍自己

介绍自己,俗称自我介绍,它是由本人担任介绍人,自己把自己介绍给别人。在介绍自己时,通常需要注意:

(1) 内容要真实。介绍自己时所具体表述的各项内容,应当实事求是,既没有必要自吹自擂、吹牛撒谎,也没有必要过分自谦,遮遮掩掩。

(2) 形式要标准。就形式而论,自我介绍主要分为两种:一是应酬型的自我介绍,它仅含本人姓名这一项内容,主要适用于面对泛泛之交、不愿深交者。二是公务型的自我介绍。它通常由本人的单位、部门、职务、姓名等多项内容所组成,并且往往缺一不可。它主要适用于正式的因公交往。

(3) 时间要简短。在介绍自己时,应抓住重点,言简意赅。一般而言,介绍自己所用的时间以半分钟左右为佳。若无特殊原因,一般不宜超过1分钟。

2. 介绍他人

介绍他人,亦称第三者介绍,它是指由第三者为彼此互不相识的双方所作的介绍。

从礼仪上来讲,介绍他人时,最重要的是被介绍双方的先后顺序。也就是说,在介绍他人时,需要十分注意,介绍者具体应当先介绍谁、后介绍谁。

通行的做法是"尊者居后",即为他人做介绍时,先要具体分析一下被介绍双方的身份的高低,应首先介绍身份低者,然后介绍身份高者。

具体来说:介绍女士与男士相识时,应当先介绍男士,后介绍女士;介绍长辈与晚辈相识时,应当先介绍晚辈,后介绍长辈;介绍外人与家人相识时,应当先介绍家人,后介绍外人;介绍客人与主人相识时,应当先介绍主人,后介绍客人;介绍上司与下级相识时,应当先介绍下级,后介绍上司。

3. 集体介绍

集体介绍是指在双方或多方人员共同参与聚会或活动时,为使参与人员之间互相认识进行的介绍。介绍集体时,被介绍双方的先后顺序依旧至关重要。具体来说,集体介绍又可分为单向式介绍和双向式介绍。

(1) 单向式介绍。当被介绍的双方一方为个人、另一方为由多个人组成的集体时,往往可以只把个人介绍给集体,而不必再把集体介绍给个人。

(2)双向式介绍。被介绍的双方皆为一个由多人所组成的集体,在具体进行介绍时,双方的全体人员均应被正式介绍。在公务交往中,此种情况比较多见。常规做法是,由主方负责人首先出面,依照主方在场者具体职务的高低,自高而低地依次进行介绍。接下来,再由客方负责人出面,依照客方在场者具体职务的高低,自高而低地依次进行介绍。

(五)电话礼仪

电话在我们的日常生活中运用非常普遍,在人际交往中发挥着重要的作用。

1. 打电话的礼仪

(1)选择好通话时间。应根据受话人的工作时间、生活习惯选好打电话的时间。比如,白天宜在早晨 8 点以后,节假日应在 9 点以后,晚间则应在 22 点以前,以免受话人不在或打扰受话人及其家人休息。如无特殊情况,不宜在中午休息时和一日三餐的常规时间打电话,以免影响别人休息和用餐。给单位打电话时,应避开刚上班或快下班两段时间,还要顾及接听电话一方所在的场合。给国外的客户打电话,还要特别注意其所在地与国内的时差和生活习惯。

2-5 微课:电话礼仪

(2)拟好通话内容。在电话中应该说些什么,一次电话该打多久,打电话前应有"腹稿"。为防止遗漏,可拟出通话要点,理顺说话顺序,备齐与通话内容有关的文件和资料。电话拨通后,应先向对方问声"您好!"接着问:"您是×××单位吗?"得到明确答复后,再报自己的单位和姓名,然后报出受话人姓名。如受话人不在,可请人转告,或过一会儿再打;如拨错了号码,应向对方表示歉意。

(3)打电话的时间宜短不宜长,每次通话一般以 3~5 分钟为宜。说话要简明扼要,长话短说。

(4)讲究通话的语言艺术。话如其人,不管是在公司还是在其他地方,凭双方在电话里的讲话方式,就可以互相判断出对方的基本素养。通话的语言艺术,不仅要坚持用"您好"开头,"请"字在中,"谢谢"结尾,更重要的是控制语气和语调。

(5)通话时态度要和蔼,声调温和而富有表现力,语气适中,语言简洁,口齿清晰。要抱着对方就在眼前的感觉来打电话,让对方感到自己在微笑,使人感到亲切自然,切不可高声大喊,装腔作势或拿腔捏调、嗲声嗲气,更不能粗暴无理。

(6)有关重要信息特别如时间、地点、人名、电话号码、车次、航班号、身份证号码、银行账号等信息要交代清晰、准确。

(7)放下电话时,务必双手轻放。千万不要在尚未告知受话人"再见"的情况下,猛然"砰"的一声挂断电话。

2. 接电话的礼仪

(1)电话铃响两声就接,不要拖时间。拿起话筒第一句话先说"您好"。如果电话铃响过四声后,拿起听筒应向对方说:"对不起,让您久等了",这是礼貌的表现,可消除久等心情的不快。如果电话内容比较重要,应做好电话记录,包括单位名称、来电话人姓名、谈话内容、通话日期、时间和对方电话号码等。

(2)电话的开头语会直接影响别人对你的态度、看法。通电话时要注意尽量使用礼貌用词,如"您好""请""谢谢""麻烦您"等。打电话时,说话态度要和蔼,语言要清晰,不要装腔作势。

(3) 对方要找的人不在时，不要随便传话以免引起不必要的麻烦。如有必要，可记下其电话、姓名，以方便回电话。

(4) 要学会配合别人谈话。我们接电话时为了表示认真听对方说话，应适时地给予回应，一定要恰到好处，否则会适得其反。

(5) 挂电话前的礼貌也不应忽视。挂电话前，向对方说声"请您多多指教""抱歉，在百忙中打扰您"等，会给对方留下好印象。

(6) 办公场合尽量不要打私人电话，若在办公室里接到私人电话，应尽量缩短通话时间，以免影响其他人工作和损害自身的职业形象。

(六) 乘电梯的礼仪

乘电梯时，应注意以下礼仪。

(1) 先下后上，依序出进。
(2) 长者优先，女士优先，但不在电梯门口过度谦让。
(3) 进电梯后尽量不站在进门处。
(4) 等待即将到达者。
(5) 面朝门同一方向站立。
(6) 主动帮助不方便者按键。
(7) 不越过别人身体按键，必要时可请别人帮忙。
(8) 不当众整理服装。
(9) 与他人适当保持距离。
(10) 不吸烟，尽量避免交谈。

(七) 握手礼仪

在见面与告别时，人们通常都会握手行礼。在国内外交往中，握手都是最为通行的会见礼节。学习和掌握握手礼仪，主要应当注意以下几点。

1. 握手的方式

作为一种常规礼节，握手的具体方式颇有讲究。

(1) 神态。与他人握手时，应当神态专注、认真、友好。在正常情况下，握手时应目视对方双眼，面含笑容，并且同时问候对方。

(2) 姿势。与人握手时，一般均应起身站立，迎向对方，在距其约1米时伸出右手，握住对方的右手手掌，稍许上下晃动一两下。

(3) 力度。握手的时候，用力既不可过轻，也不可过重。若用力过轻，有怠慢对方之嫌；不看对象而用力过重，则会使对方难以接受而心生反感。

(4) 时间。一般来讲，在普通场合与别人握手以3秒钟左右为宜。

2. 伸手的顺序

在握手时，双方握手的先后顺序很有讲究。

(1) 一般情况下，讲究的是"尊者居前"。即通常应由握手双方之中身份较高者首先伸出手来，反之是失礼的。

(2) 女士同男士握手时，应由女士首先伸手；长辈同晚辈握手时，应由长辈首先伸手；上司同下级握手时，应由上司首先伸手。

(3) 宾主之间的握手则较为特殊。正确的做法是：客人抵达时，应由主人首先伸手，以示欢迎之意;客人告辞时,则应由客人首先伸手,以示主人可就此留步。

(4) 在正规场合,当一个人有必要与多人一一握手时,既可以由"尊"而"卑"地依次进行,也可以由近而远地逐渐进行。

3. 握手的禁忌

人际交往中,需要谨记以下禁忌。

(1) 用左手与人握手。握手宜用右手,以左手握手被普遍认为是失礼之举。

(2) 戴手套与人握手。握手前务必脱下手套。只有女士在社交场合戴着薄纱手套与人握手,才是被允许的。

(3) 戴墨镜与人握手。在握手时一定要提前摘下墨镜,不然就有防人之嫌。

(4) 用双手与人握手。与初识之人握手,尤其当对方是异性时,两手紧握对方的一只手,是不妥当的。用双手与人相握,只有在熟人之间才允许和适用。

(5) 用脏手与人握手。在一般情况下,用来与人相握的手理应干干净净。以脏手、病手与人相握,都应该尽量避免。

(八) 名片交换礼仪

1. 递名片礼仪

递送名片一般遵从以下礼仪。

(1) 两人交换名片顺序:男士主动递给女士,主人主动递给客人,晚辈主动递给长辈,地位低者主动递给地位高者。

(2) 如果对方不止一人,可以按照职位由高到低的顺序递送名片。

(3) 如果对方人多又不知职位,可以采用由近到远的顺序,如果是在一个圆桌可以采用顺时针方向。

(4) 向对方递送名片时,应面带微笑,稍欠身,注视对方,将名片正对着对方,用双手的拇指和食指分别持握名片上端的两角,或者用右手拿上角送给对方。递送名片的时要客气、礼貌,语言上要体现对对方的尊重,比如说请多指教,或者以后多联系,不要像发传单一样,直接生硬地递过去,这样会显得很不礼貌、没有教养。

(5) 递交名片的时间,应当根据具体情况而定。如果名片持有者与人事先有约,一般可在告辞时再递上名片。如果双方只是偶然相遇,则可在相互问候、得知对方有与你交往的意向时再递交名片。

(6) 名片要放置在合适的地方,千万不要放在裤子后方的口袋。如果你是从这个地方掏出名片给别人的话,那真的是太没有修养了。男士可以把名片或者名片夹放在西装的口袋内,女士可放在自己的手提包内。

2. 接受名片的礼仪

(1) 起身迎接,用双手接下,表示谢意,回应对方的客套话,并回敬对方名片。

(2) 如果没有带名片,可以告诉对方名片用完了或者名片没有带。

(3) 接过名片一定要看。了解对方的确切身份,表示重视对方;记住对方姓名、头衔等主要信息。在接过名片时,默念或者读出声来,特别是对方有很重要的头衔时可以赞赏一番。

(4) 名片要现场收藏。可以放在名片包、上衣口袋、办公桌抽屉里。不要放办公桌上,不要扔掉,或者给其他人。

职场故事 2-9

苏岩大学毕业后不久,应聘到一家计算机软件公司做销售助理。一天,一位客人来到公司销售部,想订购一套财务管理软件。恰巧那天公司的其他销售人员都不在,于是苏岩便接待了这位客人。一见面,对方双手递上名片,说:"这是我的名片,我来贵公司的目的,是想了解一下你们的那套财务管理软件,如果可行,我公司想购买一套。"苏岩漫不经心地伸出左手,接过对方的名片,扫也没扫一眼,便顺手揣进自己的裤兜里。客人见状,脸上的笑容收敛了不少。接着,令客户更加诧异的是,苏岩从另外一个裤兜里掏出一把杂物,从中挑出自己的名片,用食指和中指夹着,递给客人,说:"我也给你一张名片,需要购买的话可直接找我。"苏岩的举动让客户颇为不满。接过苏岩的名片,客户看了看说:"小伙子,我还是等你成为一个合格的销售员后再来找你吧。"就这样,客户头也不回地离开了公司。

在工作场合,需要职场新人掌握的礼仪知识还有很多,如服饰礼仪、商务乘车座次礼仪、迎宾礼仪、宴会礼仪等。高校毕业生应根据岗位性质和工作需要,自行学习掌握,并积极用于实际工作。

第二单元 强化综合素质

◇ 问题导学

1. 为什么说"今天不爱岗,明天就下岗;今天不敬业,明天就失业"?
2. 为什么说"工作态度决定工作成败"?
3. 当代大学生该如何培养良好的职业意识和职业精神?

案 例 导 入

某广告公司的三位文案策划人各自接到了为一家房地产公司新开楼盘策划广告文案的任务。他们分别开始收集信息、寻找灵感,以求得到最好的创意。

第一位文案策划人在收集信息时就感到不耐烦了,"这个楼盘的相关信息既烦琐又细碎,我估计仅收集信息就要花费大量时间,与其把时间都花在收集和整理信息上,还不如先休息几天,凭借我的聪明才智没准一不小心就能找到灵感呢。再说了,文案设计得再好,我也不能从房地产公司那里得到更多的好处,广告公司老板也不会多付给我一分钱工资,因此,这件事根本就不值得我费那么大的力气"。于是,他好好地休息了几天之后,就草草地策划了一份楼盘广告文案应付了事。他策划的这份文案读起来索然无味,完全是在堆砌辞藻,文案本身也不具备创新性和审美性。这样的文案显然没有任何利用价值,更不要奢望会被房地产公司选中了,广告公司老板看完之后随手扔到了废纸篓中。

第二位文案策划人收集了几天信息之后也感到无聊了,他觉得自己的工作实在是太枯燥了,几乎所有的灵感都在收集信息的过程中跑得无影无踪。最后他挖空心思也没拿出一个好的创意,不过他还是想:"我既然拿了老板的工资,就有责任把这个文案弄出来。"于是,他强迫自己收集和整理一些相关的重要信息。在他的努力下,文案终于策划好了,这个文案很真实地反映出了楼盘的重要特征,但是最后看起来总让人觉得缺少一点什么。

第三位文案策划人从接受任务那天起就开始通过各种途径收集有关这个楼盘的信息,而且他还从图书馆借了几本最新的有关房地产广告文案的书,并主动向同事朋友学习。通过认真的学习,凭借自己丰厚的知识积累,他很快就找到了策划这一文案的灵感,并马上把这种灵感用自己的文字表现出来,抓紧时间对其进行润色和加工。最后,他送到广告公司老板手上的是一份颇具创意和吸引力,并且也不失格调的策划方案,房地产公司对这份文案也感到相当满意,当即决定采用这份文案。

到了年底,广告公司辞退了第一位文案策划人,留下了另外两位,不过第二位文案策划人的工资水平和各种福利待遇都与第三位有着明显的差距。

五年以后,第一位文案策划人彻底失业了,没有一家公司愿意聘用他;第二位文案策划人仍然艰难地维持着一家人十分节俭的生活;而第三位文案策划人却成了全市著名的策划大师,他策划的文案形象生动、深入人心,为聘用他的公司创造了巨大的利润。

由此可见,作为一个从业者,以高度负责的精神,积极投入工作,爱岗敬业是多么的重要。具备正确的职业意识既是职业岗位的要求,也是个人职业发展成功的保证。

一、职业意识

(一)职业意识的定义与意义

职业意识是从业者在特定的社会条件和职业环境影响下形成的,对所从事的职业劳动的认识、评价、情感和态度等心理成分的综合反映。作为职业相关的心理活动,职业意识是自我意识在职业领域的表现,反映的是一个人对于职业的根本看法和态度,同时,也自然地体现在自我行为的规范、进取心和工作信条上。职业意识的内容包括职业认识、职业情感、职业意志、职业行为等。

职业意识支配和调控着一个人的职业行为和职业活动。良好的职业意识是从业者的根本素质,是合格职业人的必备条件。从业者拥有良好的职业意识,就能够在本职岗位上踏踏实实地做好工作,可以最大限度地激发人的活力和创造力,不仅能成为优秀的员工,而且能成就卓越的企业。大学生正处在由学生向职业人过渡的阶段,其职业意识的培养影响着现在的职业准备、未来的职业选择和职业发展,因此具有十分重要的意义。

1. 良好的职业意识有利于提升职业素质

良好的岗位责任意识、服务意识、团队意识、质量意识、诚信意识等职业意识早已成为用人单位选人、用人的标准。大学生处于职业准备阶段,职业意识影响职业目标的确定、职业能力和职业素质的培养,即影响职业准备。职业的准备期,需要培养职业意识,进而明确职业方向,强化职业素质和能力,提高职业竞争力。大学生应该在职业意识认知与培养的基础上确定职业方向,进行职业生涯规划,有针对性地提高素质与能力,为职业发展奠定基础。

2. 良好的职业意识有利于促进职业发展

职业发展是个人生涯发展的重要组成部分。影响职业发展的因素很多,其中,职业意识具有导向和调节作用,对个人职业发展影响极大。良好的职业意识,正确的职业认知,积极的职业情感,坚强的职业意志,良好的职业行为,将推进从业者职业生涯的顺利发展。

3. 良好的职业意识有利于实现人生价值

职业是实现人生价值的舞台,一个人的人生价值主要是通过职业活动来实现的。在职业活动中,一个人能否实现人生价值,与其才能、兴趣、爱好、志向和职业价值观等因素密切相关。良好的职业意识能促使从业者展示出高昂的工作热情,从而铸就辉煌的人生。

虽然每个行业对从业者的要求不同,其职业意识的具体表现也不同,但都有相通之处。职业意识包括两个不可分割的方面:一是对自己现状的认识,二是对职业的期望。在改革开放特别是市场经济的大环境下,各行各业越来越重视培养从业者的职业意识。对即将走上社会的大学生来说,树立良好的职业意识尤为重要,它与每个人的前途息息相关。

大学毕业生要想成为对社会有用的人才,关键要具备两点:一是具备一定的职业能力;二是具有良好的职业意识。只具备职业能力但缺乏良好职业意识的人,对单位来说是无用之才。只有具备良好的职业意识,保持积极的态度,敬业的精神,诚信的品格,加上个人的职业能力,才能成为单位所需的人才。因此,大学生如果想有更好的职业发展,就必须培养自己正确的职业意识。

课堂活动 2-5

分组讨论

大雨倾盆,众多乘客在公交站台候车,站台前有一滩 2 米宽的积水。第一种公交车司机把车停在离站台 1.5 米远的地方,乘客根本无法一步跨越,只好涉水而过。第二种公交车司机则快速驾车驶进站台,溅起的泥水弄脏了乘客衣服。面对突然袭击,乘客纷纷躲避,站台大乱。第三种公交车司机则小心翼翼地将车停在乘客抬脚即可登车的地方,方便乘客上车。

讨论:

① 如果你是候车乘客,希望等来的是第几种司机?

② 当我们是顾客时,都希望得到最好的服务。而我们在服务客户时,有没有像第三种司机一样,设身处地地为我们的客户着想呢?

③ 你觉得前两种公交车司机在履行岗位职责时缺少了什么?

职场故事 2-10

有时候,在我们的生活或者工作中,一个小小的、无意识的举动,便能改变命运。

小李是武汉某学院工程造价专业即将毕业的学生。两周前,沿海多家企业组成一个招聘团来武汉招聘应届高校毕业生,小李带着个人简历也去应聘。招聘场面异常火爆,简直就是人山人海。小李选中了一家幕墙装饰公司,准备投简历。然而,数十人在招聘台前挤得密不透风,求职心切的学生们争先恐后地将自己的简历往前递,现场秩序一片混乱。

遇到这样的情况,我们应该如何做?一起来看看小李是怎么做的。

小李实在看不下去了,于是扯着嗓门大声对学生们喊:"大家不要再往前挤了,排队好吗?"一连喊了好几声,混乱的局面才有所改变,学生们开始按顺序递交材料。小李在排队等候时发现,这家公司的要求很高,很多学生都只能得到招聘者一句冷冰冰的话,小李不免也有些紧张。然而,当小李将简历递上去时,招聘者只问了一句:"你是学工程造价的吗?"然后便告诉小李,如果他愿意,马上就可以预约面试。小李惊诧不已,半晌才明白过来,原来是自己刚才主动维持秩序的举动打动了招聘者的心。

(二)职业意识的内涵

职业意识的内涵很丰富,主要包括以下几个方面。

1. 规范意识

规范意识,就是按照规章制度和不成文的习惯性规定,自觉履行岗位职责,规范自身行为的意识。"没有规矩,不成方圆。"在现实生活中,"按规则办事"已成为人们工作和日常生活的行为准则,只有善用规则的人,才能办成事。

随着市场经济的发展,现代生产社会化的程度越来越高,分工越来越细致,这使参加社会化生产的人也越来越多。在如此庞大的生产规模下,如果没有严格的纪律约束,就很难对生产进行组织、管理和协调,而任何违反纪律的行为都将影响全局。

规范意识是求职者必备的职业素质,也是一种重要的职业意识。近年来,大学生行为失范现象严重,已引起社会的广泛关注。对某些大学生来说,旷课、迟到、考试作弊、作业抄袭习以为常;上课玩手机、在公共场合大声喧哗见怪不怪;个人仪表很是讲究,宿舍脏乱却不主动打扫整理;满口污言秽语,不以为耻,反以为荣。大学生的规范意识急需强化。可以说,社会变革的冲击、对外开放的影响、独生子女的娇生惯养以及学校思想政治工作薄弱,是导致大学生规范意识淡薄的主要原因。大学生迫切需要强化法制意识、道德规范意识、校规校纪意识与职业规范意识。

职业生活领域同公共生活领域一样,都是社会生活的重要方面,必须遵守相应的道德和法律。大学生从一进校起,便面临着就业的人生课题。因此,在校期间,应该有目的、有计划地学习职业生活领域相关的职业道德与法律知识,提高自身的职业规范意识,从容应对人生的挑战。

2-6 微课:工作有规范

2. 责任意识

责任意识是自觉履行岗位职责,按照要求认真落实各项任务的意识。一个有责任意识的人能做到认真履行承诺,坚持高效率完成工作,做事积极主动,恪守道德规范。责任是一种能力,又远胜于能力;责任是一种精神,更是一种品格。负责任的人,即使是面对自己不喜欢的工作,也能毫无怨言地承担,并认认真真地做好。

职场故事 2-11

大连公交 702 路 422 号双层巴士司机黄志全在行车途中突发心脏病。生命的最后一分钟他做了三件事。第一件事,将车缓缓停在路边,并拉起了手动刹车闸;第二件事,用尽全身力气将车门打开,让乘客全部安全下车;第三件事,将发动机熄火,确保车辆和乘客的安全。

做完这三件事后,他趴在方向盘上停止了呼吸。直到这时,死神才卸下了他肩头的责任。

他只是一名平凡的公交司机,却用生命告诉了我们:一个人应该怎样承担起职业所赋予的责任!

责任无处不在,存在于每一个职业角色中。"责"就是要求做成某件事或行事达到一定标准;"任"就是担当、承受的意识。《现代汉语词典》(第7版)中对"责任"的解释为:一是指"分内应做的事";二是指"没有做好分内应做的事,因而应当承担的过失"。一个人要承担应当承担的任务,做好应当做好的工作,完成应当完成的使命,否则造成不应有的损失,就必然要承担相应的过错,甚至受到相应的处罚。

职责是责任的重要表现形式。所谓职责,就是特定的职业或职务所应当承担的责任,它一般包括工作内容与范围,工作要求和标准。职业与责任都是社会分工的产物,不同的职业承担着不同的社会责任,不同的工作岗位担负着不同的工作任务。可以说:天底下没有不承担责任的职业。每个人不论职位高低,都担负着一定的职责。就一名员工而言,能尽心尽力做好"分内应该做的事",称之为"尽责",若"没有做好分内应做的事",就要被"问责"。"在其位,谋其政",我们每个人都不能只求职位而漠视职责,否则前途堪忧,毫无出路。愿意担当、敢于担当,而且善于担当,才有可能获得实现自我价值的平台,才能够赢得别人的尊重。

2-7 微课:岗位有责任

职场故事 2-12

四川省木里藏族自治县邮政局马班邮路乡邮投递员王顺友,1985年参加工作,一直从事乡邮投递工作,负责木里县城至白雕乡、三角垭、倮波乡以及木里县城至卡乡的邮件投递工作。孤独是王顺友的一种生活常态,每送一次邮件需要半个月,在这段时间里,自己跟自己的歌声打交道,跟身边陪伴他的马打交道,这种"孤独",是让人尊敬的。20年,每年至少330天,在苍凉孤寂的深山峡谷里踽踽独行;20年,步行26万千米,足可重走长征路21回,环绕地球6圈半;20年,没延误一个班期,没丢失一封邮件,投递准确率100%。王顺友朴实得像一块石头。一个人,一匹马,成就一段世界邮政史上的传奇。他过滩涉水,越岭翻山,用一个人的长征传邮万里,用20年的跋涉飞雪传信,路的尽头还有路,山的那边还是山,近邻尚得百里远。"世上最亲邮递员"王顺友没有豪言壮语,正是在这样平凡的工作中,表现出他强烈的责任心。

3. 服务意识

服务是能够满足他人某种需求的特殊礼遇行为。《现代汉语词典》(第7版)对"服务"的解释是"为集体(或别人)的利益或为某种事业而工作"。也有专家给"服务"下定义:"服务就是满足别人期望和需求的行动、过程及结果。"前者的解释抓住了"服务"的两个关键点:一是服务的对象;二是说清了服务本身是一种工作,需要动手动脑去做。后者的解释则抓住了服务的本质内涵。

人在社会中生活,就是处于一个大的社会系统中,需要相互依存、相互服务。服务意识是对职业人的基本素质要求。只有提高对服务的认识,增强服务的意识,激发起服务人员在服务过程中的主观能动性,做好服务才有思想基础。从业者只有具备了强烈的服务意识,才能把工作当作快乐的事情。

小贴士 2-2
服务十要点

从事服务工作谨记以下十个要点:① 礼节多一点;② 动作快一点;③ 脑筋活一点;④ 做事勤一点;⑤ 微笑甜一点;⑥ 效率高一点;⑦ 声音轻一点;⑧ 话语甜一点;⑨ 肚量大一点;⑩ 争执让一点。

服务意识有强烈与淡漠之分,有主动与被动之分。具有强烈的展现个人才华、体现人生价值的观念,就会有强烈的服务意识;有了以公司为家、热爱集体、无私奉献的风格和精神,就会有强烈的服务意识。服务意识应该是发自服务人员内心的,应成为服务人员的一种本能和习惯。服务意识是可以通过培养、教育、训练形成的。培养服务意识,主要应从以下三个方面入手。

(1) 对工作满怀热情,发自内心地为他人服务。真正的服务意识应该是在排除了遵守规章制度、满足考核标准和提高薪水三个目的之后,完全发自内心地自觉为客人服务的心理取向。由这种意识支配的服务,才是真正的服务。

(2) 提高自己为他人服务的职业技能。工作流程应该牢记在头脑中,并且熟练地引导客户操作。只有熟练掌握,节省服务时间,提高效率,才能让客户体验到快捷高效的服务。

(3) 掌握服务沟通技巧,尊重他人。服务需要热情、耐心和细心,沟通应当注意说话的语气和方式,不能信口雌黄、口无遮拦,做到三不谈(时间不恰当不谈、气氛不恰当不谈、对象不恰当不谈);充分关注对方需要,发自内心尊重对方,充分体谅他人的行为,做到不批评、不责备、不抱怨、不攻击、不说教,真心接纳对方,善于询问与倾听,有时还需要说声对不起,我错了。

拓展阅读 2-2
沃尔玛公司对员工的服务要求

沃尔玛公司的《员工手册》对员工的服务要求,提出树立"顾客永远是正确的"观念,并要求员工必须以使顾客满意的方式解决问题。相关具体要求如下:

(1) 克制自己,避免因感情影响工作,措辞上要谨慎,要用缓和的速度来说话,争取思考时间。

(2) 牢记自己代表的是企业形象,绝不能抱着"不关我事"的态度。

(3) 处理顾客的抱怨时不要拖延,而且处理抱怨的行动也要让顾客能明显地感觉到你的努力,以止息顾客的愤怒。

(4) 向顾客道歉时要有诚意,绝不能口是心非,应该发自内心地关心顾客的需要。

(5) 对顾客的抱怨要以婉转的语气,心平气和地加以解释,如果没必要解释的,以不说为宜。

4. 团队意识

团队意识，简单来说就是大局意识、协作精神和服务精神的集中体现，基础是尊重个人的兴趣和成就，核心是协同合作，最高境界是全体成员的向心力、凝聚力，反映的是个体利益和整体利益的统一，并进而保证组织的高效率运转。团队意识并不要求团队成员牺牲自我，相反，挥洒个性、表现特长，才能保证团队成员共同完成任务目标，而明确的协作意愿和协作方式，则能够产生真正的内心动力。

现代社会的很多工作都需要同事之间配合，实行团体作战。不善于与人交往的员工，不与人合作，不懂得合理利用别人的资源优势来完成工作，付出的努力和压力就要比其他人大得多。"一个好汉三个帮"，只有加入团队，精诚配合，个人的价值才能得到更好的显现；"一箭易折，十箭难断"，在工作中，只有融入集体，团结互助，个人的利益才能得到很好的维护；"三个臭皮匠，赛过诸葛亮"，只有密切合作，群策群力，个人的才智才能得到充分的发挥。优秀的员工总是具有强烈的团队合作意识。

近年来，越来越多的招聘广告中都有这么一条对应聘者的要求："善于与人沟通，有较强团队合作精神"或"具有团队合作意识，能够承受较大工作压力"等。无论招聘何种岗位的员工，"具备团队合作精神"成了一条通用的标准。现代的职场比起以往任何时候更需要协作精神，资源共享、信息共享才能够创造出高质量的产品和服务。特别是团队成员之间，每一个成员都具有自己独特的一面，取长补短、互相合作所产生的合力，要大于两个成员的力量总和，这就是"1+1＞2"的道理。

微软公司在美国以特殊的团队精神著称。像 Windows 2000 这样的产品的研发，微软公司有超过 3 000 名开发工程师和测试人员参与，写出了 5 000 万行代码。没有高度统一的团队精神，没有全部参与者的默契与分工合作，这项工程是根本不可能完成的。

在社会分工越来越细的今天，高校学生必须适应时代的发展要求，努力培养自己的团队意识。团队意识的培养需要从以下几个方面努力。

(1) 培养良好的表达与沟通能力。表达与沟通能力非常重要，一个人无论做出了多么优秀的工作，如果不会表达，不能让更多的人去理解和分享，那就几乎等于白做。因此，在大学阶段，大学生一定要积极锻炼自己的表达能力，掌握与人交流和沟通的艺术。

(2) 培养积极主动的做事风格。每个人都有成功的渴望，但是成功不是等来的，而是靠努力做出来的。任何一个单位都不喜欢只知道听从安排的人，从业者不应该被动地等待别人告诉自己应该做什么，而应该主动去了解社会、岗位需要我们做什么，自己想要做什么，然后进行周密规划，并全力以赴地去完成。

(3) 培养爱岗敬业的优良品质。几乎所有的团队都要求成员具有爱岗敬业的品质。有了敬业精神，才能把团队的事情当成自己的事情，发挥自己的聪明才智，为实现团队的目标而努力。

(4) 培养宽容的品格与合作意识。在这个人人需要合作的时代，一个人的价值只有在集体中才能得到体现。团队中的人各有各的长处和不足,关键是以怎样的态度去看待他人。每个人都需要在平凡之中发现对方的优势,而不是挑毛病。

(5)培养全局观念。团队精神不反对张扬个性,但个性必须与团队的行动一致,考虑团队的需要。全局观念要求团队成员互相帮助,互相关照,互相配合,为团队目标而共同努力。

(6)培养奉献精神。每一位团队成员,都不要先问团队能为自己做什么,应该先问一问自己能为团队做些什么。先想着奉献,再考虑索取。

5. 质量意识

质量意识,顾名思义,是指以质量为核心内容,自觉保证工作质量的意识。保证工作质量就是要按时、优质地完成工作。只有优质的工作才能使个人和团队更有竞争力。

电冰箱紧俏的1985年,张瑞敏带头将76台有质量缺陷的海尔冰箱全部砸烂。如今,在海尔科技馆里面,那把"闻名遐迩"的大铁锤,仍向人们诉说着质量与品牌的故事。在叮叮当当的锤声中,在全厂工人痛心的目光里,张瑞敏把质量意识这一全新的观念深深地敲入了海尔人的心中,没有卓越的质量,就没有海尔的前途。

质量是指产品或工作的优劣程度。质量是企业的生命。讲究质量,就是要树立质量第一的观念,严把质量关。坚持质量第一,就是在工作中不惜投入更多的精力,善于发现和创造新的机会,提前预计到事情发生的可能性,并有计划地采取行动,提高工作绩效,避免问题的发生,以创造新的机遇。质量意识是企业生存和发展的思想基础。有强烈质量意识的员工,不是被动地接受对工作质量的要求,而是不断地关注工作质量,提出改进意见,促进工作质量的提升。

有不少人做事常常抱着"差不多"的心理,在工作中不思进取,马马虎虎,不求质量,得过且过,懒于解决存在的问题,不设法消除隐患,总觉得凡事"差不多"就行。白话寓言作品《差不多先生传》,形象地描绘了这种心理。

在职场上,"差不多"的心态是必须杜绝的,如果每个人都是"差不多""凑合事",缺乏质量意识,企业难以发展,社会难以进步,个人也无法获得长远发展,甚至还会酿成重大事故,抱憾终身。

每个人都拥有自己难以估量的潜能,如果抱着万事"差不多就行"的心态,就会辜负自己的潜能。坚持质量第一,以"完美主义"的态度投入工作,才能将自己潜在的聪明才智最大限度地发挥出来。

无论从事什么样的职业,人人都应该尽职尽责地对待。因此,请务必"打倒差不多先生。"

6. 诚信意识

作为中华民族的传统美德,诚实守信是为人处世的基本准则,也是人们在职业活动中处理人与人之间关系的道德准则。

课堂活动 2-6

测一测你的诚信度有多高

以下问题是对你的诚信度所做的一个简单测试,请如实答,并把选项填在括号内。

1. 假如说谎能给你带来好处,你会不会说谎? （ ）

A. 会 B. 不会 C. 看具体情况

2. 考试时,如果很多同学都作弊,而你也担心不及格,你会怎么办? (　　)

A. 坚决不作弊 B. 和其他同学一样作弊 C. 看具体情况

3. 如果你对别人作出了承诺,而你发现这个承诺执行起来会很艰难,而且会损失自己的时间和利益,你会怎么办? (　　)

A. 坚守承诺 B. 为了自己的利益而放弃 C. 看情况

4. 如果你答应了替同学保守秘密,但老师让你把秘密说出来,你会怎么办? (　　)

A. 坚决不说 B. 老师让说就说吧 C. 看事情的重要性

5. 乘坐火车卧铺时,你早上起来发现自己的鞋不见了,而你又着急下车,你会趁人不备,把别人的鞋穿走吗? (　　)

A. 会 B. 不会 C. 不好说

6. 和你一起参加某项比赛的对手向你索取参考资料,你会不会提供给他? (　　)

A. 会 B. 不会 C. 提供部分资料

7. 你在还有一门课补考通过后才能获得毕业证书的情况下,会不会作弊? (　　)

A. 会 B. 不会 C. 看情况

8. 你是一位 SIM 卡用户,当你透支 SIM 卡 50 元时,你会 (　　)

A. 充值,继续使用该卡号 B. 丢掉,重新换卡 C. 看具体情况

9. 如果你在大学英语 A、B 级考试前碰巧看到了网上泄露的考题,你会 (　　)

A. 不理不睬

B. 事先做好,考场照抄

C. 向有关教育主管部门反映

10. 你是一班之长,做考勤时你会 (　　)

A. 认真负责,每一个人都严格记录

B. 敷衍了事,不能得罪同学

C. 看情况

11. 你参加了英语四级考试,在考试成绩公布前去参加招聘会,某单位看中了你,但要求英语必须过四级,你会 (　　)

A. 如实相告 B. 支吾过去 C. 编造谎言

12. 当你犯了错误,老师却因此冤枉了你的同学时,你是 (　　)

A. 窃喜,有人代己受过

B. 忐忑不安,很想找老师说明情况

C. 主动承担责任

13. 对缺乏诚信之人,你会 (　　)

A. 不与之交往

B. 内心鄙视他,表面应付他

C. 如果有利可图,就和他交往

14. 在金钱、容貌、才学、诚信中,如果只有一项可供选择,你会选择 (　　)

A. 才学 B. 诚信 C. 其他

15. 回顾上面你选的选项,你能确信自己是诚信答题的吗? (　　)

A. 是
B. 随意做,凭感觉
C. 经过思考,在某方面有掩饰

每题对应的分值见表2-2。

表2-2 诚信度测试评分标准表

题　号	选项A计分	选项B计分	选项C计分
1	1分	3分	2分
2	3分	0分	2分
3	3分	1分	2分
4	2分	1分	3分
5	0分	3分	2分
6	3分	1分	2分
7	0分	3分	1分
8	3分	0分	1分
9	2分	1分	3分
10	3分	0分	2分
11	3分	2分	0分
12	0分	2分	3分
13	3分	1分	0分
14	2分	3分	1分
15	3分	1分	2分

参考标准:15分以下,诚信度较低;15~30分,诚信度一般;30分以上,诚信度较高。
(资料来源:刘兰明.职业基本素养教程[M].大连:大连理工大学出版社,2011)

诚信危机正在侵蚀一代学子的心灵,同时也对社会造成了严重的危害:① 助学贷款逾期不还,增加了银行贷款的风险;② 考试作弊获得虚假成绩,违反了公平竞争原则;③ 不诚信行为降低了大学生和整个社会的道德水平;④ 不诚信行为导致大学生丧失大量的求职、就业和晋升机会。

俗话说得好:"百年言论,千年诚信。"这个世界上并不缺乏有能力的人,但既有能力又很忠诚的人才是用人单位需要的最理想的人才。有的大学生进入单位之后,总是抱怨事情太多,工资太少,老板太苛刻,于是便有意无意占单位的便宜,甚至泄露公司的商业机密,这无论对己对公都是极其不利的。忠诚、敬业是每个从业者必备的职业道德和基本品质,绝不能"站在别人的屋檐下,拿着别人给的饭碗却砸人家的锅"。当代大学生应该提高诚信意识,坚持诚实守信。在制度上,遵章守纪,照章办事;在人格上,信守诺言,恪守合同。待人以诚,待物以信,和谐相处,提高公德水平,努力做一名新时期的优秀大学生和诚信公民。

职场故事 2-13

某大公司招聘总经理助理，由总经理亲自面试。应聘者李峰第一个来到总经理办公室。总经理一见到李峰就说："咱们好像在一次研讨会上见过，我还读过你发表的文章，很欣赏你所提出的关于拓展市场的观点。"李峰一愣，知道总经理认错人了，但接下来一想，总经理既然对那个人那么有好感，不如将错就错，对我肯定有好处。于是，就接着总经理的话说："对，对。我对那次研讨会也记忆犹新，我的观点能对贵公司有所帮助，我感到非常高兴。"

第二个来应聘的是小高。他一进总经理办公室，总经理也对他说了同样的话。小高想："真是天助我也，这家伙认错人了。"于是，就说："我对您也非常敬佩，您在那次会上是最受关注的对象。"

第三个来应聘的是小孙，总经理再次说了同样的话。小孙一听就站起来说："先生，对不起，您认错人了，我从来就没有参加过那样的研讨会，也没提出什么关于拓展市场的观点。"

总经理一听就笑了，说："小伙子，请坐下，我要招的就是你这样的人，你被录用了。"

对于即将走出校门、进入职场的高校学生来说，培养良好的职业意识是非常必要的。大学期间，就应积极参加顶岗实习、实训等实践环节，积极参加社团、社交和第二课堂活动，用从业者的眼光来观察社会职业岗位，进而学会做人，学会做事，学会求知，学会共处，使自己的综合素质和职业能力得到了大幅度的提升，以便尽早进入职业角色，不断认识、感悟、形成、强化职业意识，为做一个合格的职业人奠定坚实的基础。

拓展阅读 2-3

你无法把香蕉皮骂进垃圾桶

大学阶梯教室里，一场演讲报告会即将开始。主讲人是蜚声海内外的知名教授，海报两天前就贴出去了，反应异常热烈，同学们纷纷赶到现场，要一睹教授的风采。离开讲还有十分钟，学生们纷纷进入会场中，在他们跨进会场的一瞬间，不约而同地发现脚下有一块香蕉皮，在抬腿避开时，都不忘埋怨两句："是谁这么缺德？一点儿公共意识都没有！""组织者是怎么搞的？""现在的人，什么素质？"大家叽里咕噜抱怨着跨过那块香蕉皮，坐到自己的位置上，静等着教授的光临。

几分钟后，教授准时到达。他也发现地上的香蕉皮，扶扶眼镜上前仔细端详。教室里顿时静了下来，大家都伸长脖子，看教授的一举一动。教授看清楚脚下是一块香蕉皮，勃然大怒，指着它大声说："你怎么可以待在这个地方呢？你应该是在垃圾桶里睡觉！怎么这么没有公德心、没有环保意识，要是有人踩到你摔伤怎么办？你太不像话了！"愤怒让他的眼镜在鼻梁上跳动着，听众席上顿时传来一阵阵笑声。教授没理会，对着香蕉皮继续发火。

听众席上，有学生不耐烦了，大声说："算了吧！教授，别费力气了，你不可能把香蕉皮骂进垃圾桶的！"教授听了，突然转过头来，满脸红光地笑了，并伸手把香蕉皮捡起来，放进讲台旁的垃圾桶里，用纸巾擦擦手说："刚才那位同学说什么？能再说说吗？"教室里顿时静了下来，没人说话。

教授说："我听见了，你不能把香蕉皮骂进垃圾桶的！这就是我今天晚上演讲的题目！"这时，墙上的大屏幕上开始播放同学们刚才入场时的镜头，同学们千姿百态地跨越香蕉皮，版本各异的埋怨声也清晰地传了出来。大家最初哄笑着，慢慢变得鸦雀无声。

教授说："这是我特意安排的一个环节，我想给大家讲的道理，其实你们已明白并喊了出来。但对你们来说，明白道理是一回事，而用道理指导自己的行为，却又是另外一回事！我相信，在座的几百名同学，没有一个人不懂得香蕉皮是骂不进垃圾桶的，但大家缺乏'动一动手，以举手之劳去改变现状'的行为。这就如同许多人感觉社会冷漠，而又吝于付出一个笑脸；埋怨环境污染，却又不愿意捡一片垃圾；咒骂腐败和贪污，遇事却本能地去托关系走后门；感叹道德水平下降，却又不愿意身体力行地去做任何一件善事……几乎所有的人都在埋怨和咒骂，几乎所有人都不愿意身体力行去做事。责任永远在别人身上，而自己永远都是受害者！这些做法与心态，无限放大了消极面，使人看见的都是绝望。"

事实上，并非如我们所想的那样，社会的每一点进步，都是需要人们用行动去构建的，如果我不乱扔垃圾，这个世界就少了一个污染源；如果我将身边的垃圾清理掉，世界就干净了一分；如果我的行为感化并带动了一个人，那么世界上又干净了一分。记住，垃圾不会被骂进垃圾桶，你得行动！从现在开始！

教授的演讲结束了，会场里响起声音宏大但情绪极其复杂的掌声。中国需要正能量，空谈误国，实干兴邦，举手之劳，让更多人受益！

（资料来源：http://wuxizazhi.cnki.net/Search/KWYD201016024.html）

二、职业精神

职业精神是一个职业人与职业活动相关的、具有职业特征的精神，是一种稳定、持续、成熟的充满职业尊严感、使命感和高度责任感的职业价值观和工作态度，是人们在职业生活中能动地表现自己专业技能和创新潜能的精神动力。说到底职业精神是从业者的精神状态是其世界观、人生观、价值观在职业活动中的内在体现，也是职业人在长期思想修炼和职业实践中表现出来的行为特征和思想成果，并逐步升华为一种高品位的职业风范和职业境界。职业精神是从业者职业素质的基本表现，也是其做好本职工作的最直接的精神动力。

（一）职业精神的特征

1. 职业差异性

从事不同职业的人们，所承担的社会功能不同，决定了其职业精神的具体要求也不相同。当然，无论从事哪个职业，对职业人精神层面的共同要求，依然是具备对自己所从事职业的忠诚、敬畏、勤奋，是积极向上的精神状态和气质品质。

2. 个体差异性

职业精神不是职业人与生俱来的，而是不断通过在学习和体验的过程中总结出来的。即使在同一环境下从事同一工作，不同的职业人在具体职业活动中所表现的职业精神不同，所取得的工作成效和职业影响力也不尽相同。

3. 可操作性

职业精神表达形式比较具体、灵活、多样。各种不同职业对于从业者的精神要求总是从本职业的活动及其交往的内容和方式出发,适应于本职业活动的客观环境和具体条件。因而,它不仅有原则性的要求,而且往往很具体、有可操作性。如教师的职业精神表现为为人师表、德高身正、热爱教育、关爱学生等;厨师的职业精神表现为安全上心、态度良好、精工细作等;医生的职业精神表现为"敬佑生命、救死扶伤、甘于奉献、大爱无疆"等。

4. 导向性

职业精神与职业生活相结合,具有较强的稳定性和连续性,形成具有导向性的职业心理和职业习惯,以致在很大程度上改善着从业者在社会和家庭生活中所形成的品行,影响着主体的精神风貌。

(二) 职业精神的基本要素

职业精神就是忠于自己的工作,忠于自己服务的单位,立足自己奋斗的信念,基本内涵是忠于职守,尽心尽职和精益求精。它包括职业理想、职业态度、职业责任、职业技能、职业信誉和职业纪律等诸多要素,概括起来主要表现为职业理想、职业态度和职业纪律。

1. 职业理想

职业理想是职业精神的内在灵魂,是从业者不同层次择业动机的最终统一。择业动机通常包括三个层面:即维持生活、专研技能和创造贡献。从业者在不同的从业阶段存在不同层次的择业动机。维持生活是从业者生存的需要,专研技能是超越自我的职业信念,创造贡献是服务社会的价值观。三者可以是各自独立的,不同的从业者可以有不同的择业动机,维持生活是从业者首要的动机,专研技能是维持生活的保障,创造贡献是专研技能结果。从业者择业动机的三个层面相互区别构成了不同的择业动机,三者又相互联系构成了统一的职业理想。

社会主义职业精神所提倡的职业理想,主张各行各业的从业者,放眼社会利益,努力做好本职工作,全心全意为人民服务、为社会主义服务。

2. 职业态度

职业态度是从业者从事职业活动的行为心理倾向,它是职业精神的外在表现。良好的职业态度能使从业者自觉地按照职业活动要求去履行义务,宁愿做出自我牺牲也不愿违背职业良心,做出可耻、毁誉和损害职业道德、社会公德的事情。正确的职业态度能够促使从业者自觉地履行职业责任,从而获得良好的职业信誉。因此,树立正确的职业态度是从业者做好本职工作的前提。

3. 职业纪律

职业纪律是在特定的职业活动范围内从事某种职业的人们必须共同遵守的行为准则,它是职业精神形成的根本标志。职业纪律的内容一般是规范从业者工作态度、行为的策略准则,它的特点是主体的群体性、形成的长期性、表现的重复性、作用的普及性。作为保证工作结果的措施方法,职业纪律产生于从业者的个别群体;但是,它作为规范从业者工作态度、行为的策略准则,职业纪律却形成于整个职业群体,它作为行业的职业守则,则完全是社会、企业大力倡导的结果。职业理想、职业态度是形成职业纪律的前提基础,职业纪律是职业精神形成的标志。

社会主义职业纪律是从业者在利益、信念、目标基本一致的基础上所形成的高度自觉的新型纪律。从根本上说,社会主义职业纪律可以保障从业者的自由和人权,保障从业者发挥主动性和创造性。

(三) 职业精神的内涵

不同职业的具体职业精神存在着一定的差异。但就整体而言，所有职业的职业精神具有一定的共同特征。职业精神包含的内容十分广泛，就实践层面来看，主要表现为敬业、勤业、创业、立业四个方面。

1. 敬业

敬业是职业精神的首要实践内涵，即社会成员特别是从业者对适应社会发展需要的各类职业特别是自己所从事的职业的尊敬和热爱。敬业精神的本质就是奉献精神，就是尊敬并重视自己所从事的职业，把工作当成自己的事业去努力经营，本着认真负责、一丝不苟的工作态度，努力克服各种困难去完成自己的本职工作，做到善始善终。中华民族历来有"敬业乐群""忠于职守"的传统，敬业是中国人民的传统美德。敬业精神是一种基于热爱基础上的对工作、对事业全身心忘我投入的精神境界。具体地说，敬业精神就是在职业活动领域，树立主人翁责任感、事业心，追求崇高的职业理想；培养认真踏实、恪尽职守、精益求精的工作态度；力求干一行、爱一行、专一行，努力成为本行业的行家里手；摆脱单纯追求个人和小集团利益的狭隘眼界，具有积极向上的劳动态度和艰苦奋斗精神，保持高昂的工作热情和务实苦干精神。

2. 勤业

勤业就是要坚持一贯稳定的工作态度，勤勉工作，笃行不倦，脚踏实地，任劳任怨，勤奋努力做好本职工作。不敬业不行，不精业不行，不勤业更不行。古人云：业精于勤荒于嬉，行成于思毁于随。从业者不仅要强化职业责任，端正职业态度，还需要努力提高职业能力，要始终保持一种张弛有序的工作状态，保持一种昂扬向上的精神，做到腿勤、手勤和脑勤。唯有辛勤劳动不贪安逸的人，才能成就大事。毛泽东在《纪念白求恩》一文中对"勤业"给予了充分的肯定和高度的评价。他指出"白求恩同志毫不利己专门利人的精神，表现在他对工作的极端的负责任，对同志对人民的极端的热忱。"白求恩同志"以医疗为职业，对技术精益求精，在整个八路军医务系统中，他的医术是很高明的。这对于一班见异思迁的人，对于一班鄙薄技术工作以为不足道、以为无出路的人，也是一个极好的教训。"

3. 创业

创新是一个民族的灵魂，是一个国家兴旺发达的不竭动力。职业发展的动力在于创新，要不断有所发现，有所发明。因此，从业者应具有开创性的思想、观念、个性、意志、作风和品质，有梦想、有野心、有实干、有坚持。一个没有梦想、没有抱负的人，是不可能成为真正创业者的。创业之路，道阻且长，想成功，就得有坚定的信念和坚持的精神，敢为人先，不断进取，敢于冒险，懂得变通，敢于创新。

4. 立业

立业基本内涵就是建立事业，建功立业。要求从业者具有职业理想，确立职业目标，利用职业理想、职业目标的激励导向作用，激发自己的奋斗热情并指引其成才方向。立业要求从业者一要深入工作实际，精准聚焦的所思、所想、所求、所谋开展工作，切实将理论知识与工作实践紧密结合，力戒"花拳绣腿、蜻蜓点水"。二是真干，贡献青春力量，要"自找苦吃"，不忘初心、牢记使命，切凝聚起一往无前的力量，将工作热情、个人理想、家国情怀转化为实实在在的工作成效。

拓展阅读 2-4

新时代召唤工匠精神

工匠,是指在专门的职业活动中掌握较高的技术,并且抱有不断追求产品(服务)极致、完美的职业价值取向的专业人才。古往今来,工匠在社会的发展过程中都起着非常重要的作用,不仅为我们提供了各种生产和生活所需的必需品,而且他们的精神世世代代鼓舞着我们不断前行。"三百六十行,行行出状元"。我国的杰出工匠——鲁班,就精于木工,他创造了墨斗、刨子、钻子、锯子等工具,而至今日,中国的木器工艺,依旧世界领先。这就是工匠精神的无穷价值。

何为"工匠精神"?现在人们常说的"工匠精神",就是从业人员对自己的产品精雕细琢,精益求精,追求完美的精神理念。从广义上来说,它就是"从业人员的一种价值取向与行动表现,与其人生观和价值观紧密相连,是从业过程中对职业的态度和精神理念";是在生产过程中每一细节都给予重视的工作态度,体现出一种不惜用血汗塑造产品质量的崇高精神;是"从业者为追求产品、服务的高品质而具有的高度责任感、专注甚至痴迷、持之以恒、精益求精、勇于创新的精神"。

工匠精神是一种技能,是追求高超的工艺水平;工匠精神是一种品格,需要吃苦耐劳、坚韧不拔、不懈努力、永不言弃,不断刷新工作标准、工作质量,不断求得突破;工匠精神是让人的潜力得到不断激发,把职业转化为事业的过程;工匠精神是不断接受挑战,实现人生价值不断升华的过程。

工匠精神是时代精神的生动体现,折射着各行各业一线劳动者的精神风貌,为各个专业领域高质量发展不断注入精神动力。工匠精神不仅是一种价值观,而且是一种使命感、责任心,更是一种优秀的职业精神。

工匠精神的主要内容是:

(1)执着专注。专注就是内心笃定而着眼于细节的耐心、执着、坚持的精神,这是一切"大国工匠"所必须具备的精神特质。从中外实践经验来看,工匠精神都意味着一种执着,即一种几十年如一日的坚持与韧性。"术业有专攻",一旦选定行业,就一门心思扎根下去,心无旁骛,在一个细分产品上不断积累优势,在各自领域成为"领头羊"。我国早就有"艺痴者技必良"的说法,如《庄子》中记载的游刃有余的"庖丁解牛"、《核舟记》中记载的奇巧人王叔远等。工匠以工艺专长造物,在专业的不断精进与突破中演绎着"能人所不能"的精湛技艺。得心应手的技能、巧夺天工的技术和出神入化的技艺,正是来源于专注。工匠始于学徒、技工,应学会干实事、细事、小事。选择了某个行当,就应沉潜下来,不能心猿意马。要在一个领域精雕细琢、精耕细作,必须不忘初心、坚守理想,坐得了冷板凳,耐得住寂寞。

(2)精益求精。顾名思义,精益求精是指一件产品或一种工作,本来做得很好了,很不错了,但还不满足,还要做得更好,达到极致。正是因为不断精益求精,才能不断自我超越,工匠们练就了炉火纯青之技,成为行业"绝活"的创始人、传承者。"精益求精的品质精神"是"工匠精神"的核心。一个人之所以能够成为"工匠",就在于他对自己产品品质的追求,只有进行时,没有完成时,永远在路上;不惜花费大量的时间和精力,反复改进产品,努力把产品的品质从99%提升到99.9%,然后再提升到99.99%。对于"工匠"来说,产品的品质只有更好,没有最好。追求极致、精益求精,是获得各类"工匠"荣誉称号的工人的共同特点,这也是他们能身怀绝技,在国际、全国或省的各种技能大赛中摘金夺银的重要原因。

(3) 一丝不苟。工匠必须具有严谨的工作态度。不放过任何一个细节,不忽视任何一个细微之处,一丝不苟、倾注匠心,才能创造出巧夺天工的精品。每一项具体技术的研究开发与应用推广,往往都具有严格的规程和标准,来不得半点马虎将就,走捷径搞变通是行不通的。即使像拧螺丝这种简单技术,拧几圈回几圈以及施加多大扭矩都要遵守严格规定,否则就可能造成严重误差。

(4) 追求卓越,勇于创新。"天下大事,必作于细。""炮制虽繁必不敢省人工,品味虽贵必不敢减物力。""初心在方寸,咫尺在匠心"……工匠精神不是因循守旧、拘泥一格的"匠气",而是在坚守中追求突破、实现创新。不论是工业经济还是数字经济,不论是传统制造业还是新兴制造业,工匠精神始终是创新创业的重要精神源泉。在数字经济时代,技术的更新换代加快,技术生命周期呈现出新旧共性技术演绎创造性破坏的特征。正因此,弘扬工匠精神就要追求卓越、敢于创新,永不满足于现有水平,永不停滞在当前状态,而要向更高、更好、更精的方向努力。

在新时代大力弘扬工匠精神,对于推动经济高质量发展、实现"两个一百年"奋斗目标具有重要意义。中国创造需要培养更多高技能人才和大国工匠,更需要大力弘扬执着专注、精益求精、一丝不苟、追求卓越的工匠精神。新时代召唤工匠精神,亟需具有工匠精神的劳动者把新发展理念贯穿到每一个车间,把高质量发展体现于每一道工艺,从而汇聚起转型升级的强大动能,在新征程上奋勇前进。

第三单元　培养职业能力

◇ 问题导学

1. 为了打造就业核心竞争力,大学生应该提升哪些职业能力?
2. 为了实现自己的职业理想,该如何提升自己的职业能力?
3. 用人单位录用人才时,是如何对职业能力水平进行考核的?

案 例 导 入

小汪的求职故事

人才招聘会上,高职毕业生小汪忙着递交简历,还向招聘人员咨询:"请问,你们招聘的这个工作岗位是什么性质的?"

负责招聘的工作人员回答说:"主要从事产品设计的实物绘图,就是将研发人员设计的草图或设计思想,用三维图形表现出来,以便有关领导决策。"

小汪想了想,又看了看招聘人员使用的电脑问道:"请问您的电脑中有没有绘图软件?"招聘人员点了点头。

"能让我试试吗?"得到了招聘人员的肯定答复后,小汪开始在计算机上操作。思考片刻,他的头脑中呈现出在工厂实习时做过的某产品的三维图,于是一个完美的产品设计三维图很快就呈现在招聘人员面前。

招聘人员微笑着开始询问小汪的姓名、毕业学校、所学专业、实习情况。小汪递上了简历。招聘人员表示,欢迎小汪到他们的企业工作,并介绍了企业的业务前景、交通环境、人员结构、工资待遇等情况。小汪为自己受到赏识而高兴,并表示愿意在适当的时间到单位看看,如果双方满意,可以签订协议。于是双方留下各自的联系方式,有礼貌地道别。

不久,小汪就到这家公司正式上班了。

小汪之所以受到用人单位的欢迎,不仅是因为他具备了一定的专业素质,而且更重要的是他具有较强的职业能力。

一、职业能力概述

(一) 分类

职业能力是指顺利完成某种职业活动所必需的并影响活动效率的个体主观条件。不同类型的职业对从业者所要求的能力结构是不同的。职业能力是多种能力的综合,一般将其分为一般职业能力、专业能力和关键能力。

1. 一般职业能力

一般职业能力是指从事各种职业都必须具备的一般能力,主要包括一般的学习能力、语言文字运用能力、数字运用能力、空间判断能力、形体知觉能力、颜色分辨能力、手的灵巧度、手眼协调能力等。

2. 专业能力

专业能力是指从事某种特定的职业活动才需要运用到的专业知识和技能,很多时候也包括从事这一行业所获得的经验。如从事医生这一职业的人,需要具备医学专业知识和技能,这些能力是从事其他职业不需要具备的。在求职过程中,招聘方最关注的就是求职者是否具备胜任所应聘岗位的专业能力。

3. 关键能力

不管劳动者从事何种职业,都必须具备关键能力。关键能力也叫职业核心能力、基础技能、共同能力、软技能,它被广泛定义为一种普通的、可迁移的、对劳动者的未来发展起关键性作用的能力。它适用于各种职业,适应岗位的不断变换,是伴随人终生的可持续发展的能力。

作为人们职业生涯中除岗位专业能力之外的基本能力,关键能力与专业知识、技能无直接联系,它由与完成专业任务密切相关的职业方法能力和职业社会能力构成。

(1) 职业方法能力。这主要是指独立学习,获取新知识、新技能,处理信息的能力,包括自我学习、信息处理、数字应用等能力。

(2) 职业社会能力。一般是指与他人交往、合作、共同生活和工作的能力,包括与人交流、与人合作、解决问题、革新创新、运用外语等方面的能力。职业社会能力既是基本生存能力，又是基本发展能力，它是劳动者在职业活动中，特别是在一个开放的社会生活中必须具备的基本素质，这是胜任岗位工作和在工作中开拓进取的重要条件。

(二) 职业能力的意义

1. 具备相应的职业能力是顺利就业的重要保证

一个人具有某种职业能力，就能够顺利地完成某种职业岗位的工作任务，而且职业能力的大小决定着职业活动效率的高低。因此，职业能力是择业的基本参照和顺利就业的重要保证。用人单位不是学校和培训机构，职员也不是学员，在劳动力市场竞争激烈的今天，用人单位都很务实，要求所招聘的人员一上岗即能使用，甚至能独当一面。可见，具备相应的职业能力是大学生顺利就业的基本条件。

2. 具备相应的职业能力是胜任某种职业岗位的必要条件

任何一个工作岗位都有相应的岗位职责要求。一定的职业能力是胜任该岗位工作的必要条件。因此，求职者在进行择业时，首先要明确自己的职业能力的优势所在以及胜任某种工作的可能性。在基本确定自己的职业能力和发展的可能性的基础上，才能进行有效的职业选择。

总之，职业能力是所有高校毕业生求职就业必备的条件。无论从事什么行业，要想在该行业中站稳脚跟，做出一番成就，就必须具备相应的职业能力，并要以精益求精的态度不断提高自己的职业技能水平。职业能力水平对于员工在这个行业中的成长和发展具有关键作用。无论是普通职工，还是中、高级管理者，都要以这块敲门砖来打开通往成长道路的大门，任何人都无法脱离职业能力而空谈成长。

二、大学毕业生应具备的基本能力

在所有的职业能力中，大学生最应该具备的几项基本能力如下。

(一) 学习能力

知识经济时代是终身学习的时代。学习是对新知识、新技能的求知和钻研。学习能力包括：① 记忆、观察、注意、想象等获得新知识的能力；② 对文献资料的查阅、检索能力；③ 收集和处理信息的能力；④ 语言交流能力、逻辑思辨能力等。

一般学习能力是人们在学习、工作及日常生活中必须具备并广泛使用的能力。职业或专业水平越高，对一般学习能力的要求也就越高。学习能力是动态衡量人才质量高低的一个尺度。大学生既要培养"闻一知十""举一反三"的能力，也要培养不断进行知识更新，在学习和工作中进行归纳、总结，找出自己的强项和弱项，扬长避短，适时进行自我调整的能力。

2-9 微课：高校毕业生应具备的能力

课堂活动 2-7

学习能力测试

本测试共 20 道题，请选择最符合自己实际状况的一个答案代码，填写在该题后的括号内。可选的答案如下：A. 非常符合；B. 有点符合；C. 无法确定；D. 不太符合；E. 很不符合。

1. 阅读过程中,我习惯记下不懂之处。　　　　　　　　　　　　　(　　)
2. 我经常阅读与所学专业无直接关系的书籍。　　　　　　　　　(　　)
3. 在观察或思考时,我会多角度培养我的思维。　　　　　　　　(　　)
4. 我在做笔记时,经常把材料归纳成条文或图表,以便理解。　　(　　)
5. 听人讲解问题时,我的眼睛会注视着讲解者。　　　　　　　　(　　)
6. 我注意归纳并写出学习中的要点。　　　　　　　　　　　　　(　　)
7. 我善于运用较新的手段解决问题。　　　　　　　　　　　　　(　　)
8. 我不喜欢一成不变的生活方式。　　　　　　　　　　　　　　(　　)
9. 我经常查阅字典、手册等工具书。　　　　　　　　　　　　　(　　)
10. 对于我认为重要的内容,我会格外注意听讲和理解。　　　　(　　)
11. 阅读中若有不懂的地方,我非弄懂不可。　　　　　　　　　(　　)
12. 我会联系其他学科内容进行学习。　　　　　　　　　　　　(　　)
13. 阅读中认为重要或需要记住的地方,我就画上线或做上记号。(　　)
14. 我善于吸取别人好的学习方法。　　　　　　　　　　　　　(　　)
15. 我对需要牢记的公式、定理等关键部分会反复进行记忆。　(　　)
16. 我喜欢观察实物或参考有关资料进行学习。　　　　　　　　(　　)
17. 我能够制订出切实可行的学习计划。　　　　　　　　　　　(　　)
18. 我喜欢了解自己不知道的东西。　　　　　　　　　　　　　(　　)
19. 遇到自己不知道的事情,我能够主动地请教他人。　　　　　(　　)
20. 我能够较快地掌握新的学习方法。　　　　　　　　　　　　(　　)

评分标准:
选择答案A计5分,答案B计4分,答案C计3分,答案D计2分,答案E计1分。
20～40分,学习能力较差;
41～60分,学习能力一般;
61～80分,学习能力良好;
81～100分,学习能力优秀。

(资料来源:刘兰明.职业基本素养教程[M].大连:大连理工大学出版社,2011)

(二) 表达能力

表达能力是指运用语言、文字阐明自己的观点、抒发思想和情感的能力,主要包括口头表达能力和书面表达能力两种。口头表达能力要求语言具有丰富性、流畅性、灵活性、艺术性以及语音的标准性;书面表达能力要求的是文字形式的逻辑性、抽象性、艺术性和条理性。

表达能力是人们进行职业活动和人际交往必不可少的基本能力。大学生必须高度重视培养自己的表达能力,这对将来的求职就业和职业发展来说都是非常重要的。

职场故事 2-14

小张大学毕业后在单位工作勤勤恳恳,业绩不错,上级也十分欣赏他这种踏实耐劳的精神。但他是一个非常害羞的人,不善于表达自己的想法。一次报告会,他的上级有事,就让小张代他参加,一方面是替他参会,另一方面也是想给小张一个在公司其他领导面前表现的机会,为以后提拔他做准备。结果在报告会上,小张的表现非常糟糕,他说的话前言不搭后语,而且声音打战,结结巴巴。上级知道结果后很失望,很生气。试想,如果小张在报告会上表现良好,那就该是另外一番景象了:不仅会给全公司的领导留下深刻的印象,而且为他的上级争光,如此一来对他的提拔也会随之而来。但很多情况是不能假设的,一场糟糕的演讲成了他前进道路上的转折点,从此,他的职业生涯开始走下坡路。

(三)团队协作能力

团队协作能力是指建立在团队基础之上,发挥团队精神、互补互助以达到团队最大工作效率的能力。它要求个人善于与团队其他成员沟通协调,能扮演适当角色,勇于承担责任,乐于助人,保持团队的融洽等。

(四)人际交往能力

人际交往能力是指建立组织内外关系、与他人相处以及处理冲突的能力,包括与周围环境建立广泛联系和对外界信息的吸收、转化能力,以及正确处理上下左右关系的能力。随着社会的飞速发展,人际间的交往和联系日益频繁。能否正确地处理和协调人与人之间的关系,直接关系到就业者的适应能力、工作效率、心理健康,甚至是事业的成功与否。

因此,人际交往能力已成为决定现代职业人事业能否取得成功的必不可少的条件之一。卡耐基曾经说过:"一个人的成功的85%来自他的人际交往和处事技巧,另外15%取决于他的专业知识。"

(五)创新能力

创新既是企业生存与发展的需要,也是个人职业发展的需要。创新能力是人们运用现有知识、理论或材料,以及相关学科的前沿知识,在科学、艺术、技术和各种实践活动领域中不断创造具有经济价值、社会价值的新事物、新思想、新理论、新方法、新观点和新发明的能力。创新的实质就是创造性地解决问题。创新能力由创新意识、创新思维、创新技能三大要素构成。对从业者来说,创新能力是其综合素质的最高体现,具有综合性、发展性、创见性和开拓性的特点。

课堂活动 2-8

创新能力测试

下面 20 个问题,如果符合你的情况,则在相应的括号里打"√",不符合的打"×"。

1. 听别人说话时,你总能专心倾听。   （   ）
2. 完成了上级布置的某项工作,你总有一种兴奋感。   （   ）
3. 观察事物向来很精细。   （   ）
4. 你在说话,以及写文章时经常采用类比的方法。   （   ）
5. 你总能全神贯注地读书、书写或者绘画。   （   ）
6. 你从来不迷信权威。   （   ）
7. 对事物的各种原因喜欢刨根问底。   （   ）
8. 平时喜欢学习或琢磨问题。   （   ）

9. 经常思考事物的新答案和新结果。　　　　　　　　　　　　　（　）
10. 能够经常从别人的谈话中发现问题。　　　　　　　　　　　（　）
11. 从事带有创造性的工作时,经常忘记时间的推移。　　　　　（　）
12. 能够主动发现问题,以及和问题有关的各种联系。　　　　　（　）
13. 总是对周围的事物保持好奇心。　　　　　　　　　　　　　（　）
14. 能够经常预测事情的结果,并正确地验证这一结果。　　　　（　）
15. 总是有些新设想在脑子里涌现。　　　　　　　　　　　　　（　）
16. 有很敏锐的观察力和提出问题的能力。　　　　　　　　　　（　）
17. 遇到困难和挫折时,从不气馁。　　　　　　　　　　　　　（　）
18. 在工作中遇到困难时,常能采用自己独特的方法去解决。　　（　）
19. 在问题解决过程中有了新发现时,你总会感到十分兴奋。　　（　）
20. 遇到问题,能从多方面通过多途径探索解决它的可能性。　　（　）

评价标准:

如果 20 道题答案都是打"√"的,则证明创造力很强;如果 16 道题答案是打"√"的,则证明创造力良好;如果有 10～13 道题答案是打"√"的,则证明创造力一般;如果低于 10 道题答案是打"√"的,则证明创造力较差。

(资料来源:刘兰明.职业基本素质[M].北京:高等教育出版社,2009)

(六) 组织管理能力

虽然不是每个就业人员将来都会从事管理工作,但是,在工作中每个人都会不同程度地需要组织管理能力。组织管理能力是成功地运用管理者的知识和能力影响组织活动,并达到最佳的工作目标的能力,包括计划能力、组织协调能力、决断能力、指导能力和平衡能力。组织管理水平的高低,是衡量一项工作、一个部门、一个单位工作好坏的重要指标。

随着毕业生就业制度的改革和社会经济发展对人才需求的多元化转变,具有一定组织管理能力的高校毕业生越来越受到用人单位的欢迎,许多单位挑选高校毕业生时,在注重学业成绩的同时,对是否担任过学生干部、是否从事过社会工作很感兴趣,其重要原因就是他们看重毕业生的组织管理能力。因为大学生将来无论从事何种工作,都离不开一定的组织管理,都需要一定的组织管理能力。要把工作开展起来,把计划付诸实施,把他人的积极性调动起来,把大家的智慧发挥出来,没有一定的组织管理能力是不行的。

(七) 实践操作能力

实践操作能力也称动手能力,它是把创造性思维变成实际的物质成果,或是用生动形象的试验过程呈现创造性思维结果的能力。在校大学生往往只注重专业理论知识的学习,而实践操作能力不足。因此,培养实践操作能力就显得尤为重要,因为这种能力的强弱将直接影响到工作的完成情况。比如,作为一名科技人员,如果只懂得技术原理,而没有实践操作能力,是不可能完成技术攻关任务和技术创新的,而技术攻关任务和技术研究需要在不断的操作过程中才能完成。所以,大学生在学校不仅要积累知识、学好理论,还要通过参加模拟实训、科研活动以及利用生产实习和勤工俭学等机会,着力培养和提高实际动手能力,以满足今后工作的需要。

（八）决策能力

决策能力是决策者对未来的行为进行目标设定、组织实施的判断和选择的能力。决策能力在社会各个领域和各个时代的人身上都有体现：大到全球经济，国家政治、军事、文化，小到个人行为；上到国家领导人，下到普通劳动群众；从改造世界、改造社会、改造自然，到人们的日常生活，都与决策有关。因此，平时注意培养和训练自己的决策能力是十分重要的。培养和训练决策能力要从日常小事做起，遇事要勤思考，忌懒惰，不要事事都让别人拿主意，要养成多谋善断的习惯，通过长期训练以后，在遇到重大事情时，就不至于无所适从。

> **拓展阅读 2-5**
>
> **21 世纪应该具备的 7 种技能**
>
> 罗杰·依·黑曼在美国《未来学家》杂志上撰文指出，要想成为 21 世纪最受欢迎的人，应该具备以下 7 种技能。
>
> （1）广泛的专业技能。了解并会维护各种系统，包括计算机系统、产品销售系统甚至水管维修系统。
>
> （2）丰富的想象力。能广泛地收集信息、理解信息，并且能将这些信息用于引导公司走向未来。
>
> （3）独特的创新能力。能使公司平稳地运行，以获得长期的高额利润。
>
> （4）较强的组织能力。这是一种很重要的能力。许多部门需要在物资供应、工作程序以及贸易往来等诸多方面予以组织或重新组织。
>
> （5）说服他人的能力。在 21 世纪，推销技巧比我们今天所理解的还要重要。一个有能力的工作人员应当善于向他人介绍自己所掌握的信息，说清楚自己的观念，使人能理解并支持某一特殊见解。
>
> （6）良好的沟通能力。能够细心听取他人意见，措辞准确的文笔，平和的语言，对事物的准确描述，这些能力具有不可估量的价值。在 21 世纪，商业环境的节奏越来越快，用来消除误解的时间十分有限。一个不善于交流的工作人员是不称职的。
>
> （7）善于学习的能力。这一项能力比上述的每一项都重要。信息时代的核心竞争力已经发展为学习能力的竞争，因为信息更新越来越快，危机每天都会伴随我们。
>
> 未来社会最受欢迎的人一定是具有上述综合素质的复合型人才，也一定是通晓国际经济"游戏规则"、具备跨文化操作能力和世界眼光，具有较强的创新能力和信息交流运用能力、面向世界的人。

三、职业能力培养的主要途径

（一）主动积极参与各类课程的学习

有人认为，走上工作岗位以后所用到的技能未必和现在学的一致，现在学的专业知识很可能以后用不上。于是，不少大学生对专业知识的学习不太重视，其实这是非常错误的。主动积极地参与课程的学习，可以提升专业技能和通用能力，为成为合格的职业人打下坚实的基础。另外，学校开设了丰富多彩的公共选修课、专业选修课，学生可根据自己的兴趣、爱好进行选择，大学生应充分利用学校丰富的课程教学资源，积极参与课程学习和各类专业竞赛活动，掌握专业知识和相关技能，培养创新精神和创新能力，为将来就业打造核心竞争力。

(二) 积极参与第二课堂活动

在教学计划之外，学校、各二级学院、各系部每年都会开展形式多样、内容各异的文化活动，如校园文化艺术节、讲座、报告会、社团活动等，统称为第二课堂。作为学校建设的"软环境"，第二课堂拓展了课堂教学内容和范围，极大地丰富了大学生的课余生活。每一个积极参与第二课堂活动的大学生，都可以在校园文化活动中发挥自己的特长，提升自身的综合素质和职业能力。

(三) 参加职业技能培训

当前大学毕业生就业形势日益严峻，就业岗位不理想、先就业后择业等现实情况越来越普遍。不少大学生选择在校期间就参加各种技能培训，给自己"充电"，在获得职业技能的同时，有的还能获得相关部门颁发的资格证书，这可为今后求职、就业和职业发展提供"硬件"支撑。

(四) 广泛参与社会实践

社会实践活动是提高大学生通用能力的又一个重要途径。在人员招聘中，许多用人单位要求大学毕业生有相关工作经验，这恰恰是许多应届毕业生的"软肋"。在校大学生应充分利用双休日、节假日和寒暑假，积极参与专业实习、实训及各种社会实践活动，在了解社会，增加阅历、积累经验的同时，巩固专业知识，培养职业综合能力。

拓展阅读 2-6

根据清华大学对270多家用人单位一般岗位需要的技能调查结果显示，用人单位最看中的可迁移/通用能力和专业知识技能的排序前十位的分别是：专业能力、创新能力、团队协作能力、问题解决能力、自学能力、动手实践能力、执行能力、计算机能力、人际沟通能力和领导力。其中用人单对应聘者的专业能力（即能否独立做好专业的事情）、团队协作能力（即与一个团队做好专业的事情）和创新能力（即与一个团队做好别出心裁的专业的事情）尤为看中。所以，无论你将来从事什么行业和职业，用人单位倾向于具有专业能力、团队协作能力、创新能力的员工，而这三种能力构成了你的职业魅力。在对自我管理能力的调查中，排位前十的分别是：对单位的忠诚、社会责任感、为人诚信、主动积极、严谨踏实、工作勤奋、文化修养、国际视野、经受挫折、身体素质。

专题小结

本专题围绕用人单位的用人标准，介绍了职业素质、职业道德、职业意识、职业能力的相关内容。通过本专题的学习，学生可以了解用人单位录用人员的一般标准，以及自己有哪些职业素养需要提升。了解现代职场中自己的理想职业对从业者职业素质的基本要求,对在校大学生来说非常重要。愿同学们通过本专题的学习,懂得如何使自己成长为一个合格的职业人。同学们,路就在脚下,加油!

思考与练习

一、案例分析

某高等职业院校实习生小王和小张,同时被分配在某企业的原动设备部门,从事原动设备运行工作,就是保证为生产线供出合格的动力。工作很简单,就是每天两次定时去检查动力设备运行情况,做好所供出动力的各项数据的记录,回到值班室把数据输入电脑存档,并将巡视期间发现的各种异常情况如实记录并及时汇报。

实习了一段时间后,他们发现了其中的"猫腻",即有人偷懒少去或不去现场检查、抄写设备运行的数据,而是利用电脑上原有的数据进行"拷贝",反正数据差不了多少,改一改个别数据就行了。看到别人这么做,并没有被发现,也没出什么问题,于是小张开始效仿。几天下来他尝到了甜头:每次点检他都要比小王早回来一个小时,还可以玩会儿游戏,而且不用浑身汗津津的。小张劝小王也这么偷懒,说这么做可以省好多力气,也不会出什么问题。而小王婉言拒绝了,反过来劝小张做事要一丝不苟,说工作来不得半点马虎,作为实习生工作应更细致。

小张心想:就你认真,教你偷懒不但不听,还来教育我了,把你累死算了!

小王每天仍然按时仔细检查设备运行情况,不放过设备出现故障的一丝苗头,认真做好数据记录,将数据逐个输入电脑,并仔细观察、分析每天数据的变化,总结出设备出现故障时数据的异常变化,将故障的隐患消灭在萌芽中。夏天动力车间没有空调,温度达到四五十度,小王每次回来工作服都湿透了,小张还在一旁暗自窃喜,心想就你傻。

一年的实习期结束了,小王被实习单位留用,并签订合同成为一名正式的员工,而小张不用说,被辞退了。请分析:

① 小王为什么会被实习单位留用?
② 小张在工作中违反了什么职业道德?

二、制订行动计划

你的职业定向和职业目标所需要的职业素质、职业道德和职业能力分别是什么?请制订一个切实可行的行动计划,来努力培养和提升自己的职业素质、职业道德和职业能力。

三、课后反思

1. 通过本专题的学习,我懂得了:

(1) _____

(2) _____

(3) _____

2. 通过学习和测试,我觉得自己的职业素质在以下方面迫切需要提升和修炼:

(1) _____

(2) _____

(3) _____

3. 为了找到心目中的理想工作,做一个合格的职业人,实现职业目标和人生价值,在大学期间,我准备从以下几个方面进行努力:

(1) _____

(2) _____

(3) _____

专题三　求职就业指导

> ◇ 学习目标
> 1. 了解就业形势和政策，知道如何收集与处理就业信息。
> 2. 掌握求职与面试技巧，做好各项求职准备工作。
> 3. 培养良好的求职面试心理素质，成功实现就业。

第一单元　就业形势与政策

◇ 问题导学
1. 当下大学生的整体就业形势如何？
2. 高校毕业生找工作难在哪里？
3. 高校毕业生该如何选择就业路径？

案 例 导 入

小杨去年考上了大学，她是她们村里为数不多的女大学生之一，全家都很高兴。普通家庭供一个大学生读书不容易。她父母在家务农，自身文化水平低，收入也不高。大家都盼着她学有所成，将来可以凭自己的本事在社会上立足。但是，现在身边的人都说，大学生找工作难。家人都很担心她毕业后会找不到工作。

大学生找工作为什么会难呢？其原因是多方面的。大学生就业离不开国家整体的就业大环境。因此，大学生就业择业之前，必须了解总体就业形势和国家就业政策。

近年来，我国高校毕业生的就业压力较大。而大学生就业问题是与国家、社会大环境紧密相连、息息相关的。高校毕业生要了解当前的就业形势、国家的就业政策以及就业市场的走向，主

动适应就业形势,转变择业观念,准确定位,充分发挥个人优势,力争顺利就业和高质量就业,实现自己的人生价值。

一、就业形势

就业形势是在特定时空条件下社会全部劳动者的就业情况和变化趋势,是经济社会发展状况、劳动力供求关系、国家宏观调控政策等多方面因素共同作用的结果。就业形势的好坏具体表现在就业机会多少、收入待遇水平高低、失业率高低等几个方面。

(一) 就业形势总体情况

近年来,党中央、国务院始终把就业工作摆在经济社会发展的突出位置,持续出台了一系列"扩岗位、搭平台、拓渠道"的措施,保证就业形势长期稳定,促进就业总量持续增长,就业结构调整优化,就业质量显著提升,劳动力市场不断完善,对稳定经济社会全局和改善人民生活发挥了重大积极作用。就整体情况而言,目前我国的就业形势仍呈以下几个特点。

1. 内外经济增速趋缓,对就业产生一定影响

眼下,我国外部经济环境挑战增多,尤其是受新冠肺炎疫情冲击,投资、消费、出口拉动增长和带动就业能力下降,给一些地区和领域的就业带来负面影响。中国经济发展速度的放缓和结构的调整,客观上会对就业结构产生影响,同时也会对就业总体规模产生挤压效应,对劳动者就业产生影响。尤其是传统支柱产业企业改革重组和淘汰落后产能工作步伐的加快、部分行业持续低迷及产能过剩等造成结构性失业和转型性失业,就业难度加大。国际经济发展形势仍然不确定,风险和变数依旧较多,欧美主要经济体面临着财政紧缩、主权债务风险上升等诸多问题,新兴经济体面临着经济结构调整、出口下滑等问题,世界经济艰难复苏,影响着出口型经济的发展,导致其吸纳就业能力下降。

2. 企业转型升级缓慢对就业的影响较大

企业转型升级的步伐缓慢,一些中小企业、民营企业技术创新的能力还比较薄弱,产品结构转型的步伐比较缓慢。受国内外市场竞争、产品技术含量、附加值等因素的影响,企业不得不实施低价竞争策略,部分企业过分控制人工成本,支付给员工的工资待遇偏低,导致员工流失。受国内外各种因素影响,企业生产经营面临困难,再加上技术不断进步,"机器换人"项目全面推进,生产方式变革带来劳动生产率的提高,这些都会直接或间接导致劳动力需求相对减少。

3. 劳动力供求结构性矛盾依然存在

在新的经济形势下,我国劳动力市场正在发生深刻变革,随着人口老龄化进程加快,劳动力供给不仅增速下降,规模也开始缩小;随着人工成本不断上升,过去长期依赖的劳动力比较优势逐渐减弱。当前,劳动力供不应求成为常态,表现为:一是适龄劳动者数量不断下降,劳动力供给规模进一步缩小;二是劳动力需求持续增长,人力资源市场求人倍率长期保持在1以上;三是中等、高等教育扩张延缓推迟了适龄劳动人口进入就业市场,青年劳动参与率有所降低。随着经济结构调整和产业转型升级,劳动力供求结构性矛盾更加突出,一方面沿海地区招工难、用工荒和技工短缺的局面没有得到有效缓解;另一方面大学毕业生人数不断创新高,农民工等群体就业质量有待提高,城镇就业压力依然存在。随着全球新一轮科技革命和产业变革浪潮的到来,一些传统劳动密集型就业岗位受到冲击,一些职业面临新的机遇和挑战,一些行业对人力资本要求进一步提高。

4. 人岗不匹配的结构性矛盾突出

近年来,在相关政策的引导下,我国经济增长方式从规模扩张逐步转向内部结构调整,导致劳动力资源与岗位需求不匹配,具体表现为人才的结构性短缺和地区性短缺。

人才的结构性短缺主要是指劳动力素质低,不适合行业要求。大量劳动力不具备从事某项职业的素质和能力,最明显的表现就是招工难和就业难的情况并存,有一些企业很难招到技能型、高层次的人才,也有些劳动者很难实现稳定就业。同时,区域、行业、企业就业情况的分化趋势也在凸显,结构性和摩擦性失业增多。

人才的地区性短缺主要是指西部等边远地区,或者是经济落后地区,很难找到具有一定工作经验的熟练操作工或社会经济发展需要的技术人才。调查显示,许多用人单位表示,"高校毕业生人数不少,但符合岗位技能需求的不多,流动性太大";高校毕业生则普遍认为,"工资待遇偏低,不愿留任"。

5. 创业创新渐成带动就业的"新引擎"

近年来,国务院和各级政府积极推进"大众创业、万众创新",搭建创业创新平台,完善创业创新支持政策,做好创业创新公共服务,市场主体的潜力和活动得到快速激发,创业成为带动就业增长的重要源泉。随着市场主体大量增加,新业态不断涌现,双创活力得以快速释放,创业带动就业的倍增效应也不断显现出来,已逐渐成为拉动就业的"新引擎"。不少劳动者有激情、有能力,相比于成为"打工族""上班族"中的一员,他们更希望通过创新创业闯出一番新天地。一些多年在外打拼的农民工,经受多种历练,具备了一些市场头脑、技能、资金、社会资本,看到家乡的资源潜力、发展机遇,也会有较强的返乡创业意愿。而且,随着以新产业、新业态、新商业模式为代表的新经济蓬勃发展,越来越多的劳动者特别是刚毕业的大学生也看到了其中的商机,更有在新经济领域发挥才华的热情。

3-1 视频:2016—2020年我国的就业结构发生了什么变化?

(二)高校毕业生就业状况

随着中国高等教育的不断发展,以及国民对文化教育的重视程度不断提高,高等教育进入大众化时代。但一些问题也随之产生,教育大众化要求高校进行大规模扩招,导致高校毕业生人数快速增长,这种量的快速增长对毕业生择业、就业造成了巨大影响。新冠肺炎疫情的发生,不仅对宏观经济产生较大影响,对大学生就业市场也造成了冲击。

1. 高校毕业生人数持续走高

近年来,我国高校毕业生规模逐年攀升。根据教育部最新官方数据,2021年我国高校毕业生人数将达到909万人(图3-1)。到2022年,我国高校毕业生人数将超过1000万人。目前我国14亿多人口中,只有1.7亿名大学生;再过10年左右时间,随着各高校毕业生进入社会的各行各业,我国总人口中就会有3亿多名大学生。

随着毕业生人数的不断增加,就业形势也将变得愈加严峻。就业市场规律是:前一届未就业的和本届将要就业的毕业生,还有其他种类的毕业生集合起来形成一个庞大的就业

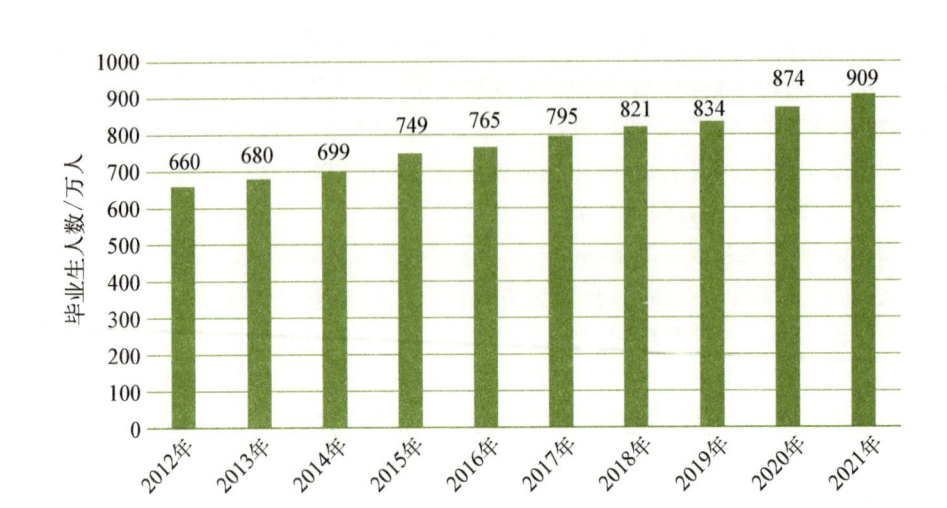

图 3-1　2012—2021 年全国高校毕业生人数

群体,这个就业群体的个体之间不断地进行着激烈的就业竞争,优胜劣汰的结果形成了众多毕业生难就业的现状。

2. 高校毕业生就业结构性矛盾突出

劳动力市场上大学生供给与用人单位需求割裂、脱节,是大学生就业市场结构性矛盾突出的重要原因。一是目前我国中高层次的人才严重短缺,社会对高层次的复合型、外向型和开拓型人才的需求日益迫切,呈现对人才结构的需求层次重心上移的趋势。在毕业生就业市场中,研究生已越来越抢手,本科生就业还能基本保持平衡,专科生求职则较明显地呈现供过于求的趋势。高校、科研单位、机关、大公司已经基本上以录用硕士生、博士生为主,甚至连一些中小型单位都开始希望多录用研究生。这种社会现象导致不少用人单位存在"人才高消费"的错误观念,盲目追求高学历人才,因而对毕业生的需求出现扭曲现象,人为地制造了就业难现象。二是毕业生的能力素质与用人单位的要求存在较大差距。现在用人单位对高校毕业生的敬业精神、职业道德、思想道德觉悟和能力素质水平都提出了越来越高的要求,看重人品和能力。不少单位已经开始对接收毕业生持"宁缺毋滥"的态度。因此,学生干部、学生党员以及综合素质好、动手能力强、有敬业精神以及各种特长的毕业生越来越受欢迎。

3. 高校毕业生的就业期望缺乏理性

据了解,有相当多的毕业生们感到"找不到理想的单位",同时有许多基层一线的用人单位急需人才但又招聘不到毕业生,这就反映出毕业生中普遍存在求高薪、求舒适、求名气的心态,目前毕业生在择业时以事业发展为重的并不占多数,他们普遍希望能到大城市、大机关、大企业工作,希望工作的单位名声好、工作条件好、生活待遇好、有出国机会,甚至离家比较近等。

大多数毕业生想留在大城市、沿海开放城市工作,然而目前最需要毕业生的却恰恰是那些边远地区、中小城市、艰苦行业的基层一线中小型单位,这些地区和单位人才奇缺,非常希望能聘用到高校毕业生,但没有多少毕业生愿意到这些地方去,分配去的毕业生也容易流失,形成"要不到、分不来、用不上、留不住"的局面。这就导致众多毕业生竞争一个条件较优越的职位,从而使不少毕业生错过择业良机。

4. 大学生创业成功率较低

近年来,越来越多的在校学生或毕业生选择了自己创业当老板的发展道路。其中相当一部分人认为要想通过打工进入上流社会非常困难,并把这称为"玻璃天花板效应"。因此,现在自己当老板的白领越来越趋于年轻化。当然也有人认为,学生直接当老板的成功率不高,因此也有一部分的毕业生选择先打工后当老板的道路。中国大学生选择创业的比例逐年增加,但创业成功率却很低,据调查全国大学生创业成功率仅为3%。甚至有数据指出,即使在浙江等创业环境较好的省份,大学生创业成功率也只有5%左右,这与欧美国家的大学生创业成功率20%有相当大的差距,大学生创业失败风险不容忽视。

大学生创业自然是值得鼓励和肯定的现象,但创业并非易事,鼓励与支持大学生创业,需要给予他们更多的实质性帮助,不能让创业成功率低浇灭了大学生的创业热情。

拓展阅读 3-1

《2020 年中国大学生就业报告》(节选)

根据《2020 年中国大学生就业报告》(就业蓝皮书)显示,2019 届本科毕业生自主创业比例为 1.6%,高职毕业生自主创业比例为 3.4%。随着毕业时间的延长,毕业生自主创业比例持续上升,毕业三年内上升至 8.1%。其中,"教育业"是 2019 届大学生自主创业的最主要领域(本科:24.5%,高职:10.5%),集中在教育及职业培训、中小学教育,以及文学艺术、设计、体育等方面。大学生到"文化、体育和娱乐业"(本科:15.8%,高职:6.9%)、"零售业"(本科:8.6%,高职:11%)创业的比例也较高,从主要从事工作岗位来看,大学生到文体娱乐领域创业主要是做摄影师、自由写作等,做零售主要是从事销售、电子商务等方面工作。

(资料来源:https://politics.gmw.cn/2020-07/22/content_34018051.htm,光明日报客户端,2020-07-22)

5. "慢就业"现象凸显

所谓"慢就业",指的是一些大学生毕业后,既不打算马上就业也不打算继续深造,而是选择游学、支教、暂时在家陪父母或者创业考察等,慢慢考虑人生道路的现象。如对于某高校即将毕业的小余来说,实习不是为了找一份稳定的工作,而是为了尝试工作。"在一个单位实习了一阵子不喜欢便跳槽到另一家公司接着实习。"小余坦言,"没有明确的规划,也不着急工作挣钱,在尝试中慢慢寻找兴趣。"目前像小余这样不着急就业的同学并不少,而这被称为"慢就业"。

"慢就业"反映了大学生就业观念的转变。当面对更多的选择时,大学生开始注重职业长期规划和就业质量。但这种情况多发生在经济发达地区和家庭条件较好的毕业生中,因此广大毕业生应当量体裁衣,针对个人实际情况进行职业规划。

6. 大学生择业特点

大学生择业特点比较突出,主要有以下几个方面。

(1)择业矛盾突出。职业选择是大学生自我确认的一种重要方式。大学生的择业行为要受到诸如社会现行就业体制、社会关系、职业需求等社会因素的制约,不可能超越社会需要的客观现实去进行职业选择。然而,每个人的择业动机、意愿、专长等各不相同,在与社会需求的对应关系中,并非完全和谐统一。因此,大学生在择业中存在着职业理想与现实条件、专业特长与工作需要、个人愿望与现行就业体制等方面矛盾。

(2) 自主意识增强。随着社会就业制度的完善和就业压力的增大,当今大学生慢慢地学会主动适应社会,体现了很强的主动意识、自我意识、竞争意识和适应能力,主动适应新的就业形势,从"等待分配"变成"主动出击"。他们有的主动学习求职知识和技巧,并能够灵活应用;有的提早准备,了解"行情",甚至从低年级就开始关注就业市场变化,按照社会需要塑造自己,并将学习、实习、社会实践与就业紧密地结合起来。

(3) 择业标准务实。随着社会主义市场经济的发展,相当多高校毕业生的就业理想和择业目标越来越理性和务实。他们能够理性地看待社会现象,并根据自身实际调整就业理想。他们注重薪酬福利,注重假期休闲,注重工作生活平衡,注重发展机会,趋向于给自己带来物质财富和精神财富的工作,就业心态也更加务实。

(4) 择业观念时尚。随着社会就业竞争的加剧,高校毕业生在择业过程中正在打破一步到位、从一而终的旧观念。越来越多的高校毕业生对"市场就业"有了新的认识,他们开始以平常心态面对市场。"想要一步到位就找到适合自己的位置已越来越不容易,先找个工作再说,不行再跳槽"几乎已成为众多毕业生的一种共识。而且现在只有学历而缺乏实际工作能力的人已越来越受到冷遇,面对人才供求关系的变化,调整心态,"先就业,后择业,再创业"成了应届毕业生择业的一个新理念。

(5) 择业渠道多元化。当前高校毕业生择业的途径越来越多样化。通常的选择有毕业生招聘会、学校推荐、亲戚朋友介绍、就业中介机构等。以前大学生就业喜欢依赖父母或老师,而现在则开始崇尚自我,用冷静的心态来科学认识自己,以求供需双方达到最佳就业组合。

(6) 择业方法讲究。在大学生就业市场上,毕业生越来越重视择业技巧,主要表现为:通过多种渠道收集就业信息、精心准备自荐材料;注重自身"包装",力求面试时给招聘单位留下良好的印象;讲究择业道德和文明礼貌等。

职场故事 3-1

大学生拥抱家政行业争当保姆

"家政服务员等于保姆?"在高校毕业生群体中,这一观念正在发生转变。

春节刚过,高校毕业生们就迎来了全年规模最大的高校毕业生专场招聘会。与往年不同的是,在石家庄市举办的"人才大集"首次设立家庭服务业专区,来自北京、天津、河北等地的20余家知名家庭服务企业向大学生们伸出橄榄枝。

在参加招聘会之前,"张垣大嫂"家政服务公司招聘人员陈国平还担心家庭服务公司对大学生不一定有吸引力,"因为在传统观念里,很多人觉得做家政这一行就是伺候人的"。让他没想到的是,一上午的时间,他就收集了一摞简历,并不断有大学生来询问岗位和薪资情况。

即将毕业的学生卢宽就将简历投到家政服务公司。卢宽告诉记者,虽然周围很多同学对家政服务存在偏见,但她认为,中国正在进入老龄化社会,"全面三孩"政策已开始实行,人们对养老护理、幼儿早教等家庭服务的需求正在增长,家政行业的发展空间很大。

(资料来源:http://edu.qq.com/a/20160220/010609.htm,有改动)

近年来，越来越多的大学生进入传统服务行业就业，类似"大学生当保姆""大学生当环卫工""大学生当搬运工"的例子并不鲜见。对此，西南政法大学教授王安白表示，"大学生保姆"现象，一方面说明职业没有高低贵贱之分，各行各业都需要高素质人才。大学生进入传统服务行业符合社会发展对人才的需求，而并非人才浪费。同样干一种工作，文化素质高的大学生能够做得更出色。另一方面，随着高等教育的大众化，全社会应该打破陈旧观念，以平常心看待大学生在传统服务行业就业的现象。此外，他建议，面对当前严峻的就业形势，大学生在就业中也要消除"眼高手低、有业不就"的思想，树立"先就业后择业""干一行爱一行"的就业观念。

职场故事 3-2

学园林设计专业的张小姐在一家网站担任频道主编工作。她说，那时她刚毕业没有工作经验，想要找一份园林设计工作非常难，由于她对新闻这个行业比较感兴趣，在师姐的介绍下她找到了现在的工作。她说，她的专业和现在的工作压根不搭边，最开始做的时候很吃力，后来经过不断学习，文字功底和编辑能力得到很大提升。她认为，兴趣是最好的老师，专业对不对口并不那么重要，即使从事与专业不对口的工作也一样可以做得很出色。

因此，大学生就业难已是不争的现实，就业岗位要求高、数量少，对大学生提出了极大的挑战。当然，我们也应当清楚地认识到，虽然就业难是客观事实，但是只要大学生明辨就业形势，端正就业态度，坚定就业信念，强化竞争意识，把握就业机遇，找准就业方向，就一定能够顺利就业。

课堂活动 3-1

调查分析：准确分析就业形势，把握未来职业发展趋势

十年前社会的就业形势和今日社会有相当大的差异，而且根据专家预测趋势，未来十年的科技发展更加日新月异，因此，调查、分析比较当前的热门行业和过去十年、未来十年有哪些不同具有很重要的意义。请将调查与分析结果填入表 3-1。

表 3-1 比较分析"热门职业"

2005 年的热门职业	2015 年的热门职业	2025 年的热门职业

结论：

二、就业政策

随着招生规模的不断扩大，高校毕业生就业压力日益凸显，就业大军蜂拥至各大城市，形成严重的超饱和现象。而另一方面，一些地区、领域、行业仍受制于人才短缺，成为制约其发展的瓶颈。为了解决人才供需的结构性矛盾，教育部已经连续多年出台关于做好全国普通高等学校毕业生就业工作的相关文件，各省、自治区、直辖市人民政府也相继出台相应的政策措施。这些文件、政策和具体措施，是根据历年毕业生就业整体形势和就业市场情况而制定的，为下一年度的毕业生就业工作指明了方向，形成了较为成熟的大学生就业政策体系。

（一）鼓励高校毕业生到基层、到中西部地区的就业政策

（1）对到农村基层和城市社区公益性岗位就业的，给予社会保险补贴和公益性岗位补贴；对到农村基层和城市社区其他社会管理和公共服务岗位就业的，给予薪酬或生活补贴。

（2）对到中西部地区和艰苦边远地区县以下农村基层单位就业并履行一定服务期限的，由政府补偿学费，代偿助学贷款。

（3）对有基层工作经历的，在研究生招录和事业单位选聘时优先录取。

（4）对参加"选聘高校毕业生到村任职""三支一扶"（支教、支农、支医和扶贫）、"大学生志愿服务西部计划""农村义务教育阶段学校教师特设岗位计划"等项目的，给予生活补贴，按规定参加社会保险；项目服务期满并考核合格的，报考硕士研究生初试总分加10分，高职（高专）学生可免试入读成人本科；今后相应的自然减员空岗全部聘用参加项目服务期满的高校毕业生。

拓展阅读 3－2

《关于做好 2021 届全国普通高校毕业生就业创业工作的通知》(节选)
教学〔2020〕5 号

2020年11月，教育部出台《关于做好2021届全国普通高校毕业生就业创业工作的通知》（教学〔2020〕5号），通知主要包括以下内容：

一、积极拓展政策性岗位

1. 用足用好稳就业政策。各地教育部门要配合和会同相关部门，推动稳就业政策向高校毕业生重点倾斜，落实好党政机关、事业单位、国有企业等今明两年空缺岗位主要招聘应届高校毕业生等政策，统筹协调好招录工作安排，力争在2021年6月底以前完成全部政策性岗位招录工作。

2. 积极拓宽基层就业渠道。各地各高校要会同有关部门，围绕实施乡村振兴战略、服务乡村建设行动，做好"特岗计划""大学生村官""三支一扶""西部计划"等基层项目组织招录工作,落实好学费补偿代偿、升学优惠等政策。各地教育部门要协调相关部门,尽可能扩大地方性基层就业项目规模。鼓励采用市场化社会化办法,给予更多政策支持,引导毕业生围绕城乡基层社区各类服务需求就业创业。

3.深入推进大学生征兵工作。各地各高校要配合兵役机关落实"两征两退"改革新要求,实施一年两次大学生征集工作,分别安排在2~3月、8~9月,预征工作提前2个月进行,第一批重点动员征集高校毕业生。强化军地协同,按照新的时间节点,制定本地本校大学生征兵工作方案。实施更大力度激励政策,2021年起"退役大学生士兵"专项硕士研究生招生规模由目前5 000人逐步扩大至8 000人,2022年起普通专升本可免试招录退役的普通高等职业院校(专科)毕业生。加强征兵动员,重点宣传新激励政策和新体检标准,提高大学生征集规模特别是毕业生征集比例。

4.扩大科研助理招录规模。各地各高校要落实科技部、教育部等部门相关文件要求,把开发科研助理岗位作为深化科技管理体制改革的重要举措。增强科研助理岗位吸引力,落实社会保险、户口档案等相关政策,合理确定薪酬标准。各高校要对院系及科研团队招录科研助理给予经费、政策等支持。科研助理岗位及实聘人数作为"双一流"建设监测指标,纳入安排推荐免试攻读研究生名额的重要参考因素。

5.促进各类升学与就业工作有序衔接。各地各高校要统筹安排好各类升学考试时间,硕士研究生招录工作在2021年5月底前完成,普通专升本和第二学士学位招录工作在2021年6月底前完成。高校招生、教务部门要共同组织实施好第二学士学位政策宣传、招录计划、考试录取等工作。

6.树立正确用人导向。抓好中共中央、国务院《深化新时代教育评价改革总体方案》落实落地工作,各省级教育部门要协调和配合有关部门,推动党政机关、事业单位、国有企业带头扭转"唯名校""唯学历"的用人导向,在招聘公告和实际操作中不得将毕业院校、国(境)外学习经历、学习方式(全日制和非全日制)作为限制性条件,建立以品德和能力为导向、以岗位需求为目标的人才使用机制,改变人才"高消费"状况,形成不拘一格降人才的用人氛围。各地各高校要建立用人单位招聘黑名单制度,将经认定存在就业歧视、欺诈等问题的用人单位纳入黑名单,定期向毕业生发布警示提醒信息。

二、积极拓展市场化岗位

7.建立就业岗位拓展新机制。成立高校毕业生就业创业指导委员会,广泛汇聚市场化社会化就业创业资源。组织举办重点省份、重点城市、重点行业、中小微企业等就业创业供需对接系列活动。各地各高校要主动联系用人单位和招聘机构,多种方式拓宽岗位信息来源。鼓励举办区域性、行业性、联盟性招聘活动。

8.拓展新兴领域就业空间。各地各高校要挖掘平台经济、共享经济中的就业机会,引导毕业生发挥智力优势,到战略性新兴产业就业创业。鼓励毕业生到先进制造业、现代农业、现代服务业等领域多元化多渠道就业。配合有关部门完善社会保障和灵活就业支持政策。

9.持续推进创业带动就业。加大"双创"支持力度,会同有关部门落实大学生创业优惠政策。继续举办中国国际"互联网+"大学生创新创业大赛。组织开展"高校毕业生创业服务专项活动",发挥创业孵化基地作用,推动各类创新创业大赛获奖项目成长发展、落地见效,带动更多毕业生实现就业。

> 10. 推进就业实习见习。建立全国高校毕业生就业实习信息平台，汇集发布高校毕业生就业实习岗位信息。各地各高校要将实习作为促就业的重要渠道，加快完善就业实习管理制度，深化校企校地合作，建设大学生就业实习基地，开发更多就业实习岗位，推动更多毕业生通过实习实现就业。配合有关部门实施好"三年百万青年见习计划"，提供不断线就业服务，推动离校未就业毕业生参与就业见习。
>
> （更多详细内容请登录全国大学生就业公共服务立体化平台：https://www.ncss.cn/，及时查阅毕业年度有关就业创业的通知。）

（二）鼓励高校毕业生应征入伍服义务兵役的政策

高校毕业生应征入伍服义务兵役，享有"四个优先"政策，家庭按规定享受军属待遇，享受优先选拔使用、学费补偿和国家助学贷款代偿、退役后考学升学优惠、就业服务等政策。

1. 预征对象参军入伍享受"四个优先"

（1）优先报名应征。报名由县级兵役机关直接办理。夏秋季征兵开始前，县级兵役机关通知其报名时间、地点、注意事项等；确定为预征对象的高校毕业生，持《应届毕业生预征对象登记表》，可以直接到学校所在地或户籍所在地县级兵役机关报名应征。

（2）优先体检政审。体检由县级兵役机关直接办理。夏秋季征兵体检前，县级兵役机关通知其体检时间、地点、注意事项等；确定为预征对象的高校毕业生，未能在规定时间内在学校参加体检的，本人持《应届毕业生预征对象登记表》，可在征兵体检时间内报名直接参加体检。

（3）优先审批定兵。审批定兵时，应当优先批准体检政审合格的高校毕业生入伍。高职（专科）以上文化程度的合格青年未被批准入伍前，不得批准高中文化程度的青年入伍。

（4）优先安排使用。在安排兵员去向时，根据高校毕业生的学历、专业和个人特长，优先安排到军兵种或专业技术要求高的部队服役；部队对征集入伍的高校毕业生，优先安排到适合的岗位，充分发挥其专长。

2. 应征入伍服义务兵役享受国家助学贷款代偿及学费减免

国家对应征入伍服义务兵役的高校学生，在入伍时对其在校期间缴纳的学费实行一次性补偿或获得的国家助学贷款实行代偿；应征入伍服义务兵役前，正在高等学校就读的学生（含按国家招生规定录取的高等学校新生），服役期间按国家有关规定保留学籍或入学资格，退役后自愿复学或入学的，国家实行学费减免。

3. 享受学费补偿、国家助学贷款代偿及学费减免

按照《财政部 教育部 中国人民银行 银监会关于调整完善国家助学贷款相关政策措施的通知》（财教〔2014〕180 号）、《财政部 教育部 总参谋部关于印发〈高等学校学生应征入伍服义务兵役国家资助办法〉的通知》（财教〔2013〕236 号）、《财政部 教育部 总参谋部关于对直接招收为士官的高等学校学生施行国家资助的通知》（财教〔2015〕462 号）文件规定：

（1）学费补偿、国家助学贷款代偿及学费减免标准，本专科生每人每年最高不超过 8 000 元，研究生每人每年最高不超过 12 000 元。

（2）学费补偿或国家助学贷款代偿金额，按学生实际缴纳的学费或获得的国家助学贷款（国家助学贷款包括本金及其全部偿还之前产生的利息）两者金额较高者执行，据实补偿或者代偿。退役复学后学费减免金额，按学校实际收取学费金额执行。超出标准部分不予补偿、代偿或减免。

(3) 获学费补偿学生在校期间获得国家助学贷款的,补偿资金必须首先用于偿还国家助学贷款。如补偿金额高于国家助学贷款金额,高出部分退还学生。

(4) 从 2015 年起,国家对直接招收为士官的高等学校学生施行国家资助,入伍时对其在校期间缴纳的学费实行一次性补偿或获得的国家助学贷款实行代偿。

4. 享受高校毕业生退役士兵的多样就业服务

(1) 高校毕业生士兵退役后一年内,可视同当年的应届毕业生,凭用人单位录(聘)用手续,向原就读高校再次申请办理就业报到手续,户档随迁(直辖市按照有关规定执行)。

(2) 按照国家规定发给退役金,根据当地实际情况,发给经济补助,安置地的县级以上地方人民政府组织其免费参加职业教育、技能培训,经考试考核合格的,发给相应的学历证书、职业资格证书并推荐就业。

(3) 退役士兵报考公务员、应聘事业单位职位的,在军队服现役经历视为基层工作经历,服现役年限计算为工龄。

(4) 基层工作人员招录。① 乡镇补充干部、基层专职武装干部配备时,注重从退役大学生士兵中招录;对返乡务农的退役大学生士兵,鼓励通过法定程序积极参与村居"两委"班子的选举。② 在军队服役 5 年(含)以上的高校毕业生士兵可以报考面向服务基层项目人员定向考录的职位,同服务基层项目人员共享定向考录计划,优先录用建档立卡贫困户家庭高校毕业生退役士兵。

(5) 退役高校毕业生士兵可参加户籍所在地省级毕业生就业指导机构、原毕业高校就业招聘会,享受就业信息、重点推荐、就业指导等就业服务。鼓励地方政府整合资源,为退役大学生士兵创业提供场地、资金、服务等支持,帮扶实现更高质量就业创业。

拓展阅读 3-3
大学生士兵退役后享受哪些就学优惠政策?

(1) 高职(专科)学生入伍经历可作为毕业实习经历。

(2) 退役大学生士兵入学或复学后免修军事技能训练,直接获得学分。

(3) 设立"退役大学生士兵"专项硕士研究生招生计划。根据实际需求,每年安排一定数量专项计划,专门面向退役大学生士兵招生。在全国研究生招生总规模内单列下达,不得挪用。

(4) 将高校在校生(含高校新生)服兵役情况纳入推免生遴选指标体系。鼓励开展推荐优秀应届本科毕业生免试攻读研究生工作的高校在制定本校推免生遴选办法时,结合本校具体情况,将在校期间服兵役情况纳入推免生遴选指标体系。在部队荣立二等功及以上的退役人员,符合研究生报名条件的可免试(指初试)攻读硕士研究生。

(5) 将考研加分范围扩大至高校在校生(含高校新生)。退役人员在继续实行普通高校应届毕业生退役后按规定享受加分政策的基础上,允许普通高校在校生(含高校新生)应征入伍服义务兵役退役,在完成本科学业后 3 年内参加全国硕士研究生招生考试,初试总分加 10 分,同等条件下优先录取。

(6) 退役大学生士兵专升本实行招生计划单列。高职(专科)学生应征入伍服义务兵役退役,在完成高职学业后参加普通本科专升本考试,实行计划单列,录取比例在现行30%的基础上适度扩大,具体比例由各省份根据本地实际和报名情况确定。

　　(7) 高校新生录取通知书中附寄应征入伍优惠政策。高校向新生寄送《录取通知书》时,附寄应征入伍宣传单,宣传单主要内容包括优惠政策概要、报名流程指南、学籍注册要求等。

　　(8) 放宽退役大学生士兵复学转专业限制。大学生士兵退役后复学,经学校同意并履行相关程序后,可转入本校其他专业学习。

　　(9) 具有高职(高专)学历的,退役后免试入读成人本科,或经过一定考核入读普通本科;荣立三等功以上奖励的,在完成高职(专科)学业后,免试入读普通本科。

　　(10) 应征入伍的高校毕业生退役后报考政法干警招录培养体制改革试点招生时,教育考试笔试成绩总分加10分。

　　(了解更多有关大学生应征入伍政策的详细内容,可以登录"全国征兵网":www.gfbzb.gov.cn。)

3-2 微动漫:退役士兵享受哪些教育优惠政策?

(三) 聘用优秀高校毕业生参与重大科研项目政策

　　按照《科技部 教育部 财政部 人力资源社会保障部 国家自然科学基金委员会关于鼓励科研项目单位吸纳和稳定高校毕业生就业的若干意见》(国科发财〔2009〕97号)规定,由高校、科研机构和企业所承担的民口科技重大专项、973计划、863计划、科技支撑计划项目以及国家自然科学基金会的重大重点项目等,可以聘用高校毕业生作为研究助理或辅助人员参与研究工作。此外的其他项目,承担研究的单位也可聘用高校毕业生。吸纳对象主要以优秀的应届毕业生为主,包括高校以及有学位授予权的科研机构培养的博士研究生、硕士研究生和本科生。

　　被吸纳高校毕业生需与项目承担单位签订服务协议,明确双方的权利、责任和义务,但不是项目承担单位的正式在编职工。签订的服务协议应包含:

　　(1) 项目承担单位的名称和地址。
　　(2) 研究助理的姓名、居民身份证号码和住址。
　　(3) 服务协议期限。
　　(4) 工作内容。
　　(5) 劳务性费用数额及支付方式。
　　(6) 社会保险。
　　(7) 双方协商约定的其他内容。

　　服务协议不得约定由毕业生承担违约金。

(四) 鼓励和支持高校毕业生到中小企业就业和自主创业的政策

1. 鼓励和支持高校毕业生到中小企业就业的政策

　　(1) 对招收高校毕业生达到一定数量的中小企业,地方财政应优先考虑安排扶持中小企业发展资金,并优先提供技术改造贷款贴息。

(2) 当年新招收登记失业高校毕业生达到企业现有在职职工总数 30%（超过 100 人的企业达 15%）以上，并与其签订 1 年以上劳动合同的劳动密集型小企业，可按规定申请最高不超过 200 万元的小额担保贷款并享受 50% 的财政贴息。

(3) 高校毕业生到中小企业就业的，在专业技术职称评定、科研项目经费申请、科研成果或荣誉称号申报等方面，享受与国有企事业单位同类人员同等待遇。

(4) 对小微企业新招用毕业年度高校毕业生，签订 1 年以上劳动合同并缴纳社会保险费的，给予 1 年社会保险补贴。

2. 鼓励和支持高校毕业生自主创业的政策

按照《国务院关于进一步做好新形势下就业创业工作的意见》（国发〔2015〕23 号）、《国务院办公厅关于深化高等学校创新创业教育改革的实施意见》（国办发〔2015〕36 号）等文件规定，高校毕业生自主创业优惠政策主要包括：

(1) 税收优惠。2019 年 1 月 1 日至 2021 年 12 月 31 日，持《就业创业证》（注明"自主创业税收政策"或"毕业年度内自主创业税收政策"）或《就业失业登记证》（注明"自主创业税收政策"）的高校毕业生，自办理个体工商户登记当月起，在 3 年（36 个月）内按每户每年 12 000 元为限额依次扣减其当年实际应缴纳的增值税、城市维护建设税、教育费附加、地方教育附加和个人所得税。限额标准最高可上浮 20%，各省、自治区、直辖市人民政府可根据本地区实际情况在此幅度内确定具体限额标准。纳税人在 2021 年 12 月 31 日按照《财政部 税务总局 人力资源社会保障部 国务院扶贫办关于进一步支持和促进重点群体创业就业有关税收政策的通知》（财税〔2019〕22 号）规定，享受税收优惠政策未满 3 年的，可继续享受至 3 年期满为止。

(2) 创业资金支持。国家拓宽多元化资金支持渠道，落实创业担保贷款政策，鼓励天使基金、风险投资和创业投资基金等社会资本，以多种方式支持高校毕业生创业。对符合条件的自主创业大学生，可在创业地按规定申请创业担保贷款，贷款额度为 10 万。金融机构参照贷款基础利率，结合风险分担情况，合理确定贷款利率水平，对个人发放的创业担保贷款，在贷款基础利率基础上上浮 3 个百分点以内的，由财政给予贴息。国家放宽创业担保贷款申请条件，对获得市级以上荣誉称号以及经金融机构评估认定信用良好的大学生创业者，原则上取消反担保。

(3) 免除行政事业性收费。毕业 2 年以内的普通高校毕业生从事个体经营（除国家限制的行业外）的，自其在工商部门首次注册登记之日起 3 年内，免收管理类、登记类和证照类等有关行政事业性收费。

(4) 享受培训补贴。对高校毕业生在毕业学年（即从毕业前一年 7 月 1 日起的 12 个月）内参加创业培训的，根据其获得创业培训合格证书或就业、创业情况，按规定给予培训补贴。

(5) 免费创业服务。有创业意愿的高校毕业生，可免费获得公共就业和人才服务机构提供的创业指导服务，包括政策咨询、信息服务、项目开发、风险评估、开业指导、融资服务、跟踪扶持等"一条龙"创业服务。各地在充分发挥各类创业孵化基地作用的基础上，因地制宜建设一批大学生创业孵化基地，并给予相关政策扶持。对基地内大学生创业企业要提供培训和指导服务，落实扶持政策，努力提高创业成功率，延长企业存活期。

(6) 取消高校毕业生落户限制。允许高校毕业生在创业地办理落户手续（直辖市按有关规定执行）。

(五) 提供就业见习机会，扩大就业见习规模

就业见习是指由各级人力资源社会保障部门根据离校未就业高校毕业生本人意愿，组织其到经政府认定的就业见习单位进行见习锻炼、积累工作经验、提升就业能力的一项就业促进措施。就业见习是组织青年进行岗位实践锻炼的就业准备活动，见习对象为离校 2 年内未就业高校毕业生、16~24 岁失业青年，时间为 3 至 12 个月，对吸纳见习的单位按规定给予就业见习补贴。

离校未就业高校毕业生参加就业见习享受以下的政策和服务：

（1）获得基本生活补助（基本生活补助费用由见习单位和地方政府分担，各地要根据当地经济发展和物价水平，合理确定和及时调整基本生活补助标准）；

（2）免费办理人事代理；

（3）办理人身意外伤害保险；

（4）见习期满未被录用可继续享受就业指导与服务。

2020 年 8 月，国家人力资源和社会保障部发布的通知提出，鼓励依托国家级经济技术开发区和各级开发区、产业园、科技园等拓展见习单位，稳定持续提供见习岗位。丰富民营企业、国有企业、事业单位、社会组织、政府投资项目、科研项目等领域岗位来源，更多募集管理、技术、科研类岗位，满足多元见习需求。开通线上线下见习报名渠道，及时登记有意参加见习人员信息。制定见习单位目录和岗位清单，集中举办见习专场招募、双向选择洽谈等活动，促进见习供需对接。完善见习管理制度，规范见习组织实施，保障见习人员待遇，做好全程服务，鼓励见习单位留用见习期满人员，对未留用人员做好后续就业帮扶。加大见习宣传推广，引导更多青年和用人单位主动参与见习活动。

(六) 对困难家庭高校毕业生的就业援助政策

困难家庭高校毕业生是指来自城镇低保家庭、低保边缘户家庭、农村贫困家庭和残疾人家庭的普通高校毕业生。各级机关考录公务员、事业单位招聘工作人员时，免收困难家庭高校毕业生的报名费和体检费。为帮助困难家庭的高校毕业生求职就业，高校一般都会安排经费作为困难家庭毕业生的求职补助，或对已成功就业的困难家庭毕业生给予奖励。困难家庭的毕业生可向所在院系提出书面申请。学校也应根据平时掌握的情况，对困难家庭的毕业生给予主动帮助。从 2013 年起，对所在家庭享受城乡居民最低生活保障、获得国家助学贷款的毕业年度内高校毕业生，可给予一次性求职创业补贴，补贴标准由各省级财政、人力资源社会保障部门会同有关部门根据当地实际制定，所需资金按规定列入就业专项资金支出范围。

三、就业去向

人的一生面临许多选择，其中大多无关紧要，而一些重大事项的选择却会影响人的一生，对于大学生来说，就业去向的选择无疑是这些重大事项之一。

(一) 就业方式

随着大学生就业制度改革的不断深化，当前高校毕业生的就业方式趋向多元化和自主化。

1. 市场就业

目前，我国高校毕业生就业已基本实现"市场导向、政府调控、学校推荐、学生与用人单

位双向选择"的就业模式,通过毕业生资源的市场化配置,使毕业生充实到社会需要并能够发挥其作用的岗位上去。就业市场已经成为高校毕业生求职择业和用人单位选择人才的主要途径。

2. 考试录用

考试录用是用人单位招聘毕业生的另一种重要方式,同时也是毕业生就业的一种重要途径。国家机关考录公务员、事业单位、社会团体选用工作人员和专业人才,一般都采用考试录用的形式。

3. 自主创业

大学生主要依靠自己的资本、资源、信息、技术、经验,自主创业,解决就业问题。随着我国经济社会转型升级以及就业压力的不断加剧,自主创业也正逐渐成为部分大学生职业选择的一种方式。

4. 灵活就业

灵活就业是相对于固定就业而言的,主要是指在劳动时间、收入报酬、工作场所、保险福利、劳动关系等方面不同于建立现代企业制度基础上的各种形式就业。人力资源和社会保障部副部长李忠指出:"灵活就业形势多种多样,主要包括个体经营、非全日制以及新就业形态等,从业人员规模 2 亿人左右。灵活就业在解决劳动者生计的同时,缓解了城镇就业压力,成为吸纳就业的'蓄水池'。"李忠表示,支持多渠道灵活就业是激发劳动者创业活力和创新潜能的有效手段,也是解决低收入群体就业的重要途径。

3-3 视频:人社部:降低就业门槛 促进灵活就业

拓展阅读 3-4

国务院办公厅发文支持灵活就业

2020 年国务院办公厅出台了《关于支持多渠道灵活就业的意见》(国办发〔2020〕27 号),其中提到了关于灵活就业的以下几点:

(1) 鼓励个体经营发展。持续深化商事制度改革,提供便捷高效的咨询、注册服务。引导劳动者以市场为导向,依法自主选择经营范围。鼓励劳动者创办投资小、见效快、易转型、风险小的小规模经济实体。支持发展各类特色小店,完善基础设施,增加商业资源供给。对下岗失业人员、高校毕业生、农民工、就业困难人员等重点群体从事个体经营的,按规定给予创业担保贷款、税收优惠、创业补贴等政策支持。(财政部、人力资源社会保障部、商务部、人民银行、税务总局、市场监管总局等按职责分工负责)

(2) 增加非全日制就业机会。落实财政、金融等针对性扶持政策,推动非全日制劳动者较为集中的保洁绿化、批发零售、建筑装修等行业提质扩容。增强养老、托幼、心理疏导和社会工作等社区服务业的吸纳就业能力。加强对非全日制劳动者的政策支持,对就业困难人员、离校 2 年内未就业高校毕业生从事非全日制等工作的,按规定给予社会保险补贴。(民政部、财政部、人力资源社会保障部、住房城乡建设部、商务部、人民银行等按职责分工负责)

（3）支持发展新就业形态。实施包容审慎监管，促进数字经济、平台经济健康发展，加快推动网络零售、移动出行、线上教育培训、互联网医疗、在线娱乐等行业发展，为劳动者居家就业、远程办公、兼职就业创造条件。合理设定互联网平台经济及其他新业态新模式监管规则，鼓励互联网平台企业、中介服务机构等降低服务费、加盟管理费等费用，创造更多灵活就业岗位，吸纳更多劳动者就业。（国家发展改革委、教育部、工业和信息化部、人力资源社会保障部、交通运输部、商务部、文化和旅游部、国家卫生健康委、市场监管总局等按职责分工负责）

（资料来源：http://www.gov.cn/xinwen/2020-08/14/content_5534528.htm，中国政府网，2020-08-14）

5. 国家项目就业

国家项目就业是指高校毕业生通过参加国家、地方就业项目来实现就业的一种方式，如大学生服务西部志愿者、"三支一扶"计划、农村教育硕士、一村一名大学生工程等。这些项目不仅可以解决当前大学生就业的难题，而且还可以让"高知阶层"深入农村，成为发展边远地区、缩小城乡社会全面协调发展的中坚力量。

6. 应征入伍

应征入伍是指从应届高校毕业生中征收义务兵。目前，国家为大学生提供的主要渠道有接收高校毕业生参军入伍、在校大学生应征入伍服义务兵役和鼓励高校毕业生应征入伍服义务兵役三种。

3-4 视频：2020年征兵公益宣传片——《参军报国 不负韶华》

7. 以就读代就业

主要是专科（高职）升本科、本科生报考硕士、硕士报考博士。这种以就读代就业，继续在学业上深造的做法，一方面提高了学历层次，提升了毕业生的就业竞争力；另一方面在大学生就业竞争日趋激烈的情况下，也暂时缓解了就业压力。

8. 出国深造或到境外企业工作

越来越多的中国大学毕业生选择到国外院校继续读书深造，也有为数不少的毕业生选择参与国际人才的竞争，到外资企业或境外的企业工作。

职场故事 3-3

孟伟，某校建筑工程技术专业三年级的学生，从大二上半年开始就准备专升本考试。但现在有一家建筑公司想跟他签约，待遇还不错，他陷入了两难的境地。如果现在选择就业，无法实现深造、提升学历的梦想，况且自己做了这么长时间的升学准备，如今放弃实在心有不甘；但这个公司确实不错，如果不选择也很可惜，况且两三年后的形势会有什么样的变数不好预测。真是左右为难啊！

究竟是选择升学好还是就业好呢？这因人而异。每个人的学习、身体、经济等方面的条件都是不同的，关键是要结合自己的特点做出适合自己的选择。

在以市场经济为导向的就业机制下，大学生的就业标准日益国际化，就业去向日趋多元化，就业流向日益广泛化，大学生毕业时的主要去向有就业、自主创业、升学深造、参加国家和地方就业项目和应征入伍等。对于高校毕业生来说,面对上述多种选择,要仔细研究,结合自身实际,通过全面的分析和比较确定最适合自己的选择。

(二) 就业程序

1. 用人单位招聘程序

一般来说,用人单位的招聘活动要经历如下程序:① 确定用人计划。各用人单位根据工作需要,确定当年需要招聘毕业生的岗位、人数和条件等,制订详尽的招聘计划。② 发布就业信息。③ 收集求职材料。用人单位从各个发布渠道或平台收集一定时期内的求职材料。④ 筛选求职材料。根据职位说明书及其他相关要求对应聘者的资料进行初步筛选,并向初步筛选合格者发布面试通知。⑤ 组织笔试面试。用人单位组织笔试面试,从多个角度对应试者进行考查,主要包括其心理特点、工作动机、能力、综合素质等。⑥ 签订协议、劳动合同,上岗培训。对面试合格的人员发布录用通知,用人单位负责接收毕业生,并组织培训,签订劳动合同等。用人单位招聘详细流程如图 3-2 所示。

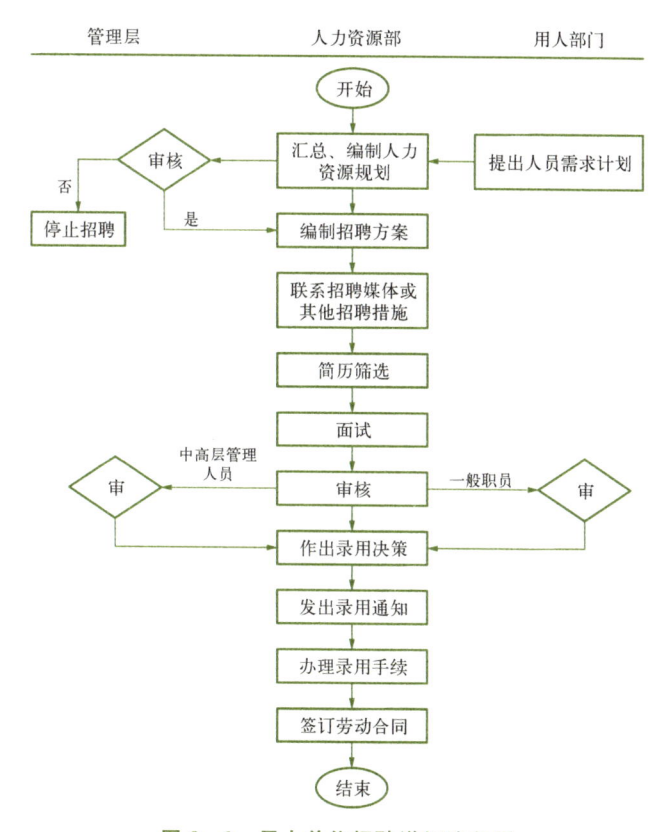

图 3-2 用人单位招聘详细流程图

2. 高校毕业生求职的一般程序

高校毕业生求职择业的程序一般可分为准备阶段、求职阶段和落实求职结果三个阶段。

(1) 准备阶段。① 了解国家、省和市有关毕业生就业政策。② 全面搜集、掌握需求信息,对用人单位的行业发展和单位状况全面了解。③ 客观认识、理性地进行自我分析,包括对个人的兴趣、性格、爱好、特长、能力水平、专业知识和职业价值观准确的认识。④ 确定择业目标。准确定位,确定合理的就业期望值,选择切实可行的择业目标。⑤ 准备自荐材料。自荐材料一般包括就业推荐表、个人简历、求职信,以及相关的辅助证明材料等。⑥ 做好面试准备。

(2) 求职阶段。毕业生可通过招聘网站、公司网站、招聘会、亲朋好友推荐等各种求职方式,有针对性地将自己的推荐材料提供给用人单位筛选,用人单位经过初选后,会向通过者发出通知,然后进入到下一个考核阶段。

(3) 落实求职结果。求职成功后,要与用人单位签订由教育部统一制定的《全国普通高校毕业生就业协议书》(一式四份)。该协议书明确规定了学校、用人单位和毕业生本人三方面的责任、权利和义务。毕业生与用人单位一旦签订协议,并经学校、政府就业主管部门鉴定审核后,编入了当年的毕业生就业方案,在学校规定时间内,到学校领取《就业报到证》,办理离校手续,按照报到证规定的期限和指定的地点去就业单位报到。

课堂活动 3-2

大学生就业政策模拟咨询活动

一、目的

1. 熟练掌握大学生就业政策、规定。
2. 锻炼同学的口头表达能力和临场灵活应变能力。

二、准备

1. 以班级为单位,将全体同学平均分为 A、B 两个大组,每组又平均分为若干个小组,每个小组以 3~5 人为宜。
2. 以小组为单位,同学分头准备,熟悉国家(特别是当地省级政府)出台的大学生就业政策、规定,并拟定若干个准备咨询的问题,问题题目要求联系实际,不能过于宽泛,越具体越好。
3. 按照小组人数,准备椅子、桌子若干,排成咨询服务工作台。

三、实施

1. 第一阶段(15 分钟)

A 组同学扮演学校就业办工作人员、就业指导教师,B 组同学作为应届高校毕业生,就大学生就业政策问题,向 A 组同学进行咨询。由 A 组同学进行解答,咨询问题不少于 5 个。

2. 第二阶段(15 分钟)

角色互换,由 B 组同学扮演学校就业办工作人员、就业指导教师,A 组同学作为应届高校毕业生,就大学生就业政策问题进行咨询。由 B 组同学进行解答,B 组已咨询过的问题,A 组不得重复提问,否则 B 组同学有权拒绝回答,同样,咨询问题不少于 5 个。

四、教师就各小组的表现进行点评、总结

第二单元 就业信息的搜集与处理

◇ **问题导学**

1. 为什么不少高校毕业生总是发现不了身边的就业信息?
2. 获取就业信息的渠道有哪些?
3. 高校毕业生该如何处理就业岗位信息?

案例导入

掌握信息，赢得先机

临近毕业，某高校毕业生小黄在电脑前不停查找着各种招聘网站信息，如智联招聘、应届生求职网……他在根据自己的专业和兴趣选择就业岗位时，总是面带愁容。而他的舍友小高早已胸有成竹，手中早就握着几个单位的就业意向书，从国企到民企，小高虽犹豫不定，但脸上总洋溢着自信的笑容。

小高说："我觉得自己能够脱颖而出，除自身的综合素质过硬外，主要是因为我手头有很多就业信息。从学校就业指导中心提供的就业信息，到我自己关注已久的公司官方网站上的招聘信息，再到一些企业的微信公众号，我都尽可能多地搜集和利用，我是赢在起跑线上的。"

"知己知彼，百战不殆"这句名言反映了信息的重要性。求职信息对于每一位准备就业的大学生来说十分重要。是什么让同专业、同宿舍的小黄和小高在就业的重要关头出现如此不同的境况呢？原因在于他们对就业信息的掌握情况不同。

一、就业信息的搜集

（一）搜集就业信息的意义

对正处于求职阶段的高校毕业生而言，就业信息的作用是不容忽视的，就业信息的作用有以下几个方面：

1. 提供就业的机遇

每一条有用的就业信息都是一个就业机会。就业市场化使得就业信息越来越重要，了解的信息越广泛、质量越高，找到更好工作的机会就越多。

2. 确立明确的目标

在竞争激烈的人才大潮中，搜集有效的就业信息可以很好地帮助毕业生分析就业形势、就业政策，使自己在就业时目标明确，不走或少走弯路，确保顺利就业。

3. 及时了解用人需求

依据就业信息和用人单位招聘要求，高校毕业生可以及时补充知识，外塑形象，内强能力素质，增强就业竞争力。

4. 便于实现职业理想

对于许多延迟就业、灵活就业或再次就业的毕业生来说，有效的就业信息可以使其了解社会、了解自己，有利于毕业生在今后自主创业、自我发展的过程中实现自己的职业理想。

分析往届毕业生就业情况，凡是求职择业顺利、就业满意的毕业生，绝大多数都拥有较多就业信息并能正确使用。反之，就业态度不积极、就业信息掌握和使用不足的毕业生，往往在求职择业时举步维艰。

（二）就业信息的类别

就业信息主要是通过各种媒介传递的有关就业方面的消息和情况，包括就业政策、干部人事制度、毕业生资源、用人单位岗位需求的相关信息等。根据所包含的信息内容,就业信息可分为政策形势信息、社会需求信息和用人单位信息三类。

1. 政策形势信息

政策形势信息主要包括国家关于就业方面的政策方针、法律法规及各个省、直辖市、自治区及地方有关就业方面的具体政策。这类信息具有较强的宏观指导作用,是影响职业供求的主要因素。近年来,国家与地方政府均出台了一系列推动和促进高校毕业生就业的方针政策。

2. 社会需求信息

社会需求信息即各级、各类用人单位对毕业生需求的情况,主要包括用人单位对毕业生的学历层次、专业、性别、人数以及对所需人才的具体要求等。毕业生要特别关注近几年地区、行业间的人才需求状况,避免把注意力集中到那些对人才需求已经饱和的地区和行业,还要关注当年的就业趋势预测。该类就业信息可以通过行业协会网站、专门咨询机构与图书馆的相关数据库获取。

3. 用人单位信息

用人单位信息即用工需求信息和招聘单位的信息。这类信息能够帮助求职者了解用人单位的性质、隶属关系、工作条件、工资待遇等,可分为内部信息和外部信息两类。要对未来的用人单位有一个整体上的了解,并不是一件轻而易举的事。

(1) 用人单位内部信息通常包括:① 发展历史与发展趋势(是否有大量增加用人的需求、是否有可持续发展的新业务);② 发展目标与管理文化理念(是否与你的职业价值观相一致);③ 主要领导人的姓名和业绩;④ 规模(员工数量)与内部机构设置;⑤ 总部及分支机构的业务及地理范围;⑥ 产品或服务的内容与类别;⑦ 职工绩效考核、培训和薪酬等管理制度;⑧ 正在招聘的职位描述及能力要求;⑨ 员工有什么样的职业发展路径和前景。

(2) 用人单位外部信息主要包括:① 服务客户类型与规模;② 与同类单位的比较优势和劣势;③ 单位或企业的社会声誉。

小贴士 3-1

毕业生求职的最佳时机

就业信息具有明显的时效性,一旦错过,就可能意味着失去一次就业良机。毕业生就业的最佳时机一般在当年 10 月份至次年 6 月份。在搜集到就业信息后,毕业生应及时了解用人单位的信息,分析自己的主观愿望和实际情况,尽快作出抉择。

(三) 常见就业信息的搜集方法和渠道

在信息化的今天,谁能够以最快捷的方式占有最广泛、最准确、最有效的信息,谁就能先人一步,把握成功的机遇。如果能够有效地搜集和整理相关信息,信息量越大,质量越高,求职成功的概率就越大。特别是互联网时代,充分利用互联网资源搜集适合自己的相关就业信息是至关重要的。

1. 就业信息的搜集方法

（1）全方位搜集法。把与自己的专业有关联的就业信息统统搜集起来，再按一定的标准进行整理和筛选，以备使用。这种方法获取的就业信息广泛，选择的余地大，但较浪费时间和精力。

（2）定向搜集法。根据自己选定的职业方向和求职的行业范围来搜集相关的信息。这种方法以个人的专业方向、能力倾向和兴趣特长为依据，便于找到更适合自己特点、更能发挥作用的职业和单位。需要注意的是，当选定的职业方向和求职范围过于狭窄时，有可能大大缩小了选择余地，特别是所选定的职业范围是竞争激烈的"热门"职业时，很可能给求职者下一步的择业带来较大困难。

（3）区域搜集法。根据个人对某个或某几个地区的偏好来搜集信息，而对职业方向和行业范围较少关注和选择，这是一种重地区、轻专业方向的信息搜集法。按这种方法搜集信息和选择职业，可能会由于所面向地区的狭小和"地区过热"而造成择业困难。

2. 获取就业信息的渠道

（1）学校的就业指导中心。从学校自身角度来看，为了促进学生就业，专门设置了"就业指导中心"这一部门（机构），及时为学生求职者提供有效的招聘信息；从企业角度来看，某些企业倾向于通过学校的就业指导中心发布招聘信息，完成企业校招任务。因此，学生求职者需要关注学校就业指导中心及就业信息网。

（2）互联网。随着科技的进步和社会的发展，互联网日益成为大学生搜集就业信息的重要渠道。

第一类，专业招聘网站及手机软件。专业招聘网站是指专门做招聘信息发布、网申和求职指导等工作的网站，另外也包括行业招聘网站。

不仅学生求职者经常使用前程无忧、智联招聘等专业招聘网站获取就业信息，企业向外发布招聘信息也倾向于使用这些专业招聘网站。下面介绍几个常用的专业招聘网站。

① 应届生求职网。以大学生需求为导向，向在校大学生提供最新、最全、最准确的校园全职招聘、实习招聘、兼职招聘、企业宣讲会、招聘会、企业招聘截止日期等招聘信息，并同时提供职业测评、应聘指导等求职就业资讯及辅导。

② 前程无忧。国内一个具有多种媒介资源优势的专业人力资源服务机构，它能提供包括招聘猎头、培训测评和人事外包在内的人力资源服务，现在全国多个城市设有服务机构。

3-5 视频：在智联招聘网上搜索就业信息

③ 智联招聘。面向大型公司和快速发展的中小企业，提供一站式专业人力资源服务，包括网络招聘、报纸招聘、校园招聘、猎头服务、招聘外包、企业培训以及人才测评等，是拥有政府颁发的人才服务许可证和劳务派遣许可证的专业服务机构。

拓展阅读 3-5

教育部"24365校园招聘服务"活动

为积极应对疫情影响，教育部依托大学生就业网（新职业网），联合中智集团、前程无忧、智联招聘、BOSS直聘、中华英才网、猎聘网、拉勾网、一览英才网等9家社会知名招聘机构和学习强国、抖音等知名媒体，共同推出 2020 届高校毕业生全国网络联合招聘——"24365 校园招聘服务"活动，为高校毕业生提供每天 24 小时、全年 365 天免费网上就业服务。

活动着力聚焦重点行业、重点区域和重点群体，加强与各部委、各地区、各行业单位合作，持续举办网上专场招聘活动。已陆续与工信部、商务部、人社部、国资委、国开行、卫健委、人民日报、央视频、中关村软件园人力资源联盟、深圳市科技创新委员会、阿里巴巴集团等开展了各类专场招聘活动。

活动邀请各界就业创业指导专家，开展 24365 校园招聘服务互联网＋就业公益直播课，分析当下就业形势、传授求职应聘方法、介绍企业招聘情况、分享求职成功经验，引导学生明确目标、积极求职、尽早就业。学习强国、人民网、新华网、央视频、求是圆点直播、中国教育电视台、新职业网抖音号、万学慕课、B 站、YY 直播、凤凰教育等平台同步直播。

据悉，"24365 校园招聘服务"活动成效明显，已成为当下高校毕业生就业求职和企业招聘重要的网上服务平台。

24365 网上校团招聘服务

当然，除了上述常用专业招聘网站，类似的网站还有很多，比如中华英才、全职招聘等专门的招聘网站，还有 58 同城、赶集网等综合信息门户。

随着移动互联网的普及和智能手机的普遍应用，求职者可以选择安装以上各网站的手机软件（简称 APP）随时随地查阅相关就业信息。

第二类，企业官方网站。一般来说，具有一定规模和市场影响力的企业都拥有官网和专门的招聘栏目，这是离企业最近的招聘平台，企业也会更看重在自身网站投递的招聘简历，至少排除了很多第三方平台"海投"造成的大量干扰。只要进入招聘期，企业网申就会在这段时间内一直对外开放。求职者只需直接进入企业的官方网站，找到人才招聘专栏，了解企业人才招聘需求信息,结合自身的兴趣与条件作出选择。

第三类,行业论坛、贴吧和 BBS。论坛、贴吧和 BBS 是供大家答疑解惑、分享信息和讨论问题的地方。如百度贴吧专门开辟了"求职吧"专栏,供大家讨论有关求职应聘的话题。有的职场人士会在贴吧或论坛中讨论问题的同时,转发其所在公司最近的招聘需求信息。因此,求职者可以专门到某些贴吧或论坛浏览。

第四类,新媒体招聘渠道。新媒体主要包括微博和微信等,新媒体在沟通和宣传上更能满足求职者的行为习惯和需求,沟通更快速、针对性更强,目标人群定位也更准确。

(3) 各类人才市场。人才市场的就业信息搜集渠道主要包括企业宣讲会、校内外招聘会及专场招聘会等。

企业宣讲会一般是指企业在校园内举办与宣传、拓展及招聘相关的主题讲座,主要向招聘对象传达企业的情况、文化价值观、人力资源政策、校园招聘的程序和职位介绍等信息。一般情况下,宣讲会前,企业招聘团队会通过海报和院校就业信息网等渠道发布宣讲会信息,部分企业会安排同校师兄、师姐传授经验,最后进入现场答疑环节。值得一提的是,如果学生求职者在宣讲会现场问题提得好,会给企业的招聘人员留下好印象,为后续的面试打好基础。

招聘会主要分校园招聘会和社会招聘会两种。校园招聘会指的是学校邀请数量较多的企业定期到学校进行招聘。社会招聘会指的是由当地政府、人才交流机构或多所高校联合举办的专业人才招聘会等,一般会在展览中心或体育场馆等大型场所举办。

(4) 社会关系。高校毕业生通过自己的家庭成员、亲戚、朋友、熟人、邻居、老师及校友等关系,了解自己感兴趣的或者专业对口的职业情况,获取有关用人单位的招聘信息并建立自己的就业信息关系网络,这对于一个即将踏入社会的学生求职者来说,是非常有效的。通过社会关系网打听招聘信息,或熟人推荐,也是现在颇为流行的一种求职方法。资源要靠自己去发掘,途径也应该正当,切不可不择手段。

(5) 传播媒体。许多用人单位通过新闻媒体如广播、电视、报纸、杂志等,介绍企业现状、发展前景及人才需求,大多数公司或多或少都会利用报刊上的分类广告刊登招聘信息。目前也有很多报纸开辟了招聘专栏,定期发布招聘信息。

(6) 社会实践与毕业实习。社会实践是大学生自我开发就业信息的重要途径。在社会实践的过程中,通过自己的努力赢得用人单位的好感、信任,取得就业信息甚至直接谋得职业岗位的大学生不乏其人。因此,大学生在各种社会实践活动中,在了解社会、提高思想觉悟、培养社会能力的同时,要做一个收集就业信息的有心人。毕业实习是一个很重要的实践环节,实习单位一般比较对口,通过实习可以直接掌握就业信息,如果在实习过程中与用人单位达成就业协议也是一个很好的就业途径。

(7) 其他渠道。除了上述集中获得就业信息的渠道,还有很多其他可以利用的渠道,比如说通过中介机构获取就业信息,通过在媒体发布自己的求职信从而达到反向获取就业信息的目的,直接到用人单位走访获得就业信息等,都是非常有效、值得考虑的。

选择哪一种或几种就业信息获取渠道并不是最重要的,重要的是要有意识地、科学地寻找、收集和利用相应的信息。这个寻找机会的过程本身就是很好的职业训练、自我认识与锻炼提高的过程。

3-6 微课:获取就业信息的渠道

职场故事 3-4

张鹏是某高等职业学院机械制造专业的学生，平时的学习成绩处于中等水平，这使得他常常为自己的前途感到担忧。为了使自己能够顺利就业，张鹏在学校里长期坚持通过各种渠道关注相关的就业信息，同时还利用在校实习或兼职的机会搜集了大量的关于机械制造行业的招聘信息，并寻求机会主动与各用人单位的人事部门负责人接触，从中了解其用人需求。毕业前，张鹏选择了一家比较适合自己的公司去面试。由于张鹏对该企业了解得比较透彻，因此在面试时从众多的竞争者中脱颖而出，获得了自己理想的岗位。

二、就业信息的处理

通过各种渠道搜集到的就业信息可能比较杂乱，部分信息甚至是无用的。因此，有必要对收集到的求职信息进行处理，做到去粗取精、去伪存真，尽可能使获得的信息准确、全面和有效，以便更好地利用求职信息获得理想的工作岗位。

（一）基本原则

1. 求真

在分析和评估就业信息的真假时，首先要考虑信息来源的可靠性，如在报纸上看到的招聘广告，可以旁敲侧击打听招聘单位的口碑、声誉如何。在与该单位接触的过程中不能亦步亦趋、人云亦云，而是要自己擦亮眼睛看一看，冷静分析就业信息，不断增强自己判断就业信息真实性的能力。

2. 求新

信息很重要的一个特性就是时效性，即信息都有时间要求，在一定的时间内有效，过了这个时间段就失去了作用和意义。"机不可失，时不再来"，因此，在收集和处理就业信息时，一定要注意信息的有效时间，争取尽早对信息作出应有的反应。

3. 求专

学生求职者处理信息时，要讲究实事求是，根据个人实力量"力"而行、量"能"择业、量"才"定位，即把所有的就业信息对照一下，看是否适合自己。因此，应该注意就业信息的针对性，不能盲目追求社会上大家都看好的职业。适合自己的招聘信息才是好信息，才应重视；不适合自己的招聘信息，就不是好信息，要果断地摒弃。

（二）基本程序

1. 分类筛选

信息的筛选一般有以下几种方法。

（1）查看法。从不同渠道得来的信息可能有相同的，应把相同的、重复的信息删除。

（2）时序法。逐一分析，按照时间顺序排列就业信息资料，留下较新的，舍去较旧的，这样可以使就业信息在时间上更有价值。

（3）类比法。将就业信息按照用人单位的性质、地区、待遇等分类对比，接近自身需求和条件的信息就保存下来，否则就应放弃。

小贴士 3-2
就业信息筛选的几点建议

（1）选择一个电子邮箱或创建一个文件夹，对收到的信息进行分类整理。

（2）养成一个好的习惯，每天上网检查邮箱，浏览就业信息量大的网页，保持信息更新。

（3）选定一个适合自己的就业方向，收集此方向的就业信息，分析整理，逐项对照，检查个人素质及能力的差距。

2. 分析辨别

不少大学生在搜集就业信息的时候很盲目，未进行有效的分析。有时并不知道某个职位的职责分工是什么，而只是从字面上去理解。比如，有一家公司"营业服务部"下属的商品企划室招聘工作人员，结果许多大学生看到"服务"二字，就以为是做服务工作的，无人愿意应聘。而当公司把"服务"二字去掉后，马上就有很多人投简历。人事主管告诫说，如果对职位不明白可以询问用人单位，不要单从字面上去片面理解，这样很可能会错过一个好机会。

（1）解读招聘要求。解读用人单位发布的招聘信息，主要包含岗位名称、岗位职责和任职要求等几个重点要素。

① 岗位名称是第一关注要素。对于求职者而言，只有岗位名称与自己想做的工作相符合时，才会继续了解其他信息。对于熟悉的岗位名称，求职者可能会继续进行了解。当遇到某个不太熟悉的甚至不知道的岗位名称时，求职者需要对岗位名称进行鉴定和确认，比如说麦当劳的"储备干部"，顺丰的"管理培训生"等（两者实质上都是类似于见习主管的职位）。

② 分析岗位职责。岗位职责主要是描述与工作内容有关的信息，包括职务概况、岗位工作内容、工作特点、工作关联等。用人单位发布的招聘公告中，岗位职责部分通常会说明该岗位对求职者的素质要求。

③ 读懂任职条件。在任职条件当中，有一部分是硬性要求，比如专业、毕业年限等。任职条件中大部分要求是软性的，比如说熟练使用办公软件，英语水平良好等。求职者可以通过招聘信息的措辞来判断岗位的任职要求。

拓展阅读 3-6
招聘广告中的潜台词

（1）"良好的组织能力"。这意味着该岗位不是单纯的执行岗位。组织能力需要总结、分析、协调等多方面能力，要求能够胜任一定的管理工作。

（2）"能解决问题并有所创新，具有开放的心态，愿意接受新的挑战"。这意味着该岗位要求求职者能提出自己的独创性见解，迅速适应环境，主动积极地接受和面对新挑战。

(3)"熟悉某项业务,精通某项操作"。"熟悉"意味着对某些业务或技能必须有所了解;"精通"代表着必须是这一业务或操作方面的专家。

　　(4)"一般需有"或"特殊情况可放宽"。可能的潜台词是招聘单位留有余地,因此还是可以尝试投递简历。不过,最重要的是让用人单位相信自己属"特殊"而不是"一般",要在简历中展示出"不一般"的才能、经历和专业水平。

　　(资料来源:前程无忧网,http://arts.51job.com/arts/05/420955.html,有改动)

　　(2)识别真假信息。一则较正规的招聘信息应包含的要素:有准确的单位全称、性质、隶属关系,单位发展前景、用人理念、文化氛围,职位名称及人数,职责范围,职位要求,薪酬福利体系,地理位置、交通状况,联系方法等。

　　除了认真解读招聘信息,还可采用以下几个方法进行求证:① 登录当地的工商局网站,查询企业是否注册;② 多方打听了解用人单位的内部情况;③ 利用搜索引擎,查询并关注相关论坛。

　　(3)建档利用。通过对各类招聘信息进行分析、比较、筛选,最终确定可用信息之后,需要做好记录,建立个人就业信息库,并形成档案,以便求职时快速查阅。

3-7 微课:就业信息的分析与利用

课堂活动 3-3

调查:搜一搜身边的就业信息

活动目的:运用多种手段与途径搜集所学专业有关的就业信息。

活动步骤:

1. 分组:每5~6位同学为一组。

2. 请各小组做好任务分工安排,尝试利用多种渠道搜集就业信息,做好记录,完成《岗位信息记录表》的填写。

表 3-2　岗位信息记录表

序号	招聘单位名称	工作地点	岗位名称	基本要求	联系人	联系方式	信息来源渠道
1							
2							
3							
4							
5							

3. 最后各组共享信息。

活动建议:建议同学们可以分别通过查找各类人才招聘网站、亲朋好友推荐、院校就业网站及隶属政府机关的各类大学生就业信息网等多途径进行搜集,找到后用 Excel 表格汇总,以便于后期就业信息的处理。

第三单元　求职材料准备

◇ 问题导学

1. 求职应该准备哪些材料?
2. 该如何准备高质量的求职简历?
3. 求职简历和求职信的大部分内容重复,该怎样处理?

案 例 导 入

小高学的是物联网专业,在校期间很活跃,参加了很多社团活动,在各方面都取得了良好的成绩。不过,在撰写求职简历时,这反而给他带来了困惑:要是把这些成绩全部都罗列在简历上,就会有很长的篇幅;这些工作或经历有的和他目前申请的工作并不相关,但这是他在校期间表现优异的证明。倘若都列出来,负责招聘的人会不会对此另有看法? 要是略去这些内容,实践经历就会出现空白。到底该怎样来组织求职简历的材料呢?

求职材料是大学生求职的"钥匙"。用人单位在了解求职者之前,往往通过求职材料来进行第一轮筛选。因此,制作一分令人眼前一亮的求职材料并有效投递是求职者获得面试机会的敲门砖,对成功应聘至关重要。

一、求职简历

求职简历也称求职履历表,是求职者对自己学习、工作、生活经历、技能、成就、经验、教育程度、求职意向的简要概括和总结。求职简历的目的在于引起用人单位的注意以赢得面试的机会,进而充分展示个人能力和才华,最终被用人单位录用。

(一)求职简历的类型

常见求职简历类型包括:纸质简历、在线简历、新媒体简历等。不同类型的简历,其内容大致上一致,但也存在一些差异。

1. 纸质简历

纸质简历是求职者为了让用人单位了解自身情况,用文字将个人基本信息等求职内容展示在纸上,是求职者向用人单位证明自己能够胜任所申请岗位的依据。简而言之,纸质简历是写着"自认为必要及必须告知他人的求职应聘信息"的材料。纸质简历的内容结构、风格设计及封面样式等多种多样,学生求职者可进行个性化的设计与制作。

2. 在线简历

在线简历指求职者在应聘时通过网申系统填写提交的电子简历,即学生求职者直接在用人单位招聘主页或第三方专业招聘网站的申请投递页面,按照所提供的固定格式来填写的求职简历,也有部分用人单位要求填写其设计好的信息表格后再上传电子版(一般为word文档)个人简历。

3. 新媒体简历

随着互联网的发展,用人单位为节约招聘成本,招聘方式也在发生变化。随着微博、微信等即时通信工具的普及,不少用人单位已采取"微博招聘""微信招聘"等招聘方式。新媒体简历主要包括"微博简历"和"微信简历"两种形式。"微博简历"主要是指求职者通过微博平台向用人单位投递的简历;"微信简历"主要是指通过微信平台向用人单位投递的简历。

(二)求职简历的格式

1. 表格式简历和条目式简历

简历格式一般有表格式(表3-3)和条目式(表3-4)两种。到底采用何种形式,需根据求职者本人的实际情况来决定。

(1)表格式简历通过表格的形式展示求职者的基本情况,简明清晰,易于阅读,比较适合应届毕业生。

(2)条目式简历不受表格限制,容量较大,可以根据实际情况展示求职者的资料,比较适合有一定工作经历的求职者,也适合需要展示较多资料的应届毕业生。

对应届毕业生来说简历的篇幅最好控制在一页纸以内。

表 3-3 表格式简历

姓　名		性　别		照片
民　族		出生年月		
政治面貌		籍　贯		
毕业院校		专　业		
居住地址		联系电话		
求职意向				
教育背景				
社会实践经历				
获奖情况				
职业技能				
自我评价				

表 3-4 条目式简历

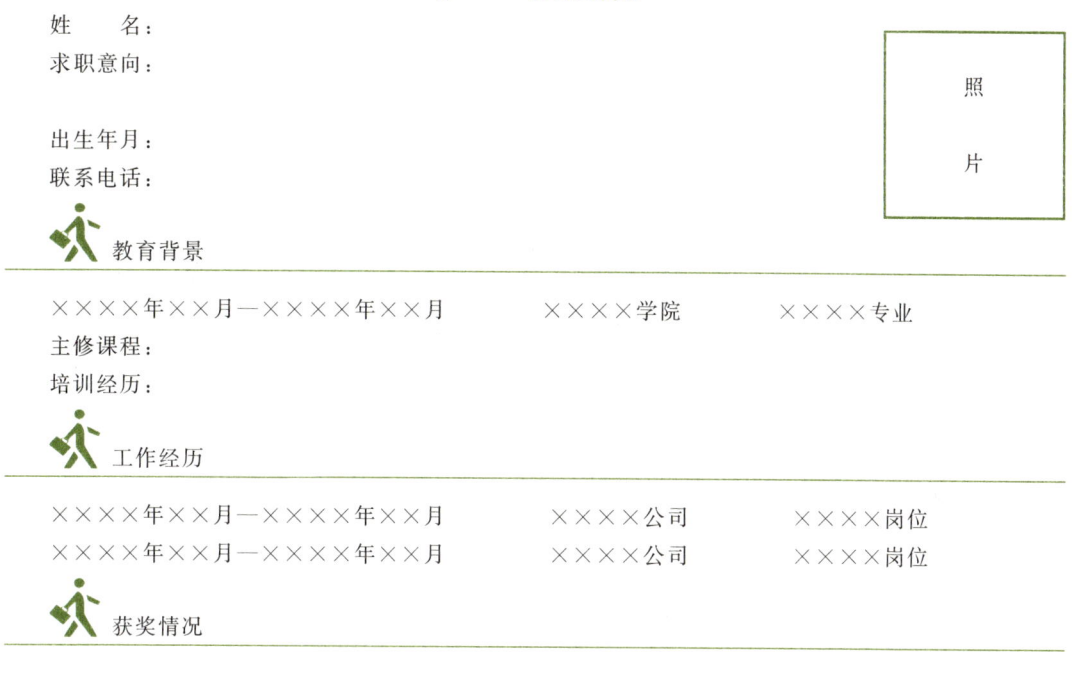

姓　　名：
求职意向：

出生年月：
联系电话：

|照片|

🚶 教育背景
————————————————————————————————————
××××年××月—××××年××月　　××××学院　　××××专业
主修课程：
培训经历：

🚶 工作经历
————————————————————————————————————
××××年××月—××××年××月　　××××公司　　××××岗位
××××年××月—××××年××月　　××××公司　　××××岗位

🚶 获奖情况
————————————————————————————————————

🚶 职业技能
————————————————————————————————————

🚶 自我评价
————————————————————————————————————

2. 字体和字号

在简历中，小标题可以用黑体，而正文部分一般采用宋体。可以适当用粗体来进行突出强调，应尽量避免过多地使用不同字体。

3. 排版

求职简历以一页为宜，且不宜将内容安排得太满，让简历看上去密密麻麻。可以用统一的项目符号使每个标题或内容对齐。这样能让招聘者在审阅简历时眼睛舒服一些，不至于太吃力。

4. 用纸和打印

如果需要提供纸质简历，建议使用 80 克以上的 A4 纸张打印简历，尽量不用复印的简历，以免影响效果。

(三) 简历的内容

简历的正文一般由七个部分组成，即基本信息、求职意向、教育背景、社会实践经历、获奖情况、职业技能和自我评价。求职者可结合自己的背景和特点，

3-8 微课：简历的规格

对各部分内容及排列顺序进行调整，不是所有项目都必须涉及。

1. 基本信息

基本信息一般包含姓名、性别、出生年月、政治面貌、家庭住址、联系电话、电子邮箱和照片等内容。婚姻状况、家庭地址、身高和体重等较为隐私的信息，可根据用人单位的招聘要求有选择地填写。

2. 求职意向

求职意向也叫求职目标，它是求职简历的灵魂。简历中对自己的能力、经历等介绍都是针对特定的求职意向而设计制作的。如果有多个求职目标，最好分别撰写不同的简历。求职意向越具体、针对性越强，获得面试机会的概率越大。

求职意向应做到语言精练、概括性强，避免含糊笼统、无针对性。求职意向可通过浏览中华英才网、智联招聘网、前程无忧网等国内著名的求职门户网站，搜索具体职位或岗位名称的准确提法，规范填写。

最佳的求职意向写作方法应该是：行业＋职位名称，或者是精准的职位名称。

3. 教育背景

正规的学校教育、自我提升和学习经历、参加专业机构的培训等内容都可以在教育背景中说明，内容最好与所应聘的工作职位相关。

具体可以包含以下信息：

（1）时间/学校/院系或专业/学历（原则：① 匹配；② 重点突出；③ 简洁）；

（2）主干课程（选列课程的主要原则：所学课程与申请岗位对应，分数很高的专业课程要写明）；

（3）其他亮点（个人成绩，取得的成就等）。

参考实例：

2017.9—2020.6　××职业技术学院市政工程技术专业

主修课程：道路工程制图，市政工程概论，给水排水管道工程，土木工程力学，计量与计价，地基与基础，工程建设法规，道路工程，桥梁工程等。

大学期间的总评成绩在所学专业同年级中排名第四。

4. 社会实践经历

这部分是简历的重点。按倒序排列出求学阶段所担任的职务，以及在各种实习中承担的工作，包括校外的兼职、实习经历和校内社团等实践活动。

在描述实践经历时，切忌含糊不清，一定要将自己的具体工作内容明确地描述出来。对实习经历，最好用一两句话概括自己的最大收获。

参考实例：

① 2017.9—2018.11，任校摄影协会研习部部长

积极参与协会内的各项活动，领导其他干事一起参与各类活动的策划；

负责协会内提升会员摄影技术的工作，定期外出采风，在协会内部讲解相关课程并面向全校师生开展交流、开办讲座。

收获：在实习期间认真负责，积极完成领导、老师布置的各项任务，增强了动手能力、团队协作与沟通的能力。

② 2018.7—2018.9，任×××××公司销售员

协助店经理对卖场促销员进行协调管理；

管理货架的陈列及仓库,及时补退货；

对店面的购物环境等提出自己的见解和建议。

收获：在实践中学习,使自己更好地掌握工作所需的专业知识,体验工作现场的实际情况。

3-9 微课：如何描述实践经历

5. 获奖情况

这部分包括学生时代获得的所有荣誉及各类证书,如"三好学生"称号、优秀学生干部称号、奖学金,以及技能竞赛所获奖项。可根据获奖时间顺序进行排列,也可按照奖项的级别从高到低列出。

无任何工作经验的应届毕业生应着重列出此项,这有可能成为简历的亮点。

一定要注意"相关性"原则,突出对未来工作最有用和与之直接相关的获奖情况,从格式版面上做到清晰有序、层次分明。

参考实例：

① 2017年10月,获得学院"PPT设计制作大赛"二等奖

② 2018年3月,获得学院"大学宿舍图文征集活动"一等奖

③ 2018年5月,获得学院"学风建设积极分子"荣誉称号

④ 2018年10月,获得学院"二等奖学金"

⑤ 2018年11月,获得学院第十一届田径运动会女子100米项目第二名

6. 职业技能

应该让招聘者从简历中了解自己所具有的各种能力。技能描述一般分为三个方面：英语、计算机及专业技能。

参考实例：

① 专业技能：通过注册金融分析师(CFA)一级考试

② 英语技能：CET-4,有翻译金融相关专业文献的经历；具有良好的英语听说读写和翻译能力,能听懂一部英语影片80%的台词

③ IT技能：熟练使用Office办公软件,以及SPSS、STATA等数据分析软件

7. 自我评价

求职者在写自我评价时,可以先回顾一下自己的工作经历,思考自己在以前的工作中所积累的工作经验,然后再挑选出与所投递岗位的要求比较吻合的性格特征、职业素质及工作能力等,写在自我评价中,以突出自己的优势。

参考实例：

例1：应聘市场营销类的职位

逻辑清晰,沟通能力强,曾作为校园辩论队队长获得全校辩论赛第一名,擅长策划组织,曾独立负责学院500人文艺晚会的筹办和宣传工作,在百度等市场部实习。

3-10 微课：简历的构成要素

例2：应聘互联网营销类职位

热爱互联网,对互联网工作抱有很大的激情,将来想从事IT行业的工作；抗压能力、理解能力强,具有良好的产品分析能力、策划能力、数据收集能力和文案撰写能力；具有互联网产品推广经验,拥有并经营自己的个人微信公众号且活跃于各自媒体平台。

拓展阅读 3-7

HR如何看求职简历

每个HR都有自己对求职简历的认识和看法,但是从工作任务来看,HR在查看求职简历时有一些共同的关注重点。

(1) 关注基本能力和发展潜力。相对于职能部门,HR都是外行,他们更多是从企业角度出发,查看应聘者的个人素质是否与企业文化一致;他们同时还会站在职场发展的角度,查看应聘者的基本能力和发展潜力。这两点也是应聘者要在求职简历中重点予以体现和证明的。

(2) 重点看适合岗位的优势信息。面对大量简历的时候,如果5秒内在简历上还找不到和职位相关的信息,HR往往就不会再看下去;如果15秒内HR还没有看到应聘者胜任或适合岗位的优势信息,往往也不会再继续看下去,应聘者的简历在15秒内就被判了"死刑"。人的阅读习惯都是自上而下、自左而右,但对于需要快速浏览简历的HR来说,他们一般看的却是简历的中上部。也就是说,一页简历中上部的信息一定要和应聘职位相关,并且能反映个人胜任应聘职位的最大优势。

(3) 查找胜任职位的能力与素质。HR查看简历时首先是看应聘者是否具有胜任该职位的能力与素质,知识、证书、技能与能力、经验等都是证明自己能胜任这个职位的依据;其次,HR判断应聘者是否适合他们公司,这就要看职业素质,需要应聘者用实例来证明自己具备诚信、认真等品格。

(四) 简历的制作步骤

根据简历的组成要素,按以下步骤就可以制作一份较为规范的简历。

(1) 明确求职目标。求职前应明确自己的职业定位及求职目标。

(2) 强调自身核心竞争力。通常求职者应将最具竞争力的内容放在简历中的明显位置,即求职目标之后。

(3) 陈述工作经历。工作经历一般放在教育背景前,但应届毕业生应将其放在教育背景之后。陈述时一般采用倒序写法,将工作单位、部门、职务一一表明,并描述工作职责和业绩成果。

(4) 阐明教育背景。说明毕业院校、专业、学位和主要成绩等,详细程度视求职者的核心竞争力而定。对于没有工作经验或跨专业的求职者来说,为了尽量丰富教育背景,还可将与应聘职位相关的课程列出来,使求职简历更加充实。

(5) 发掘成功潜质。当求职者既无丰富的工作经验、又无良好的教育背景时,则可考虑从个人生活经历中提炼应聘职位所需要的素质,并凸显在简历中,以证明自己能够胜任。

(6) 检查与评估。从应聘企业、岗位要求、个人发展三个角度评估制作的简历,并从头至尾仔细检查,确保简历内容完整、逻辑清晰、拼写无误。

(五) 制作简历的细节问题

(1) 填写的内容一定要真实、完整、准确,不应留下任何修改痕迹。

(2) 有条理地展现优势,突出重点,提供最重要的信息,如果经历丰富并和求职内容相关就详细介绍,特别是要介绍与个人能力相关的社会实践和任职情况。

(3) 求职简历应避免的问题:① 脱离招聘单位的需要。强调自身的能力是否适合,应主要考虑招聘单位关注的人才素质结构。② 事无巨细,面面俱到。展现优势要有针对性,有重点和核心,少进行自我评价。

(4) 求职简历写完后要认真核对,不能出现文字、标点、排版错误,语句一定要通顺。

(5) 其他说明:

① 记住你的简历写了什么和向什么单位申请了什么职位。

② 按要求填写。在网上填写简历时,要严格按照招聘方的要求,要求网上填写的就不要寄纸质简历;要求用中文填写的就不要用英文填写;要求填写在固定区域的就不要另加附件。

③ 尽量不要以附件的形式发送自己的求职简历。因为技术等原因,某些单位的电脑无法打开附件。有的时候为了防止感染病毒,招聘单位也不会打开。所以最好按照公司网站的招聘要求发送,或者干脆用纯文本格式写在正文中。

④ 要善于利用计算机来写简历。计算机中的中文处理程序有着丰富的文字处理功能,它会帮助你设计出令人满意的简历格式。另外,最好找一台打印质量高的打印机来打印求职简历。

⑤ 求职简历前后一定要吻合,不要有逻辑上的错误。比如:求职简历发向贵州某公司,但简历内部的求职意向却是四川、广西。

小贴士 3-3
简历的检查要点

发送简历前,以下几个方面需要仔细检查:

(1) 检查求职意向是否明确具体。

(2) 检查与求职岗位相关的能力的事实描述是否突出(用行业专用术语),而不是空洞地说自己有很强的能力。

(3) 检查简历有无语法、逻辑、标点、排版错误,有无错别字。

(4) 检查与招聘岗位无关的信息是否太多,检查简历篇幅长短是否合适。

(5) 检查从内容到版面的设计是否足够吸引人,字体大小是否合适。

(六) 简历投递技巧

选择何种方式投递简历,对于高校毕业生来说有着十分重要的意义。一般来说,有以下几种常见的简历投递方式。

1. 电子邮件投递

这是目前绝大多数企业采用的简历接收方式。因此,求职者使用较多,但命中率较低,需要掌握一些规律和技巧。

(1) 邮箱的选择。可选择稳定性、可靠性高的公共邮箱,如网易的 163、126 邮箱或中国移动 139 邮箱。设置签名档,建议包含个人姓名、学校及联系方式,格式统一。

(2) 邮件的标题。最好在标题中写上自己的名字与应聘的职位,这样便于 HR 审核你的简历。

(3) 邮件正文内容。无论是用正文还是附件发送简历,都应在正文中贴上简短的求职信,一定不能在邮件正文中留空或者只是注明"附件是我的简历"等。关于用电子邮件发送简历时是采用正文发送还是附件发送的问题,可视具体情况灵活处理。

2. 现场投递

在参加宣讲会、现场招聘时投递简历,获得面试的概率大。参加现场接收简历的宣讲会、招聘会应准备记事本和笔,记录简历的现场投递情况。

3. 网申(online application)

这是当前最流行的简历投递方式,很多知名企业会选择这种方式进行校园招聘。应聘者通过招聘方指定的招聘网站或者官方网站来投递简历,招聘方通过设定特定的在线问题、筛选标准筛选简历。在国内外校园招聘领域中,有很多专业招聘网站为企业提供网申系统,例如国内的前程无忧、中华英才网、智联招聘、应届生求职网等。

4. 其他方式

这主要是指招聘单位要求应聘者现场递交简历并报名参加考核的方式,发布此类招聘信息的多为事业单位、医疗机构、国家机关等。

3-11 微课:简历的投递

拓展阅读 3-8

简 历 范 例

表 3-5 简历范例 1

求职意向	预算员、资料员				
个 人 资 料					
姓名:×××	性别:女		民族:汉族	出生年月:××××年××月	
籍贯:××省××市		专业:工程造价			
政治面貌:中共党员		学历:大学专科			
电子邮箱:××××@163.com		联系电话:×××××××××××			
教 育 背 景					
大学:××××年××月—××××年××月,××××职业技术学院,××××专业毕业					
职 业 技 能					
1. 英语:大学英语 B 级,具有基础的英语听说读写能力 2. 计算机:熟练使用 Office 办公软件,获全国计算机等级一级证书,具有扎实的计算机基本应用能力 3. 获国家高级 CAD 证书,能独立应用 CAD 制作施工图纸、施工方案,熟练掌握 AutoCAD 软件 4. 熟悉相关施工仪器,具有积极的工作态度,能按时完成工作 5. 同时掌握了 DS3、清华斯维尔、盛大清单计价软件、晨曦清单计价软件的基本应用					
社 会 实 践					

1. 2017—2018 学年 担任系青年志愿者协会项目部干事
2. 2017—2018 学年 校工程实训基地建筑制图员
  (1) 负责协调与统筹本小组内各成员之间的工作内容、工作进度以及与其他小组之间的沟通。
  (2) 实习制作土木建筑制图。
3. 2018—2019 学年 校工程实训基地预算员
  与团队合作预算一项工程项目,负责软件预算。					

续 表

社 会 实 践
4. 2018—2019 学年　校工程实训基地测量员 　（1）了解了测量仪器经纬仪、全站仪等仪器的工作原理,并熟练掌握了仪器的使用。 　（2）能熟练使用相关电脑软件把所测的点绘成地形图。 　（3）参与施工的测量放线。 　收获：在实习期间积极快速地完成了领导、老师布置的各项任务,熟悉专业实训项目的各种要求,增强了动手能力,加强了团队沟通协作能力。
获 奖 情 况
1. 2018 年 8 月　　获学院 CAD 技能大赛二等奖 2. 2018 年 11 月　　获国家励志奖学金三等奖 3. 2019 年 5 月　　获学院"优秀共青团员"称号 4. 2019 年 10 月　　获学院"社会实践先进个人"称号
自 我 评 价
本人性格热情开朗,待人友好,为人诚实谦虚。在平时学校生活中,做过很多兼职。例如：家教、电话访问员、酒楼服务员、派传单、问卷调查,还到工厂打过暑期工,亲身体会了各种工作的不同运作程序和处事方法,在工作中尽心尽力,锻炼了吃苦耐劳的精神,并从工作中体会到乐趣。

简历范例 2

姓　　名：×××　　　　　　　　　联系方式：××××××××××
电子邮件：××××@163.com
性　　别：女　　　　　　　　　　出生年月：××××.××
民　　族：汉族　　　　　　　　　籍　　贯：××省××市
求职意向：室内设计师助理、室内设计相关工作

教 育 背 景

2017.9—2020.6　××职业技术学院室内设计专业毕业
主修课程：CAD 制图、3D MAX 制图、PS 版式设计、酒店及餐饮空间室内设计、居住空间设计、建筑装饰构造与施工技术、人体工程学等。

获 奖 情 况

2018 年 4 月　　　获学院"月明星干事"称号
2018 年 10 月　　 获得"2014—2015 年度社会实践优秀调研报告一等奖"
2019 年 5 月　　　获学院"社会实践先进个人"称号
2019 年 11 月　　 获学院"室内设计技能大赛三等奖"

实践、工作经历

2018 年 1—2 月　　××装饰公司设计师助理
　　　　　　　　　主要负责现场勘测绘图、初步平面布置和现场看管。
2019 年 7—8 月　　××淘宝商店绘图员
　　　　　　　　　主要工作是按照指定图纸进行平面、立面绘图。
2018—2019 学年　受聘为系"学生会文娱部长"
　　　　　　　　　组织开展系迎新晚会、合唱大赛等节目编排工作。

职 业 技 能

国家计算机一级证书,熟练使用电脑浏览网页、收集资料。
高级 CAD 证书,能使用 AutoCAD 计算机辅助设计软件完成相应工作,能熟练地绘制图纸。
熟练使用 3D MAX 相关专业软件以及 Office 相关办公软件。

自 我 评 价

本人对待工作严谨认真、责任心强、沟通能力强、注重工作效率和团队合作;能熟练操作 CAD、3D MAX 等相关的专业软件,从事过色彩搭配、海报设计、舞台策划、主持等方面的工作。工作经验虽有待提升,但非常愿意去学习和挑战。

拓展阅读 3-9

简历制作的常见误区及对策

目前,关于简历制作的文章及书籍比比皆是,这在一定程度上导致学生求职者对简历的制作无所适从,甚至出现五花八门的简历。有关学者分析,学生求职者在制作简历和投递简历时常犯以下错误:

（1）自吹自擂。在简历中,学生求职者容易犯自我吹嘘、自我标榜的错误。由于"自吹自擂式"简历司空见惯,有些企业 HR 本能地怀疑和否定一切学生求职者的自我肯定内容。

HR 建议:简历的制作一定要遵循客观真实的原则,过分夸大往往会适得其反。

（2）一见招聘单位就投。在招聘会现场,一些学生求职者抱着四处撒网的心态将简历投给很多家企业;甚至有些学生求职者隔着人群就把简历从夹缝中递给 HR;其所申请的岗位有时不仅跨行业,职位的要求也有较大差别,这种做法往往收效甚微。

HR 建议:① 对于心仪的职位,可通过网络、报纸或熟人介绍等渠道充分了解该职位的工作职责、能力要求等信息,然后根据职位信息制作简历并进行投递;② 把握该职位所在公司的企业文化,晋升空间等方面的信息;根据职位,从自己的人生经历中提炼相关经历而形成针对性简历。

（3）一份简历打天下。许多求职者会制作一份号称"精美万能"的简历,然后复印几十份,随时把复印的简历不分行业、不分企业、不分职位地向多家用人单位投递。在一线 HR 看来,制作一份"放之四海而皆准"的个人简历是不可取的。

HR 建议:① 务必打消"万能简历"的念头,切不可不分职位地随意投递同一份简历;② 结合所申请岗位的信息有针对性地制作简历。另外,求职者可以建立一个"人生简历库",每次在进行新行业、新企业、新岗位的简历撰写时,便可直接从中抽取相关内容,进行组合与修改,制作针对性简历。

（4）格式化。毫无疑问,企业 HR 每天都会收到来自四面八方的简历,每天都要阅读大量大同小异的格式化简历。现在求职指导书登载的简历样本、网上下载的格式文本和封面图样等简历模板十分流行,很多学生求职者直接从中选取使用,导致自己制作的简历毫无个性。

HR 建议：① 可以参看若干个模板，最后根据岗位要求和个人习惯，形成自己的求职简历模板。② 收集面试成功的学生求职者的优秀简历模板，总结并开发出个人简历模版。③ 形成个人简历模版之后，多向老师、同学、朋友甚至 HR 从业者征集修改意见，力求打造"独一无二"的简历。

（资料来源：北京中外企业人力资源协会.职场零距离——大学生就业指导[M].高等教育出版社，2015）

二、求职信

求职信和个人简历一样，是求职者求职时不可缺少的应用文书，是进入面试的有效通行证。一般来说，求职信的对象是应聘单位指定的个人，如公司或企事业单位的负责人等。求职信常以突出的个人特征与求职意向打动招聘者。

（一）求职信的作用

1. 表现自我，求得录用

表现自我，求得录用，是求职信的基本功能。要实现求职目的，就必须扬长避短，突出优势，在众多的求职者中崭露头角，以自己的某些特长、优势、技能等吸引用人单位。

在向知名企业，特别是外企或 500 强企业求职的过程当中，一封出色的求职信是必不可少的。一封体现个人才智的求职信，能帮助你顺利得到面试机会，求得一份理想的工作。求职者需要仔细考虑自己写求职信的目的及其可能产生的影响。

2. 沟通交往，意在公关

求职信是求职者和用人单位之间的沟通桥梁。通过沟通，在相互认识、交流的基础上，实现相互交往，是求职信的基本功能。通过相互交往，求职者才可能展示才干、能力、资格，突出其实绩、专长、技能等优势，从而得以录用。因此，求职信的表现力非常强，对给用人单位留下良好印象有重要作用。

（二）求职信的格式

求职信是一份正式的文书，有固定的格式和习惯用语。一般来说，一份完整的中文求职信分为标题、称谓、正文、结尾、署名和日期、附件六个部分。

1. 标题

求职信的标题通常只有文种名称，即在第一行中间写上"求职信"三个字。

2. 称谓

称谓是对收信人的称呼，写在第一行，要顶格写收信者单位名称或个人姓名。单位名称后可加"尊敬的××部门负责同志"，个人姓名后可加"先生""女士""同志"等。在称谓后加冒号。

求职信不同于一般私人书信，收信人未曾见过面，所以称谓要恰当、庄重。

3. 正文

正文要另起一行，空两格开始。正文内容较多，要分段写。通常，求职信的正文要包含以下三个方面的内容。

（1）求职的原因。首先简要介绍求职者的个人信息，如姓名、年龄、性别等。接着要直截了当地说明从何渠道得到招聘信息以及写此信的目的，比如，"我叫李民，男，现年 22 岁，是一名财会专业的大学本科毕业生。我从报纸上看到贵公司招聘一名专职会计人员的消息,不胜喜悦。以本人的水平和能力,我冒昧地毛遂自荐,相信贵公司定会慧眼识人,希望能有机会成为贵公司的一名会计人员。"这段是正文的开端,也是求职的开始,介绍有关情况要简明扼要,对所求的职位,态度要明朗,而且要使收信者有兴趣将你的信读下去,因此开头要有吸引力。

(2) 对所谋求的职位的看法及对自我能力的评价。对所谋求职位进行评价,并对自己的能力作出客观公允的评价,这是求职的关键。要着重介绍自己的有利条件,特别要突出自己的优势和"闪光点",以使对方信服,从而获得参加面试的机会,为求职成功奠定良好的基础。例如:

"我 2016 年 7 月毕业于××学院财会专业,成绩优秀,在省级会计大奖赛中,获得'能手'嘉奖(见附件),在××杂志上发表过多篇学术论文(见附件)。我在有关材料上看到过关于贵公司的情况介绍,我喜欢贵公司的工作环境,钦佩贵公司的敬业精神,又很赞赏贵公司在经营、管理上的一整套切实可行的规章制度。这些均体现了贵公司面向市场的超前意识。我十分愿意到这样的环境中去艰苦拼搏,更愿为贵公司贡献我的学识和力量。我相信,经过努力,我会做好我的工作的。"

写上述内容时,语言要中肯,恰到好处;态度要谦虚诚恳,不卑不亢。最好能达到见字如见其人的效果,给收信者留下深刻印象,进而相信求职者有能力胜任此项工作。

(3) 提出希望和要求。提出希望和要求要适度、得体,态度要谦逊、诚恳。大学生求职者可以在这一部分表达自己对获得面试机会的渴望,例如,"希望您能为我安排一个与您见面的机会",或"盼望您的答复",或"敬候佳音"等。这段属于正文内容的收尾阶段,要适可而止,不要啰唆,不要苛求对方。

4. 结尾

另起一行,空两格,写表示敬祝的话,例如"此致"等,然后换行顶格写"敬礼",或"工作顺利""事业发达"等。这两行均不加标点符号,不必过多寒暄,以免画蛇添足。

5. 署名和日期

写信人的姓名和成文日期写在信的右下方。先写姓名,成文日期写在姓名下面。姓名前面不必加任何谦称的限定语,以免有阿谀之感,或让对方看轻你的能力。成文日期要年月日俱全。

6. 附件

有说服力的附件是对求职者的鉴定凭证,所以附件是求职信不可忽视的组成部分。

附件可在信的结尾处注明,然后将附件的复印件单独订在一起随信寄出。附件不需太多,但必须有重点、有分量,足以突出和证明你的才华和能力。

(三) 求职信的写作技巧

(1) 求职信不能长,但是要有特色。在求职信中要重点突出你的背景材料中与未来雇主最有关系的内容。

(2) 言简意赅,有条理,切忌面面俱到。

(3) 字迹工整,文字通顺,不能有任何错误。

(4) 确定求职目标,实事求是,切忌过分吹嘘。

(5) 突出重点,有特色、有个性,不落俗套,同时让人读来觉得亲切、自然、实实在在。

(6) 在求职信正式发送之前,让身边的人帮助修改。

(7) 要谦虚,同时也要有自信,表明乐于合作与奉献。

(8) 以情动人,以诚感人,建立联系,争取面试机会,不提待遇。

求职信例文

尊敬的××领导:

您好!

很高兴地在招聘网站上看到贵公司的招聘广告,我对××职位非常感兴趣,期望能有机会加盟贵公司。

我是××职业技术学院电子工程系的一名学生,即将毕业。在三年的大学生活中,我学到了许多东西,我把大部分时间和精力放在学习上,并取得了优异的成绩。在校期间我主修电路、电子技术、信号与系统、数字信号处理、通信原理、无线电通信以及电子测量等有关课程。在学好各种基础课的前提下,我根据自己的特长和优势有选择地加深、拓宽专业知识面,熟悉 Word、Excel 等办公软件的基本操作;与此同时,我积极参与社会实践活动,培养了较强的动手能力,同时也拥有一定的分析和设计能力;能够熟练使用 C 语言、C++、VB 和 VC++进行软件开发;有较好的英语听说读写译能力。

在校期间,我取得了全国计算机二级证书与大学英语四级证书。此外,我还积极参加校内的各种活动以及校外的各种社会活动,向实际困难挑战,在挫折中成长,不断磨炼自己的意志,增长自己的才干。我热爱电子这一行业,对模拟、数字、高频、低频电路都有一定的了解,我有能力、有信心,以后一定会学得更好更精。我愿用自己的专业知识及实践经验为贵公司的发展倾尽全力!

非常盼望能与您进一步面谈,恭盼回音。最后,衷心祝愿贵单位事业发达、蒸蒸日上!

此致

敬礼

求职者:×××

××××年×月×日

小贴士 3-4

求职信写作的四个误区

求职信的写作要避免以下四个误区:

(1) 不够自信,过于谦虚。求职者应当在信中强调自己的强项,不可过于谦虚。

(2) 主观意愿强,推理不当。许多求职者为了取悦招聘单位,再三强调自己的成绩,而不知有关经验与能力对职位的相关性。

(3) 语气过于主观。对于招聘单位来讲,他们大多喜欢待人处世比较客观与实际的人,因而求职者在信中尽量要避免用"我认为""我觉得""我看""我想"等字眼。

(4) 措辞不当,造成反感。写求职信最忌用词不当,例如:"有我这样的人才前来应聘,你们定会大喜过望"。对方看到这样的词语,怎么会不反感呢?

(资料来源: https://wenku.baidu.com/view/49ca65847f19227917788e82b.html)

三、其他求职材料

（一）就业推荐表

就业推荐表是学校对毕业生在校期间综合情况的证明。由于毕业生在寻找工作时尚未毕业，它还是毕业生向用人单位证明自己毕业生身份的有效证明。

就业推荐表在形式和结构上是固定和统一的，由学校统一发放。就业推荐表一式三份，签约完成后由用人单位、学校和毕业生各执一份。

就业推荐表在求职材料中具有十分重要的地位，它是学校为毕业生特别准备的求职材料，具有权威性，能够实事求是地反映毕业生的综合表现，用人单位对此有较高信任度，把它放在求职材料中可以增加求职信息的可信度。

因此，填写就业推荐表是一件十分重要的事情，需要毕业生严肃认真对待，确保填写规范。填写的具体要求如下。

（1）用黑色（蓝黑色）钢笔或签字笔如实填写，字迹要清晰端正，无错别字，无涂改。

（2）要认真阅读"填表说明"，按要求填写。

（3）照片用小一寸的免冠证件照片（彩色、黑白均可，以彩色为佳）。

（4）"求职意向"由毕业生本人根据自己的实际情况填写。

（5）"院系推荐意见"一栏由毕业生所在院系负责人填写（或指定人员具体负责填写），加盖所在院系公章。推荐意见要概括地、实事求是地反映和评价该生在校期间德、智、体等各方面的表现，突出其优点、特点，不足之处用提希望的形式指出。

（6）以班或系为单位到学校就业办加盖"同意推荐"章及学校公章。

毕业生在双向选择的过程中，可以使用推荐表的复印件进行自我推销。只有在与用人单位签订协议时，才需要向用人单位提交推荐表的原件，因此一定要保管好推荐表。

（二）学习成绩单

学习成绩单记录大学期间所学课程（包括选修课）和成绩，由教务部门盖章，供用人单位真实地了解学生在校所学课程和学习成绩。

（三）相关证书

证书是证明求职材料的真实性和求职者各种能力的有力佐证。

（1）学历证书。包括毕业证书、学位证书、各类学历证书和结业证书。

（2）荣誉证书。包括"三好学生""优秀学生干部""优秀团员""优秀毕业生"等荣誉证书，各类奖学金证书，校级以上社会实践、征文比赛、文艺演出、体育运动会、社团活动等各类活动的获奖荣誉证书等。

（3）能力证书。英语等级证书、计算机等级证书、驾驶证、职业资格证等。

为防止证书在投递过程中丢失，可用复印件，一般用人单位在决定是否录用时要检查原件，所以原件一定要妥善保存。

（四）其他佐证材料

这一般是指在正式出版物发表过的文学作品、科研论文、美术设计作品、音像作品、摄影作品及各类小制作、小发明等材料。这些材料也是毕业生的"拳头产品"，是敲开用人单位大门的有力"武器"。

课堂活动 3-4

如果你是 HR

活动目的：了解简历的组成要素及制作技巧

活动步骤：

1. 分组：每 5~6 名同学为一组。

2. 仔细阅读简历作品。

3. 点评要求：假设你们是用人单位招聘小组，请每个小组在 5 分钟之内将 3 份简历按《简历评分表》进行评价，并得出等级（优：10 分；良：8 分；及格：6 分）。

4. 分享：每小组派一名代表说明排序的理由，并根据课上介绍的简历制作技巧，给每份简历提出修改意见和完善建议。

活动建议：教师可在课前挑选出三份往届学生的简历作品和评分表，发送至线上平台让学生阅读。

表 3-6 简历评分表

标　准	评价等级		
	简历 A	简历 B	简历 C
1. 标题 姓名、联系方式写于首页显眼处			
2. 目标 求职目标清晰准确			
3. 整体印象 思路顺畅、表达清晰			
4. 排版 排版整洁，标题醒目，留有页边和空白			
5. 组织 突出技能、能力；突出细节，排序从强到弱；格式一致			
6. 行动导向 表述以动词为开头，结果为导向，无夸张形容词			
7. 简洁 书面语言简洁清晰，无错字、错词和错句			
8. 匹配性 聚焦和岗位相关的具体信息，提供事实概述			
9. 争议性 无涉及有争议的活动、价值观			
10. 优势 体现个人素质的亮点和积极方面，以获得面试机会			

第四单元　面试与笔试

◇ **问题导学**

1. 参加应聘面试有哪些注意事项？
2. 面试考官主要依据什么来决定是否录用应聘者？
3. 该如何做好应对面试与笔试的准备？

案例导入

细节决定成败

李阳是某高等经理职业学院文秘专业的一名应届毕业生。前几天他去一家外企应聘经理助理一职。面试当天，由于起床晚，李阳急忙穿上西装，打上领带，随便穿了一双鞋就出门了。

面试进行得很顺利，李阳过硬的专业知识与技能让招聘人员很满意。可是就在决定是否录用他时，有一位招聘人员提出了异议："你们注意到没有，李阳今天虽然穿了一套西装，但是脚上却穿了一双运动鞋。一方面，如此装扮很不得体；另一方面，也说明此人做事不注重细节；也可能说明此人较有个性，比较难管理。"

最后，招聘人员一致作出了不录用李阳的决定。李阳错失了这个难得的工作机会。

对于求职者而言，知识技能这些硬件要素固然重要，但是，服饰、发型、谈吐、举止这些细节也可能会起到重要作用。在学校里，同学们可以张扬个性；但在求职面试的关键时刻，不要忘记对自己进行"职业化"的包装，以增加在面试阶段胜出的概率。

一、面试的种类

3-12　微课：面试类型

作为挑选员工的一种重要方法，招聘面试是用人单位经过精心设计，在特定场景下，由考官与应聘者进行面对面交谈，考查测评应聘者的知识、能力、经验等有关素质的考试活动。面试通过提供一种双向交流的机会，使用人单位和应聘者之间相互了解，以便让双方都可更准确地做出录用与否或受聘与否的决定。

高校毕业生求职通常都要参加用人单位的面试。目前常见的面试种类有很多，按面试的手段可分为以下几种。

（一）结构化面试

结构化面试是指命题、实施、结果评定等环节均按事先制定的标准化程序进行的一种面试，因而也称标准化面试。典型的结构化面试都由自我介绍、背景陈述、交流讨论和结束阶段四个部分构成。在交流讨论阶段，面试人员根据预先准备好的问题清单和有关细节逐一发问。在这种面试中，面试人员自始至终完全控制着面试的全过程，主导着谈话内容以便获得他想要的答案。国家公务员录用考试的面试即为结构化面试。

（二）情境式面试

这一种面试是由面试人员事先设定一个情境,提出问题或计划,要求应聘者扮演某一角色并进入情境去处理各种事务、解决各种问题和矛盾,其目的是观察应聘者在特殊情况中的表现,以判断其分析问题、解决问题的能力以及应变能力。

（三）行为性面试

这种面试关注的是应聘者过去的行为,而不是知道什么,或者将会做什么。行为性面试的一个基本假设是:应聘者过去怎样考虑一个问题、怎样去做一件事情,那么以后遇到类似的情境,他还会那样去考虑和行动。

在行为性面试中,面试人员主要通过追问来澄清情境、目标、行动、结果四个要素,得到完整的行为事件,从而可以据此对应聘者的人际交往能力、组织协调能力、解决实际问题的能力等进行判断。

（四）压力式面试

这一种面试是由面试人员有意识地对应聘者施加压力,针对某一问题做一连串的发问,不仅详细,而且刨根问底,直至应聘者无法回答。有时甚至有意识地刺激应聘者,看其在突如其来的压力下能否做出恰当的反应,以观察其机智程度、临场应变能力和心理承受能力。

（五）随意性面试

面试人员所提出的问题是开放式的,涉及面比较广泛,应聘者可以畅所欲言,自由地发表自己的意见、看法或评论,创造了一种比较轻松的氛围。面试人员在闲聊中观察应聘者的能力、知识、谈吐和风度等,对其进行多方位的综合素质考察。

（六）无领导小组讨论

由一组应聘者组成一个临时的工作小组,讨论给定的问题,并作出决策。在无领导小组讨论中,或者不指定特别的角色,或者只是指定一个彼此平等的角色,通常不指定谁是领导,也不指定座位,而是让所有应聘者自行安排、自行组织。面试人员只是通过讨论,观察每个应聘者的表现,从而对应聘者的能力、素质水平作出判断。这种面试可以考核应聘者的领导能力、组织协调能力、口头表达能力、说服力、洞察力、处理人际关系的技巧等。

（七）文件筐测验

文件筐测验又叫公文处理测验,通常用于管理人员的选拔,考查应聘者的计划、组织、控制、判断等能力及素质。一般做法是让应聘者在限定时间(通常为1~3小时)内处理事务记录、函电、报告、声明、请示及有关材料等文件,一般只给日历、背景介绍、测验提示和纸笔,应聘者在没有别人协助的情况下回复函电,拟写指示,作出决定,以及安排会议。评判除了看书面结果,还要求应聘者对其问题处理方式做出解释,根据其思维过程予以评分。

（八）能力性面试

能力性面试是由面试人员通过多种方式综合考查应聘者多方面的才能,如用英语与应聘者对话,以考查其英语水平及口语表达能力;让应聘者试写一段文字,以考查其字迹是否工整,表达是否流畅,同时也考查其临场发挥能力;让应聘者分析一段文章,以考查其分析、归纳能力;也许还会要求应聘者现场用计算机进行一些演示或文档处理,甚至进行软件设计,以考查其计算机操作能力等。现在,很多单位在面试过程中增加了问卷测试的环节,往往采用书面的素质测试卷,让应聘者在事先毫不知情的状态下,在规定的时间内完成问卷,其目的也是要全面了解应聘者的基本素质。

在实际面试过程中,用人单位可能采取一种或同时采取几种面试方式,也可能就某一方面的问题对应聘者进行更广泛更深刻的考查,其目的都是要选拔合适的应聘者。

二、面试策略

(一) 面试前的准备

应聘者必须在面试前进行充分的准备,可以说,有了全面细致的准备面试就成功了一半。面试的考查内容主要有两类:一类是对逻辑思维能力、分析问题能力和表达能力的考查,比如面试人员与应聘者共同探讨问题,就某些问题请应聘者发表看法等;另一类是察言观色,对应聘者的行为举止、体态仪容等进行考查,了解其气质、心理素质、性格特点等。面试的准备工作主要围绕这两个方面进行。

1. 信息与材料准备

对于应聘者来说,尽管对参加面试的单位已经有所了解,但在面试之前,还要尽可能地收集有关招聘单位的详细资料,做到心中有数。所收集的信息要准确、真实,并尽可能细致,要调查了解公司所处行业的情况、公司在行业内的地位、市场发展、核心业务、竞争对手、管理风格、企业文化等。这种了解会增添面试双方的共同语言、拉近双方的距离,同时也让面试人员感到应聘者很重视用人单位,对招聘单位有信心。如果应聘者对用人单位的情况一无所知或知之甚少,在面试的过程中就容易处于被动地位。一个应聘者,如果连他自己想去服务的单位都懒得了解,其积极性和能力可想而知,这势必会影响面试结果。

应聘者还应该了解将要面试自己的工作人员,可以收集有关面试人员的工作、教育、个人背景等信息,并在面试中谈及这些话题,以使双方的交流不至于仅局限于工作方面,这有利于与面试人员建立起良好的个人关系。

最后,应聘者应将求职简历、学历证书、身份证、报名表、证明文件等材料带齐,以供面试官查看。

2. 知识与能力准备

用人单位比较注重应聘者的知识结构,在面试中会有意识地对这方面进行考查。一些大学生面对招聘人员的问题,或在与招聘人员交谈的过程中,常常感到言辞匮乏,应对招聘人员力不从心,影响面试的效果。因此,为了在求职面试时能有出色的表现,大学生必须注意加强这方面的训练,拓宽知识面,拓展视野。

几乎所有的岗位,不论专业如何,都需要员工具备学习能力、沟通能力、与他人协同作业的能力、执行能力以及对领导的配合能力。高校毕业生由于缺乏经验,往往不会注意到这些方面的要求。如有可能,应该多阅读相关的书籍,这会为求职者带来意想不到的收获。

此外,对行业的性质、动态、趋势及发展方向应有所了解。求职者对要从事行业的整体情况、与其他行业的区别,以及所学专业的前沿技术等,都要做好相关知识的准备。面试一般不会涉及过深的专业知识,但是往往会涉及专业的一般知识,包括发展现状及其特点等。

面试时应聘者可以阐述如何在工作中发挥自己的优势,将专业技术与行业趋势联系起来,令招聘人员对其刮目相看。

职场故事 3-5

　　临近毕业季,就业形势相当严峻,而毕业生小李又属于运气最差的那类。第一次,有家电器公司通知面试,出门前她打扮得太久,加上路上堵车,结果整整迟到了一个小时。工作人员扬起手上一堆报名表对小李说:"小姐,你不适合做员工,适合做老总。"第二次,小李素面朝天地提早来到那家公司,工作人员依然摇着头对她说:"注重仪表是对别人的尊重,你在学校没有学过吗?"

　　那段时间似乎是一场噩梦。几天后,一家英国公司的招聘广告让小李重新打起精神。这次的面试与前两次都不相同,公司对形象没什么要求,那天小李也准时到了应聘现场。参加面试的人都会合在一个大房间里,考官给每个人发了一张试卷,上面只给了一道看起来很简单的题目:英国每年买几个高尔夫球?没有其他数据,要求在 45 钟内作答。

　　这是个看起来莫名其妙的题目。初看的时候,小李都傻眼了,后来仔细一想,这样的题目对她这个经济系的高才生来说并不算难,涉及的很多管理知识对她来说也是信手拈来。

　　所谓的"英国……买"其实就是英国进口。进口的数量与市场需求有关,市场需求与人口有关。英国有多少人口,这个脑子里要有数。可以假设 16~70 岁的英国人有多少,其中最有可能打高尔夫球的 30~45 岁的英国人有多少。为了使数据精确,小李在试题上写出如何进行抽样调查。写完步骤后,再假设 50 万人口在打高尔夫球,其中经常打的有多少人,这些人估计每年要用多少球,其他人多久会打一次,需要用多少球。加起来就是英国人对高尔夫球总的市场需求。然后写下一组数字,小李很满意地交了试卷。

　　这题不是要应聘者随意写个数字,而是考查其思考的过程。一个月后,小李收到这家公司的录用通知。

　　有了这样的面试经历,小李觉得作为一名刚毕业的大学生,虽然拥有经验是求职的一个有利条件,但综合能力更为重要。

3. 问题准备

　　面试中,不同的单位、不同类型的面试人员因招聘职位的不同,所提的问题侧重点也会有所不同。尽管如此,有一些内容是具有共性的、可以预料的。应聘者对这些问题应提前进行准备,甚至有针对性地进行预演,做到有备而来。应提前准备的问题主要包括以下两方面。

　　(1) 要回答的问题。主要包括自我介绍、工作和学习的成就、兴趣爱好以及对学校生活的感受等。对于想到的问题,最好事先写好书面答案,答案要切题、简短、中肯、口语化,并熟记于心。这样做,可以保证在面试时思路清晰,应答自如。特别对于语言表达能力、应变能力较一般的同学,这样做就更有必要了。一般来说,应聘者会被问到的问题,主要涉及以下几个方面:关于你所受的教育、关于你的工作经历、关于你的职业目标以及性格或个人兴趣等问题。

　　(2) 可以向用人单位提出的问题。用人单位给应聘者提问题的机会,让其把自己最关心的问题说出来，是想据此了解应聘者对自身和企业发展的看法，在某种程度上也是考查其应变能力。因此，应聘者提的问题应主要从企业和自身的发展入手，应该是面试人员能够回答的，并且先前没有谈到过的。如可以询问用人单位提供的职业培训及继续深造的机会，或是请面试人员介绍一下本单位的发展前景等。

4. 心理准备

心理准备是为了消除不必要的紧张和恐惧。首先要充分调整自己的心态，树立信心，只有保持良好健康的心理素质，展现出自己的乐观自信，才能在面试过程中从容应对。尽管每个应聘者的个人条件、背景不同，但大家都处在同一起跑线，不应为自己的某些先天不足或家庭背景而困扰，影响自己的信心。心态的调整应从以下几方面入手。

（1）展示真实的自己，不要卖弄技巧。一定要展示自己的真实水平和性格。切忌按照所谓的标准在面试时将自己塑造一番，本来自己很内向，不善言谈，面试时却刻意表现得很外向、健谈。这样表现出来的状态很不自然，很难逃得过面试人员的眼睛。

（2）对面试中可能出现的各种困难要有必要的心理准备。否则，很有可能在面对一些刁难人的问题时情绪出现波动，影响面试的整体效果。在某些面试中，面试人员会故意提一些刁难人的问题，以观察应聘者的反应和心理素质。如有的面试人员会故意指出应聘者某一科的成绩不理想，普通话不标准等。对于这些"挑刺"的问题，一定要以正确的态度应对，绝不能流露出不满情绪，否则就中了面试人员设置的圈套。正确的做法应该是以一种自信而能使对方接受的方法应对。比如，面试人员说："你的成绩与我们的要求可能有一定距离，你行吗？"应聘者可以这样回答："成绩已经成为历史，我会以实际行动证明我将来会做得更好"。

（3）对面试的结果要有充分的心理准备。大学生没有社会经验，没有经历过生活的坎坷和磨炼，也缺乏面试经验。招聘与应聘、考试和面试本身就意味着竞争，有竞争就自然有成功者和失败者。因此，应聘者要用一种平常的心态看待应聘面试，做好承受挫折的心理准备。俗话说"失败是成功之母"，要善于在失败中寻找自己的不足，总结经验教训，并针对这些不足重新做好准备，不断提高自己的求职水平。

5. 形象准备

科学研究证明，人们对别人进行评价大部分依赖于视觉，在最初见面的30秒，往往就会形成一个基本的判断。如果应聘者能在刚见面时通过良好的形象给面试人员留下一个积极的印象，无疑对求职是非常有利的。高校毕业生在面试中应该给人以整洁、大方、朝气蓬勃的感觉，在面试服装的选择上，应把握以下几个原则：

（1）着装与当时的环境协调。

（2）服装与服饰的整体色调协调。

（3）服装的款式要大方得体，不要穿过于暴露或超短、紧身的服装，衣着要整洁、干净。

（4）色彩不要太鲜艳，冷色调和中间色调为宜。

除了以上的要求外，高校毕业生在准备面试时还应注意下面一些内容。

头发要干净、自然。对男生来说，头发不可油光发亮，更不可染色，不要留怪异的发型。对于男生的头发长度，有一个比较简单的标准：前不过眉，后不覆领，侧不掩耳。而对于女生来说，发型应大众化，符合学生身份，简单而清洁，给人精明、干练、力求上进的印象。面试时可以在口袋里装上一把小梳子和一面小镜子，以防到达面试地点时，头发有些散乱。

手也是面试人员常常注意的部位。面试前应把双手洗得干干净净,指甲修剪得整整齐齐。女生一般不宜留长指甲,不宜选用色彩鲜艳的指甲油。

女生化妆应以淡雅为佳,眼线、口红都不可太深,用粉也不能太多,应符合自然美的原则。不要使用过于浓烈的香水,饰物的佩戴以少为宜。

男生的领带必须干净、平整、色彩和谐。领结要打得端正,不要松松散散落在一边。西装口袋里不要装东西,口袋鼓鼓囊囊的,会让人感觉你不讲究生活细节。皮鞋要擦亮,擦去灰尘和污痕,鞋带要系牢。

"不打无准备之仗",做好面试前的准备工作是面试成功的前提条件。可以说,做好了充分的面试准备工作,面试就成功了一半。

小贴士 3-5

温 馨 提 示

一般情况下,面试时,女生不宜佩戴耳环、耳钉、戒指等首饰;男生最好不要穿休闲装。注意坐姿,双脚不要晃动。遇到问题时要先充分思考,不要急于表达,一来体现对考官的尊重,二来避免出现表达不连贯的情况。

(二) 面试技巧

求职面试不同于演讲,更接近于一般的交谈。因此,在与考官交谈的过程中,应随时注意对方的反应。如主考官心不在焉,可能表示他对自己所说的不感兴趣,需要设法转移话题;考官侧耳倾听,可能说明自己音量过小使对方难以听清,需要适度提高音量;考官皱眉、摆头,可能表示自己言语有不当之处等。根据考官的反应,要适时地调整自己的语言、语调、语气、音量、修辞,包括陈述内容,这样才能取得良好的面试效果。

高校毕业生涉世不深,在面试时出现失误是不足为奇的,关键看求职者在处于尴尬境地时是如何摆脱的。面试官不会因为面试者的一些小过失而不录用他。特别是女生,绝不能自己说错话就伸伸舌头,低头不语。最好的办法是不把它放在心上,集中精力回答后面的问题。假如为一开始出现的一点错误患得患失,把自己的整个思路打乱,面试就很难成功。尤其是当面试官的问题触及面试者的弱点时,不要因此影响应试情绪,更不要出现愤怒和气馁的情绪。只要你保持良好的心态,树立坚定的信心,就能顺利通过面试。下面介绍几个具体的面试技巧。

3-13 微课:面试技巧之自我介绍

1. 语言表达的技巧

(1) 口齿清晰,语言流利。应聘者在交谈时要注意发音准确,吐字清晰;注意控制语速,以免磕磕绊绊,影响语言的流畅;为了增添语言的魅力,还应注意修辞美妙,忌用口头禅,更不应有不文明的语言。

(2) 语气平和,语调恰当,音量适中。面试时要注意语言、语调、语气的正确运用。自我介绍时,最好多用平缓的陈述语气,不宜使用感叹语气或祈使句;声音过大令人厌烦,声音过小则难以听清,音量的大小要以每个面试官都能听清讲话内容为原则。

2. 自我介绍的技巧

自我介绍是面试中的必备环节,其作用在于让面试官了解应聘者的大概情况,考查应聘者的口才、应变和心理承受、逻辑思维等能力。千万不要轻视自我介绍,它既是打动面试考官的敲门砖,也是推销自己的极好机会,因此一定要好好把握。

做自我介绍可以采用"三个关键词+支撑案例"的方式。

(1) 首先介绍自己的姓名、学校、专业,并向面试官表示自己非常高兴参加今天××公司××岗位的面试。

(2) 使用三个关键词和支撑案例。使用哪三个关键词因人而异,可结合自己要面试的行业、公司和岗位所需求的技能和特质来描述,最好是四字词语。三个词的顺序跟自己的简历内容相一致。第一个词针对教育背景,可以用"快速学习""复合专业""数理背景"等。第二个词针对"工作/实习经历",可以用"高效负责""潜心研究"等,然后重点列举自己之前工作中的研究成果和经验,会用哪些软件和数据库,以前的学术论文著作等。第三个词结合课外活动和特长爱好,可以用"爱好交际"或者"热爱生活",然后描述自己在学生社团工作或做志愿者的经历等。注意,一定要契合公司的需求,不要捡了芝麻丢了西瓜。

(3) 用一句话说明自己对××行业××类型的工作很感兴趣,同时××公司是这一行业的杰出代表,感谢公司给自己参加这次面试的机会。

拓展阅读 3-10

自我介绍范文

尊敬的领导:

您好!

我是×××,毕业于××学校××专业。

在学校期间,主修的专业课有×××(此处添加技术类专业课,尤其是和应聘工作相关的专业课),根据所学的知识,也参加过一些具体项目的实习,比如××××项目,在其中负责××模块(或者××工作),应用了×××计算机语言或者技术,取得了×××的成果。在实践中,加深了对××的认识,提高了软件设计(或其他技术)的实际操作能力。

另外,在学校中也参加过一些社团活动,比如××(此处最好说1~2项),在此过程中加强了团队协作的能力,并且有×××的感受和认识。

个性上××××(此处对应简历里面的性格介绍,主要包括有团队精神、踏实努力、有责任感等)。

我的情况大概就是这样,请问其他方面您还有什么想要了解的吗?

上面这份自我介绍分为三个部分,首尾两部分表达了对该岗位的认知和兴趣,第二部分介绍自己的基本情况和能力,这样主客观相结合,层次丰满,几乎适用于任何行业的面试。

3. 回答问题的技巧

(1) 打破沉默的技巧。有时面试官长时间保持沉默,以此故意来考验应聘者的反应。遇到这种情况,许多应聘者因没有思想准备,会不知所措,陷入困境。应对这种局面最好的办法,是预先准备一些合适的话题或问题,趁机提出来。或是顺着先前谈话的内容,继续谈下去,来打破僵局,走出困境。

(2) 讲错话时的应对技巧。人在紧张的场合最容易说错话。比如在称呼时,把别人的职务甚至姓名张冠李戴。经验不足的应聘者碰到这种情形,往往会懊悔万分,心慌意乱,越发紧张,最好的应对办法是保持冷静。若说错的话无关紧要,也没有冒犯他人,可以若无其事,专心继续面试,切勿懊悔不已。通常面试官不会因为求职者一次小的失误而放过合适的人才。若说错的话比较严重,为防止误会,应在合适的时间更正道歉。例如,"对不起,刚才我紧张了,好像讲错了,我的意思是……请原谅。"出错之后,坦诚地纠正自己的错误说不定会因此博得面试官的好感,还有希望被录取。面试时,最好的办法是抱着锻炼自己的心态去参加面试。即使错了,也不必掩盖,要坦然承认。

(3) 遇到不会回答问题时的应对技巧。在面试中,往往会出现紧张或是预料不到的情况,如有些问题不会回答,这时请不要掩盖,应当坦诚地说:"这个问题我不会回答。"千万不要支支吾吾,不懂装懂。不会就是不会,只要坦然作答,反而会给人留下诚实、坦率的好印象,进而反败为胜。

遇到一时不易回答的问题,可设法延缓时间,边想边回答。或者直截了当地提出:"我想想,再回答您。"然后,在几十秒内,很快地考虑怎么说、说什么,说不定会获得构思敏捷、思路清晰的好评。

3-14 文本: 常见面试问题的回答思路

4. 面试礼仪

仪表、礼貌、态度是面试中十分重要的因素,不仅能反映出面试者的人品、性格、教养、文化等,而且直接影响面试官对面试者的印象,从而最终决定面试者能否被录取。求职面试时应做到:

(1) 守时守约。面试时一定要守时守约,不迟到或违约。迟到和违约都是不尊重面试官的表现,也是不礼貌、不诚信的行为。

(2) 面带微笑。真诚的微笑是人际交往的通行证,也是推销自己的润滑剂。微笑必须是真诚的、发自内心的、自然的,必须适度、得体。

(3) 敲门进入。如果被招呼进去面试时,一定要敲门。即使面试房间的门是开着或虚掩着的,也要先敲门。得到允许后,再轻轻地进门,入室后转身把门关好,动作要轻,尽量不发出声音,然后缓慢转身面对面试官。

(4) 关好手机。在面试前,自觉把手机关掉或调成静音。

(5) 双手递物。求职者要带上个人简历、证件、介绍信或推荐信等必要的求职资料。如果要送上这些资料,应把资料的文字正面对着面试官,双手奉上,说:"这是我的相关材料,请您过目。"同时,要表现得大方、得体和谦和。

(6) 站姿坐姿。站姿同样能反映求职者的外在形象和礼貌修养。面试时,不论男生还是女生,均应采用标准的礼仪站姿,即双腿并拢,两手自然下垂。在求职场合,不要未经允许而自己坐下,应站在原地等待面试官说"请坐"后再落座。面试官请面试者坐下或他自己先坐下时,面试者才可以坐下来,坐座位时不要匆忙,而应从一侧轻轻地坐下,坐的姿势要端正,面向面试官,双膝并拢,将手放在膝盖。"站如松,坐如钟",面试时也应该如此。要表现出精力和热忱,松懈的姿势会让人觉得面试者疲惫不堪或漫不经心。

(7) 礼貌告辞。当面试官示意面试结束时,应聘者应微笑起立,感谢用人单位给予的面试机会,然后道"再见",这时并没有必要握手,除非面试官主动伸手示意。如果在面试者进入面试室时有人接待或引导,离开时也应一并向其致谢,告辞。

> **拓展阅读 3-11**
>
> **求职面试,4 个技巧轻松战胜对手**
>
> 第一,了解招聘企业。面试前要通过各种渠道收集招聘企业的相关信息,包括企业的发展历程、经营范围、行业地位、企业文化、产品服务等。这些信息可以通过公司官网、网上相关报道、向亲朋打听等方式进行了解。了解招聘单位,可以让你在和面试官交流时自然而然地体现出自己对于公司的了解和重视,让 HR 看到自己的真诚和热情。
>
> 第二,准备面试题。求职面试中会遇到一些比较新颖、奇特的题目,但是大部分都会是经典面试题,如自我介绍、优缺点、职业规划、求职优势、为什么选择该职位、性格特点、兴趣爱好等,绝大部分比较新颖的面试题也是这些经典题目的变体。这些题目都是可以提前准备的,所以一定要多做面试题,经典面试题和针对职位的专业性问题都要提前了解,准备好答案,并不断进行模拟做答,这样到了面试现场才能以不变应万变,正常发挥。
>
> 第三,着装得体。面试着装是很重要的,着装不可太随意,但是也不建议所有应聘者都穿白衬衣、黑西裤,可以根据自己的年纪和求职职位选择能够增加自己气质的服装。比如女生去面试人力资源岗位,完全可以选择浅蓝色、浅粉色职业套裙。同时要注意自己携带的包也要和整体着装相配,不能身穿职业装却背着双肩帆布包,要选择一个大小适中、颜色低调的职业包,包里多备几份简历,并带好笔和记事本。
>
> 第四,善用肢体动作。应届生求职者面试紧张在所难免。但是无论内心如何紧张也要告诉自己,不要表现在肢体动作上。握手要坚实有力,手掌不要有汗,要流露出对对方办公环境的欣赏,坐直并保持目光接触,面试官讲话时要点头或说"嗯"以表示认同,始终微笑,不要打断面试官,回答问题时面部表情要生动并富有激情。
>
> 其他面试技巧还有:提前到达面试地点、携带相关材料(如作品集)、面试后写邮件给面试官表示感谢等。求职不易,求职者要学会运用这些举动、技巧,找到自己心仪的工作。
>
> (资料来源:中公教育快就业微信公众号)

(三) 面试后的注意事项

面试结束后,求职者应注意回顾总结和向招聘人员致谢。

1. 回顾总结

面试一结束,应该对自己在面试时遇到的难题进行回顾。重新考虑一下,如果他们再一次提问,该如何更好地回答这些问题。尽量把参加面试的所有细节记下,其中最重要的是面试时与自己交谈的人的名字和职位。万一通知自己落选了,面试者也应该虚心地向招聘者请教,以了解自己有哪些欠缺,以便今后改进。

2. 面试后致谢

在面试后的一两天内,求职者可以给某个具体负责人写一封短信。在信里应该感谢他所花费的精力和时间,感谢他提供的各种信息。如果在一个星期内,或者依据他们作决策所需的一段合理时间之内没有得到任何音讯,可以给负责人打个电话,问他是否已经作出决定。这个电话可以表示出求职者的兴趣和热情,还可以从他的口中听出自己是否有希望得到那份工作。

职场故事 3-6

陈珍是某高等职业学院文秘专业的毕业生。毕业前夕,陈珍与同班同学,也是最要好的朋友王琳去同一家单位面试。当时考官对她俩都很满意,要回去商量一下,再给通知。可是,一周之后还是杳无音信。两个女孩子都很着急。王琳说:"这个公司也太不负责任了,无论是否同意录取都应打个电话告诉一声啊,难怪是小公司。眼看就要毕业了,我不想再等了。"于是王琳开始去别的公司应聘了。陈珍此刻也很动摇,但又不想放弃。于是,她决定通过邮件给主考官写一封感谢信,顺便询问一下情况。

意想不到的事情发生了。第二天,陈珍接到了人力资源经理的录用电话,她如愿以偿地得到了这份工作。在该公司工作很久之后,一次偶然的机会,陈珍询问当时的那个考官:"当时您是怎样选中我的呢?"考官笑着答道:"当时几个女孩都很优秀,你也很有实力,最重要的是,你是唯一写感谢信的人。"

三、笔试的种类

笔试是用人单位让求职者笔答事先拟好的试题,然后根据解答的正确程度评定求职者成绩的一种考试方法。它是用人单位对求职者的专业知识以及文字表达能力、书写态度等综合能力的一次有据可查的测试。笔试一般适用于应聘人数较多、需要考核的知识面较广的招聘。

参加笔试之前,应了解笔试的范围,以便想好应对策略,充分发挥自己应有的水平,争取取得好的成绩。目前用人单位用来考核求职者的笔试类型主要有专业考试、智商和职业心理测试、技术测试和公务员考试。

(一) 专业考试

专业考试主要是为了考查求职者文化知识水平和相关的实际能力。该类考试一般包括专业知识测试与专业技能考核。一个正式的高校毕业生经过几年的学习,其成绩单已反映出毕业生的文化知识和专业水平,有些用人单位就拿成绩单当作审核材料,所以求职者可以不用参加笔试。而有些用人单位需要通过专业知识测试的方式对求职的毕业生进行文化和专业知识考核。专业技能考核一般采用现场操作加工典型工件、生产作业项目、模拟操作等方式进行。因此,毕业生不仅要具有与毕业文凭相对应的基础理论知识,而且要学好基本的技能,打下坚实的基础。当然,大学生也可以在读书期间参加相关的职业技能培训,通过所获得的相应的职业资格证书来体现专业技术能力。

(二) 智商和职业心理测试

智商测试主要测试求职者的记忆力、分析观察能力、综合归纳能力和思维反应能力。这类测试一般是会计师、审计师等职业所要求的。目前很多著名的跨国公司都采用这种测试。在他们看来,求职者的综合素质比求职者在校所学的专业知识更重要。因为专业能力可以通过公司的培训获得。因此,有无专业训练背景无关紧要,但求职者不断接收新知识的能力是至关重要的。该类测试的考题题型具有多样化、生活化的特点。如有一些题目是面向中小学生的智力游戏书中常见的,在一些面向大众的杂志中偶尔也可以见到这些题目。

职业心理测试是用事先编好的标准化量表或问卷,要求求职者完成,根据完成的数量和质量来判定其心理水平或个性差异的方法。一些特殊的用人单位会以此来测试求职者的态度、兴趣、动机、智力、个性等心理素质,考查求职者是否具有适应特定职位所需的心理承受能力,然后根据测试结果决定取舍。

(三)技术测试

技术测试主要测试求职者处理问题的速度和效果,检验其对知识和智力的运用能力。

(四)公务员考试

我国公务员"凡进必考"制度在全国范围内推行后,《中华人民共和国公务员法》也自2006年1月1日起正式施行。近年来,国家公务员考试的形式越来越受用人单位的青睐。不仅国家机关及事业单位采用这种考核方式,而且很多企业也纷纷效仿这种方式,对求职者进行综合能力的测试。

中央、国家机关的公务员考试包括笔试(公共科目、专业科目)和面试,以前公共科目笔试按A、B类职位分别进行。A类职位笔试公共科目为"行政职业能力测验"(A)和"申论";B类职位笔试公共科目为"行政职业能力测验"(B)。专业科目笔试和面试时间由招考部门自行通知。从2006年开始,A、B类职位都要考一样的科目,就是"行政职业能力测验"和"申论",只不过"行政职业能力测验"分别命题。

地方公务员考试的考试科目都是由各个地方自定的,一般都有笔试和面试。笔试科目各有不同,北京、山东、浙江、上海和广东等省、直辖市的笔试科目为"行政职业能力测验"和"申论"。报考地方公务员考试的同学要注意查阅当地政府公布的招考简章,以便有针对性地进行复习。就当下公务员考试改革的趋势来看,各地公务员考试都倾向于考"行政职业能力测验"和"申论"两个科目。

拓展阅读 3-12

公务员录用的基本程序

1. 编制录用计划

在进行公务员录用以前,必须制订录用计划。

公务员录用计划是指公务员录用主管机关根据国家核定的行政机关的编制和行政岗位空缺、现有人员结构等情况,审核编制的一定时间内录用公务员的计划。编制公务员录用计划的目的是使公务员录用考试有的放矢。

2. 发布公告

在考试前一个月,由政府人事部门发布招考公告,将考试录用的主要信息通过公告告知社会。招考公告包括如下内容:招考范围、招考对象和条件;录用单位、职位与计划指标数；考试录用的方法和程序；报名时间、地点及报名时应审查的证件；笔试的科目、时间和地点；面试办法；笔试、面试成绩公布办法；录用程序及方法；其他须向考生说明的事宜。

3. 报名及资格审查

政府人事部门和用人部门在规定的时间、地点组织办理报名手续，进行初步资格审查，并向符合条件者颁发准考证。

4. 考试

公务员录用考试包括笔试和面试两个阶段，笔试合格者才有资格参加面试。全面测试应试者的基础知识和专业知识水平，以及适应职位要求的业务素质和工作能力。

笔试主要考查应试者的基础知识、专业知识、管理知识、相关知识及综合分析能力、文字表达能力等。面试主要考查应试者运用知识分析问题的能力、思维的敏捷性、口头表达能力、应变能力及外表、风度、情绪的稳定性等。

5. 录用考核

考试之后，对合格者进行报考资格复查和全面考核。考核是公务员考试录用中的一个关键环节。方法有：查阅个人档案；与本人交谈；向领导和同事了解情况；召开小型座谈会等。考核的结果要形成报告，并提出是否录用的意见。

6. 体检

健康的身体是执行公务的保证，公务员必须有合格的身体。对笔试、面试、考核都合格的应试者组织体检，体检不合格者，不能录用。体检工作由主管机关或委托用人部门组织。体检标准由主管机关根据公务员录用对象的年龄特点和公务员工作特点，同卫生行政部门协商制定。

7. 录用

录用是国家公务员考试录用的最后一个环节。用人单位根据拟任职位的要求，综合评定应试者的考试、考核与体检结果，确定拟录人员名单。属国务院各工作部门的报国务院人事部门备案。属于地方政府工作部门的，报市（地）级以上政府人事部门。

（资料来源：中华人民共和国人力资源和社会保障部网站）

四、笔试策略

（一）笔试准备

（1）加强练习。良好的笔试成绩来自平时的积累。需要较早树立就业意识，提前做些就业方面的准备，相应地，可以查阅一些笔试的试题，有针对性地加强这方面的锻炼。

（2）针对性的复习。针对拟参加考试的类型，翻阅应试资料，复习已掌握的知识，加强记忆。复习准备时应考虑到单位、岗位的特点并进行相应的准备。

3-15 微课：笔试

（3）保持良好的心理状态。这种考试不同于升学考试，临考前，须减轻思想负担，保证充足睡眠，调整好心理状态，力争以最佳状态应试。

（4）临场准备。提前熟悉考场环境，有利于消除应试时的紧张心理。还应仔细查看考场注意事项，尽量按要求做好。除携带必备的证件外，考试必备的文具也要准备齐全。

(二)答题技巧

1. 通览试卷

了解题目的多少和难易程度,以便掌握答题的速度。然后根据先易后难的原则排出答题的顺序,先做简单的题,后做难题。这样就不会因为做难题使用时间太多而影响其他题目的作答。遇到综合题或论述题,则应先列出提纲,再逐条论述。

2. 弄清题意

因为求职笔试试题不同于平时学习过程中的考试试题,它考查的面比较广,而且随意性、灵活性大,试题中有一些可能是从来没有遇到过的类型,甚至有些问题非常古怪,这时应试者必须冷静分析,弄清楚题目类型,运用联想能力,搜寻所有记忆查找可能的线索,寻求最佳答案。

3. 自我暗示

笔试过程中,由于应试者准备时间不充分,没有经验或者对题型感到生疏等原因,可能会感到无从下手,这时不要烦躁、慌张,因为这些情况对于大多数人来说都是可能存在的,要对自己进行心理调节和自我暗示,比如告诉自己"我遇到的麻烦,大家也同样遇到了""我学习成绩、个人能力都比较好,对于这个问题一定也能处理好",等等。

4. 认真检查

答完试卷后,要进行一次全面复查,特别注意不要漏题、跑题,要纠正错别字、语法不通、词不达意等错误。另外,特别强调一点:对于心理和智力测试的题目,在检查中如发现不妥,难以确定对错,最好的方法是保留原有答案,不要改动。对于这类试题,人的第一感觉往往更可靠。

课堂活动 3-5

角色模拟:在面试中,展示自己的"不完美"

活动目的:正确地应对简历中的某些不足进行自圆其说。

活动步骤:

1. 将学生分组,进行角色分配。

采取一对一模拟方式,一人充当面试官,另一人充当面试者,面试官可以参考以下问题进行提问(可以补充)。

(1)缺少专业相关实习经历如何自圆其说?
(2)学校并不出名怎么办?
(3)没有担任班级、院校等有关学生干部的经历?
(4)各门课程成绩分数不高?

2. 面试者进行回答,每个问题 2 分钟。

3. 分享、汇总,大家一起学习。

活动建议:

人无完人,我们如何在真实的简历中述说和描述自己的不完美,即如何突出自己的优势,淡化自己的劣势,做到"取长补短""扬长避短"。对几种常见的问题,同学们以小组为单位,以头脑风暴的方式说出自己的解决方案。

第五单元　求职心理准备

◇ **问题导学**

1. 高校毕业生求职就业时有哪些心态和行为需要调整？
2. 面对严峻的就业形势，高校毕业生该如何去除心理障碍、放下包袱？
3. 你准备如何缓解求职时的紧张心理？

案 例 导 入

郭兰是某高等职业学院即将毕业的大学生。开始找工作时，她跑了很多单位，可是没有收获。尤其是在毕业前的一次大型人才招聘会上，郭兰递交了很多份个人简历，都是石沉大海。转眼间就要毕业了，郭兰的工作还是没有着落。她身边的同学，不是升入本科就是已经找到工作，有些同学甚至还拿到了好几个单位的录用通知书。随着毕业的时间越来越近，她感到异常烦躁、焦虑，食欲也随之下降；甚至开始怀疑自己大学三年所有的努力是否值得，觉得对不起父母和老师，感觉自己很没用。

郭兰出现这种情况就是因为暂时没有找到工作而产生了自卑心理。她不能正确地认识自己，尤其是和周围的同学比较后，产生了焦虑情绪，并且开始影响日常生活。

中国有很多家长在孩子备战高考的时候都会说："孩子，只要你考上了理想的大学，以后的人生道路就一帆风顺了。"可是，就算考上了不错的大学，到了毕业求职的时候，压力往往比当初高考的时候更大。严峻的就业形势，父母的期盼，同学之间的攀比，用人单位的歧视……一连串的因素汇聚成一股合力，一次又一次地考验着大学生们的心理防线。从某种意义上来说，求职与其说是一场技术战，倒不如说是一场心理战。要想从这个战场上凯旋，最重要的武器就是一颗足够强大的心脏，以此去承受一次又一次的失败，去面对来自四面八方的嘲讽、歧视和冷漠。

一、认识求职心理

大学生的求职心理指大学生在毕业选择职业时所表现出各种心理状态和心理特征的总和。对于初次就业的大学生来说，正处于职业生涯探索期和建立期的转换阶段，他们将会遇到比以往任何时候都更深层的困惑和更严肃的课题。

（一）求职心理的特点

大学生在就业过程中既表现出稳定、自信的心理状态，又表现出波动、复杂的情绪，主要有以下特点：

1. 就业选择的主体性

大学生重视自我发展，敢于通过个人能力的发挥，获得事业的成功和自我价值的实现，他们大都具有实现个人抱负的愿望和积极向上的精神。

2. 就业心理素质的稳定性

大学生在经过多年的大学学习，心理素质也趋稳定，能够对自己的个性特点、兴趣爱好和能力发挥等有一个全面而正确的认识。

3. 就业心理倾向的波动性

大学生主要处于青年中期,从生理发展来看已经成熟,心理素质也趋于稳定。

(二)求职心理矛盾

大学生身处于人生中心理矛盾突出的阶段。生理与心理发展具有不同步性,如理想与现实的心理矛盾、就业与择业的心理矛盾、享乐与创业的心理矛盾、观望与竞争的心理矛盾、自恃与自卑的心理矛盾等。

拓展阅读 3-13

心理健康的标准

目前心理学界关于心理健康标准较为权威的提法主要有以下几种,这几种心理健康标准从不同角度去衡量,但彼此之间又有较好的兼容性,因此可作为大学生自我判断择业心理健康水平的参照。

一、第三届国际心理卫生大会认定的心理健康标准

1946年,第三届国际心理卫生大会对此定义为:所谓心理健康,是指在身体、智能以及情感上与他人的心理健康不相矛盾的范围内,将个人心境发展成最佳状态。具体表现为:身体、智力、情绪十分协调;适应环境、人际关系中彼此能谦让;有幸福感;在工作和职业中,能充分发挥自己的能力,过有效率的生活。

二、美国心理学家马斯洛和米特尔曼提出的心理健康的十条标准

该标准被公认为是"最经典的标准",具体如下:① 充分的安全感;② 充分了解自己,并对自己的能力作适当的估价;③ 生活的目标切合实际;④ 与现实的环境保持接触;⑤ 能保持人格的完整与和谐;⑥ 具有从经验中学习的能力;⑦ 能保持良好的人际关系;⑧ 适度的情绪表达与控制;⑨ 在不违背社会规范的条件下,对个人的基本需要作恰当的满足;⑩ 在集体要求的前提下,较好地发挥自己的个性。

三、樊富珉教授提出的大学生心理健康的标准

我国心理学家樊富珉教授提出了大学生心理健康的七个标准,具体如下:① 能保持对学习较浓厚的兴趣和求知欲望;② 能保持正确的自我意识,接纳自我;③ 能协调与控制情绪,保持良好的心境;④ 能保持和谐的人际关系,乐于交往;⑤ 能保持完整统一的人格品质;⑥ 能保持良好的环境适应能力;⑦ 心理行为符合年龄特征。

二、常见求职心理误区

求职阶段是大学生人生发展历程中的重大转折时期,由于大学生所处的年龄与学习生活环境,使其存在着不同程度的就业心理矛盾,有时在心里认识和感性认识上的偏差,导致就业误区的产生,大学生择业过程中常见的心理误区有以下几个方面。

(一)期望过高

近年来由于受多种因素的影响和干扰,择业期望值过高是高校毕业生普遍的心态。

90％以上的高校毕业生希望选择效益好、工资高的单位；更多的毕业生要求到发达的大城市工作。这说明高校毕业生对自身在社会中的定位没有正确的认识和分析。在进行个人社会定位时，必须认真考虑自身的知识和能力水平、专业的社会适应性、自身的个性特征等各种综合因素。

（二）焦虑恐惧

焦虑恐惧主要表现为：一方面渴望自己尽快走上社会，谋求到适合自己的理想职业；另一方面又患得患失，不愿意走出校门，对走上社会感到恐惧。高校毕业生的就业忧虑和恐惧心理是由于意识到就业的客观形势与自我主观推断的矛盾而产生的心理体验。

（三）消极自卑

自卑感强的学生最主要的问题是，对自己的个性特点缺乏准确、客观的了解，因而缺乏自信心，求职时很容易产生消极心理。面对改革的浪潮和人才市场激烈的竞争，涉世未深的大学生产生自卑心理是正常的，也是比较普遍的。产生自卑感的原因有很多，有生理的、环境的、家庭的或社会的原因，但主要还是由心理因素造成的。比如，在择业中自己总是拿不定主意，过分退缩，对自己能胜任的工作，也不敢说"行"，总说"试试看"，显得很不自信。

职场故事 3-7

高校毕业生小刘学习成绩和其他方面条件都不错，在就业的初期满怀信心。但由于专业冷门等原因，小刘找过几家单位都碰了壁，结果产生了自卑感，在后来的求职过程中表现越来越差，陷入恶性循环之中而不能自拔，以至于到了招聘单位，只是被动地问人家："学某某专业的要不要？"其他什么话都不敢讲，最终未能落实就业单位。

（四）盲目从众

部分高校毕业生不能客观地分析社会的需要，对自己的职业能力缺乏信心，在求职就业时产生随波逐流的盲从心理。在求职过程中，自觉或不自觉地服从多数人的意向，使个体的认知、兴趣、动机和行为趋向等与群体保持一致，心理学中称之为从众心理。如多数人认为这种职业好，自己也跟着认为这种职业好；多数人对某单位感兴趣，自己也随之对该单位感兴趣；多数人把经济收入作为择业标准，自己也过多考虑工资待遇等。对这种现象通俗的解释就是"人云亦云""随大流"。

（五）思维定式

不少高校毕业生择业时希望一步到位，存在就业必须"专业对口"或者工作必须是"铁饭碗"这样的思维定式。然而只有在工作的过程中才能找到最能发挥自己特长的岗位。因此，"先就业，后择业"能让毕业生在工作过程中逐渐找准自己的职业生涯发展方向，不必计较跨出校门的第一个台阶有多高。因为很多毕业生没有社会经验，对自己喜欢什么样的工作和岗位都不清楚,要找一份理想的工作是有一定难度的。思维定式束缚毕业生的择业范围,导致择业时顾虑重重,思前想后,谨慎过头,不敢冒险,缺乏风险意识和风险承受力,妨碍了自我推销的有效展开。

(六) 虚荣攀高

有的高校毕业生受社会上功利主义思想的影响,择业时名利心过重,缺乏对自我的客观评价,不考虑新形势下用人单位对毕业生专业、能力、层次等方面的要求,盲目追求起点高、薪水高、职位高的工作岗位。

(七) 过分依赖

一些高校毕业生缺乏独立意识,就业时存在过分依赖的心理。一是过分依赖学校,观念还停留在当初的统招统分上,不主动寻找工作单位,等着学校给他们介绍工作单位。二是过分依赖家人和亲友,面试需要父母、朋友陪同,否则信心不足。

(八) 法律意识淡薄

在选择用人单位的过程中,部分高校毕业生抱着"骑驴找马"的心理,即不管用人单位的好坏,先签约再说,然后再继续接受其他单位的挑选,一旦有更理想的工作岗位就毁约。有的毕业生虽然在签订协议时是真心诚意的,一旦能找到更好的单位又欲毁掉先前已签好的协议,法律意识淡薄,在求职过程中不懂得运用法律手段来维护自己的合法权益。

拓展阅读 3 - 14

求职心理问题原因解析

1. 受传统观念束缚

目前,相当一部分大学生和家长固守着过去的观念,认为在机关、事业单位就业才是"正经工作",不仅工作比较稳定,生活有保障,而且也有地位,这是导致众多大学生首选国家机关和事业单位的主要原因。

2. 虚荣心作祟

很多大学生都不同程度地存在着这种思想:觉得找地理位置不优越、工资待遇不丰厚、发展空间不大的工作,一方面对父母、家庭不好交代,另一方面在同学面前也没面子。每个人都有对生活的美好向往,高校毕业生对美好生活的向往和追求会更迫切和强烈。大学教育让毕业生拥有了丰富的专业知识和技能,面对纷繁的社会,他们豪情万丈,渴望展翅高飞,大干一场。然而由于高校毕业生社会经验较少,涉世未深,对职场上的规则尚不能完全掌握,在很多时候,理想与现实严重脱节,形成极大反差,导致他们在现实与虚荣之间左右摇摆,处于矛盾之中。调查表明,在择业取向中,受市场经济与精英意识的双重影响,大学生既表现出市场经济条件下的较为功利化的就业取向,同时又无法摆脱精英意识影响下的理想化特征,出现了理想的自我膨胀和现实的自我萎缩之间的矛盾。

3. 期望值过高

不少大学生择业期望值过高,总想去自己想去的地方,不想去需要自己的地方,选择到私营企业、乡镇企业工作的人微乎其微。

4. 自我能力评估不当

"知己知彼,百战不殆"是一个亘古不变的真理。可是,不少大学生却对自身的能力素质估计不当,在择业时,不是看自己到底有多大能力、多高素质,能做出多少贡献,而是看单位能给多少钱,有什么待遇,任什么职务。由于不能正确认识和评价自己,致使大学生在选择职业时患得患失。

三、异常求职心理调适

(一) 求职心理调整策略

职业选择是每位高校毕业生面临的一次重要抉择。社会的变革、就业制度的改革,为即将走向社会的大学生提供机遇的同时,也提出了严峻的挑战。因此,要使自己在择业竞争中处于良好的"竞技状态",充分发挥自己的主观能动性,自如地应对择业中遇到的各种问题,就必须保持良好的就业心态。

3-16 微课:求职中的心理调适

1. 更新就业观念,正视社会现实

尽管我国目前的经济、教育结构仍存在不合理的现象,社会为大学生提供的工作岗位不可能令每一个人都满意,但随着毕业生就业制度的改革,大学生职业选择的机会也在增加。因此,高校毕业生必须从实际出发,更新就业观念,正视社会现实。毕业生的眼光不能仅仅停留在用人单位的待遇方面,而应该结合自身特点,考虑用人单位是否具备发挥个人潜能的空间。正视社会现实是大学生求职阶段必备的健康心态之一。

2. 积极参与竞争,坦然面对挫折

双向选择的就业制度为高校毕业生和用人单位提供了双向选择的机会。因此,大学生应珍惜机遇,积极参与竞争,在竞争中寻找自己的位置,实现职业理想。在竞争日益激烈的今天,优胜劣汰早已被引入了职场,求职失败、遭遇挫折也是正常的事情。因此,对于职场上的得失,要以平常心对待,理性看待失败。面对求职过程中的挫折和困难,高校毕业生应该冷静分析,做到能屈能伸,学会化解求职的心理压力,以积极的态度面对求职中的挫折。

3. 克服依赖心理,实现真正自立

目前的高校毕业生大多都是独生子女,在父母无微不至的关爱下成长,父母常常会解决其生活中的一切困难。因为缺少应对挫折的历练,大学生在毕业前大多仍在依赖父母、老师的帮助,没有实现真正意义上的自立。因此,有些大学生在择业过程中缺乏自信,把希望寄托在"拉关系""走后门"上;有的毕业生甚至是由家长出面与用人单位洽谈就业事宜。实际上,毕业生应该意识到现实社会是一个竞争激烈的社会,是一个需要每个社会成员积极参与竞争的社会,应该充分认识到自己才是求职的主体,要发挥自身的积极主动性,树立起强烈的主体意识。

(二) 心理调适方法

平衡身心和拥有良好就业心态是求职就业制胜的法宝。增强自信心、培养意志力、提高抗挫折能力和调整就业心态是实现求职就业目标、维护身心健康的前提和保障。自我心理调适,就是根据自己的发展及环境的需要对自己的心理进行控制调节,从而最大限度地发挥

个人的潜力,维护心理平衡,消除心理困扰。高校毕业生学会自我心理调适,能够在就业遇到困难、挫折和心理冲突时,进行自我调节和控制,解决问题,排除困扰,改善心境,寻找最佳途径实现自己的就业目标。

1. 自我激励法

自我激励主要指用生活中的哲理、榜样的事迹或明智的思想观念来激励自己,同各种不良情绪作斗争,坚信未来是美好的,因为失败、挫折已经成为过去,要勇敢地面对下一次机会,尽可能地把不可预料的事当成预料之中的,即使遇到意外事件或就业受挫,也要鼓励自己不要冲动、急躁,而应开动脑筋、冷静思考、寻找对策。大学生在就业过程中,要相信自己的实力,通过自我激励,增强自信心,消除自卑感,保持良好的情绪和心态。

2. 注意力转移法

注意力转移法即把注意力从消极情绪转移到积极情绪上,当不良情绪出现时,可以采用转移注意力的方法激活新的兴奋中心,以抵消或冲淡原来的兴奋中心,使不良情绪逐渐消失。例如,听听音乐,参加体育运动,到大自然中放松一下,参加有兴趣的活动等,使自己没有时间沉浸在各种原因引起的不良情绪中,以求得情绪平稳。

3. 适度宣泄法

当遇到各种矛盾冲突、引发不良情绪时,应尽早进行调整或适度宣泄,使压抑的心境得到缓解和改善。较好的宣泄方法是向挚友、师长倾诉自己的忧愁、苦闷,使不良情绪得到疏导。在倾诉烦恼的过程中,可以获得更多的情感支持和理解,获得认识和解决问题的新思路,增强克服困难的信心;也可以通过打球、爬山等运动量较大的活动,消除压抑心理,恢复心理平衡,但应注意场合、身份、气氛,注意适度,宣泄应是无破坏性的。

4. 自我安慰法

自我安慰法又称自我慰藉法,关键是自我忍耐。在就业过程中,大学生常常会遇到挫折,当经过主观努力仍无法改变时,可适当地进行自我安慰,以缓解内心的矛盾冲突,消除焦虑、抑郁、烦恼和失望情绪,这样有助于保持心理平衡。在遭受挫折时,可用"亡羊补牢,犹未为晚""塞翁失马,焉知非福"等话语来自我安慰。总之,在就业的过程中要保持平常心,排除诸如不满、愤懑、妒忌、焦虑、恐惧等负面情绪对正常思维、决策的干扰。

5. 合理情绪疗法

人们的情绪困扰是由于不正确的认知即非理性信念所造成的。因此,通过认知纠正,以合理的思维方式代替不合理的思维方式,就可以最大限度地减少不合理的思维给人们情绪带来的不良影响。

总之,在择业求职过程中,高校毕业生应提高自我调适的自觉性,通过自身的努力使自己保持一种良好的心态。同时,社会、学校和家庭各方面也应提供热忱的关注和积极的引导,帮助他们面对现实,排除心理困扰,缓解不必要的心理压力,顺利走向工作岗位。

专题小结

本专题着重介绍高校毕业生面临的就业形势和目前我国的就业政策,就业信息的搜集与处理,以及高校毕业生求职材料的准备和面试技巧。精心准备求职材料,熟练使用面试技巧,适应时代职业要求,努力调整就业心态,不断提升就业竞争力,是高校毕业生成功就业的关键。

思考与练习

一、制作一份适合自己的简历

运用本专题制作求职材料的有关知识,制作一份适合自己的完整的求职材料。其中个人简历内容不限,但必须包含姓名、求职目标、教育经历、实践(工作)经历以及个人兴趣爱好等,另附封面、求职信和相关证书复印件。

二、案例分析

(一)

某知名公司发布了要到学校招聘大量人才的信息。学校就业指导中心迅速公布了该公司招聘人员的联系电话并通知了各系部。毕业生们得知此事后都跃跃欲试,但作出的反应却大相径庭。

很多同学立即与公司招聘人员进行联系,进一步了解详细情况,同时开始做相应的准备。例如,小方在仔细地了解用人单位的具体情况之后,根据用人单位提供的详细地址用特快专递方式将自己的材料寄往了用人单位;而小李却不以为意,只是坐等学校的招聘通知……

(1)你如何评价小方和小李这两位同学的不同表现?

(2)结合以上两名同学的求职经历,面对这样的就业信息,你会怎么做?

(二)

"怎么就毕业了?"某高等职业院校的吴明说,"我原来就知道上课读书,现在一下子就要毕业了,我觉得去哪个单位都行又都不行。我真不知道该干什么?该怎么干?"事业单位招聘考试报名开始了,吴明跟着同学也挑了个专业对口的岗位报了名;有单位进学校来招聘,吴明也赶紧和同学一起去看有没有适合自己的职位;奔赴各场招聘会,参加企业在学校的宣讲会,吴明拿着一大堆简历"广撒网"。可是三个多月过去了,吴明还没有找到让自己感到满意的工作。一提到工作,吴明就头痛不已。

(1)案例中的吴明为什么会出现这个情况?请你帮助吴明找出"头痛"的原因。

(2)求职前,需要做好哪些心理上的准备?谈谈你的看法。

三、课后反思

1. 通过本专题的学习,我懂得了:

(1) _____

(2) _____

(3) _____

2. 通过学习本专题,我准备通过以下途径获得就业机会:

(1) _____

(2) _____

(3)_____
3.求职过程中,我需要做好以下几项准备:
(1)_____
(2)_____
(3)_____

专题四　就业权益保护

◇ **学习目标**

1. 了解高校毕业生的就业权益。
2. 熟悉就业协议和劳动合同的签订、就业陷阱及其应对方法，避免在求职过程中上当受骗。
3. 树立法制观念，掌握求职就业的基本法律知识和解决劳动纠纷的方式。

第一单元　就业协议与劳动合同

◇ **问题导学**

1. 就业协议书能否由高校毕业生、学校先签字、盖章，然后由用人单位签字、盖章？为什么？
2. 高校毕业生能随意违反就业协议吗？
3. 口头约定的劳动合同有效吗？

案例导入

某高等职业学院汽车检测与维修专业毕业生小黄，在学校举办的校园人才招聘会上，与一家汽车维修企业达成了意向性协议。由于对该用人单位的工作待遇和条件都很满意，2020年5月，小黄与该企业签订了正式的《就业协议书》，约定7月到该企业正式报到入职。但正式上岗后，企业迟迟没有与小黄签订劳动合同，小黄委婉地提出要签劳动合同的意见后，人事部经理告诉他，有了就业协议，就用不着再签劳动合同了。小黄有点纳闷了：难道就业协议可以取代劳动合同吗？

毕业生与用人单位签订的《就业协议书》以及报到后签订的劳动合同是大学生就业过程中最重要的两个法律文件。就业协议是高校毕业生和用人单位关于将来就业意向的初步约定，而劳动合同则是毕业生与用人单位明确劳动关系中权利义务关系的协议。因此，了解和掌握有关就业协议与劳动合同的知识，有助于高校毕业生运用法律武器维护自己的合法权利，同时也能避免就业过程中的违约行为。

4-1 微课：就业协议书

一、就业协议书

就业协议书,又称"三方协议",是为明确毕业生、用人单位、毕业生所在学校三方在毕业生就业工作中的权利和义务,经协商签订的协议。协议书是毕业生与用人单位建立就业关系的正式凭证,是学校派遣毕业生的依据,也是毕业生到人事、教育等部门办理就业报到手续的必备材料之一。从某种意义上而言,它就是一份简易合同,一旦签约,就要履行,否则就要承担违约责任。

职场故事 4-1

某高等职业学院毕业生李某用已经确定专升本的同班同学刘某的就业协议书与福州A单位签约,在协议书已经完成三方签字、盖章的情况下,李某反悔,不想去A单位工作。他又用另一位专升本同学蔡某的就业协议书与福州B公司达成了就业意向。为了撕毁已达成的协议,李某到A单位谎称学校要其将协议书取回补办手续,并保证在规定时间内一定办好,单位也相信了他,将就业协议书还给他。李某一拿到协议书即到学校谎称是A单位欺骗了他,因解决不了户口问题而将其退回,并要求学校在与B单位的就业协议书上签字、盖章。学校为谨慎起见,出面与A单位联系,得知李某的不诚实行为,对其进行严厉批评,并责令其向该单位道歉,请求谅解。谁知李某以熟悉法律规定为由,声称A单位没有任何证据证明自己违约,拒不道歉。A单位致电学校,希望学校给予该生严厉处分。最后,李某为自己的行为付出了代价。

(一)签订程序

(1)毕业生与用人单位双向选择、洽谈。毕业生要全面了解用人单位基本情况及接收毕业生的基本条件和要求,如实向用人单位介绍自己。

(2)经双方充分协商达成一致意见后,毕业生认真如实填写本人的《就业协议书》,并交由单位签字、盖章。如有其他约定,以文字方式在协议"备注"栏注明。用人单位应在协议书上注明可以接收毕业生档案的单位名称和地址、接收人姓名、联系电话。

(3)协议书经用人单位盖章后,如需报用人单位上级主管部门批准的,需加盖相应用人单位主管部门或人事代理机构公章,部分地区需另附接收函(批)件。

(4)毕业生将《就业协议书》原件(一式四份)交回辅导员,经二级学院审查后签署意见,加盖学院公章。

(5)学校招生就业办公室(每个学校的机构设置不一样,仅供参考)汇总就业协议,审查合格后,加盖学校就业管理部门公章。签订完毕的就业协议书交用人单位一份,毕业生留存一份,学校就业管理部门一份,用人单位主管部门或人事代理机构一份。

小贴士 4-1
就业协议填写提示

(1)学校、专业名称为现在就读学校全名、专业全称,应与正式登记的学校、专业名称完全一致,不得误写、简写。

（2）用人单位名称与单位公章应一致，不得简写、误写或写别名；档案接收详细信息包括单位名称、详细地址、接收人及联系电话等。某些外资、私营、民营单位如没有人事档案保管权，应填写委托保管档案的单位，如某人才服务机构的详细信息。

（3）双方协商达成的条款部分，如毕业生的服务期、见习期等内容，必须明确填写；各项福利、违约金等必须注明；甲、乙双方就有关事项协商达成附加条款，也需在协议中写明。

（4）就业协议一般是统一制表，但由于各个省市的要求不同，内容也会有所差别。

（二）注意事项

就业协议书涉及毕业生的切身利益。就业协议书经毕业生、用人单位、学校三方签字后生效，具有法律约束力。为了切实维护自己在就业过程中的合法利益，毕业生在就业签约时应注意以下几个问题。

（1）在签订就业协议书时，毕业生应认真阅读"填写说明"，注意本人情况应当符合就业政策，并遵守有关的程序规定。否则，将导致就业协议无效。

（2）毕业生必须如实地向用人单位介绍自己的实际情况，不得弄虚作假。

（3）毕业生、用人单位和学校都应严格履行协议。若有一方提出变更协议，须征得另两方同意。否则，由违约方将承担违约责任。

（4）如果用人单位没有接收毕业生人事档案及户口的指标，毕业生及用人单位不应无理要求学校对就业协议书进行鉴定。学校也不会将其列入毕业生派遣计划。

（5）学校将在学生毕业前安排体检，体检不合格者，签订的就业协议将自行取消，由学校通知用人单位。如用人单位对毕业生身体条件有特殊要求，原则上应在签订协议前进行单独体检，否则，以学校体检结果为准。

（6）就业协议应由学校最后把关。一般情况下，毕业生与用人单位先签订就业协议，然后再交学校就业工作部门鉴证。但有的毕业生为了方便，往往自己在协议书上签字后，要求学校先鉴证，再交用人单位签约，导致个别用人单位在协议书上增加有损于毕业生权益的其他条款后再签字盖章。待毕业生与学校知晓时，因三方已签字盖章，协议已生效，只能由毕业生承担不利后果。

（7）毕业生的情况由毕业生本人填写，每一名毕业生只能签订一份就业协议书，复印的就业协议书无效。

（8）毕业生可与用人单位在就业协议书中约定就业协议的解除条件，若约定条件一旦成就，可依约解除协议，而无须承担违约责任，避免产生经济损失或其他争议。

拓展阅读 4-1

毕业生就业协议书不能取代劳动合同

就业协议是在学生毕业之前，由毕业生、学校、用人单位三方共同签订，确立毕业生就业关系的协议。就业协议确定的是高校毕业生的就业意向和相关权益，包括报到日期、未来劳动合同的期限、试用期、薪酬、岗位、工作地点、违约金等。凡用人单位与毕业生之间的就业争议纠纷都应遵循就业协议中的有关规定。但就业协议的作用仅限于对学生就业过程的约定，本质是平等主体之间的民事合同关系，双方发生纠纷应直接诉请到法院，法院处理的依据是《中华人民共和国民法典》及相关法律规定，不适用劳动法，不受劳动法的特别保护。

已经签订过就业协议的毕业生，在正式报到时，应与用人单位按有关法律法规规定及就业协议约定条款，及时订立劳动合同并办理有关录用手续。一旦劳动合同签订并生效，就业协议也就相应终止。当然，也不是说原来的协议条款都不管用了。就业协议中的有关条款，包括合同期、试用期、福利待遇、违约金等符合劳动法的内容，应当作为签订劳动合同的依据。

劳动合同则是劳动者和用人单位间确立劳动关系的依据。劳动合同的签订即意味着劳动关系的建立，如发生纠纷，则应先诉至劳动仲裁机构，劳动仲裁及法院处理的依据是《中华人民共和国劳动法》（以下简称《劳动法》）及《中华人民共和国劳动合同法》（以下简称《劳动合同法》）。

就业协议书具有劳动合同的部分特征，但不能等同于劳动合同。就业协议书作为一份简单的格式文本，诸如工作条件等劳动合同必备条款并不在其中直接体现。因此，单凭就业协议，毕业生就业后的劳动权利无法得到全面、具体的保障。

从法律角度看，虽然就业协议书与劳动合同两者一经签订都具备法律效力，无论是毕业生还是用人单位都应当履行约定。但毕竟就业协议书仅仅是毕业生与用人单位双方进一步确立劳动关系的前提。从内容上看，就业协议书所规定的条款大多是一些框架性内容，毕业生与用人单位的有关劳动权利和义务的具体内容还有待于双方在劳动合同中详细约定。因此，如果毕业生在报到后与用人单位始终未能签订劳动合同，双方一旦发生纠纷，由于举证不能等方面的原因，即使毕业生主张权利，法律最终也很难保护其合法权益不受侵害。

根据劳动合同法的有关规定，劳动合同是劳动者与用人单位确立劳动关系、明确双方权利和义务的协议，应当以书面形式订立。在应当订立劳动合同的情况下，如果用人单位以种种借口不与毕业生订立劳动合同，毕业生完全可以拿起法律武器维护自身的合法权益。

拓展阅读 4-2

"Offer"

在招聘录用工作中，高校毕业生经常会听到"Offer"一词，Offer即"录用通知书"，是用人单位向被录用者发出的一种工作邀请函，其中说明了毕业生的上班时间、薪水和福利等情况，一般是在劳动者通过用人单位面试、用人单位决定录用后发出的，要求劳动者在上面签字，劳动者签字即表明接受对方的录用意向，愿意到用人单位工作。这种情形在外企中比较常见。

Offer是毕业生和用人单位达成的一个录用意向，并不涉及学校。因此，对于高校毕业生而言，除了与用人单位签署Offer，还应与其签订就业协议书，以更好地维护自己的合法权益。

在北京和上海等对户口要求较严的大城市，如果高校毕业生与用人单位之间只有Offer，而没有签订就业协议，则会导致用人单位无法帮助毕业生落户或接收档案。当发生这种情况时，毕业生可在毕业前找一家单位挂靠户口和档案（如人才交流中心），也可将户口迁回原籍。

(三) 违约及其处理

就业协议一经三方签署即具有法律效力,任何一方不得擅自解除,否则会给其他方带来一定的损害。目前,违反就业协议的情况时有发生,通常引起就业协议争议的主体是毕业生和用人单位。

1. 毕业生违约,擅自解除协议

用人单位往往为招聘一个高校毕业生做了大量的工作,花费一定的人力、物力和财力,有的甚至对毕业生将要从事的具体工作也有所安排;同时高校毕业生就业工作时间相对比较集中,一旦毕业生因某种原因违反就业协议,在规定的报到时间内不到用人单位上班,将会在工作安排等方面给用人单位造成极大的不便,损害在所难免。因此,在实际招聘工作中,毕业生一旦违反就业协议就必须承担违约责任,在征得用人单位同意并交纳违约金后才可与其他用人单位重新签约。毕业生违约时,必须与原签约单位办理解约手续(有原签约单位的书面退函并交纳违约金),然后将原协议书交还学校招生就业工作部门,并换取新的就业协议书。

拓展阅读 4-3

高校毕业生违约的不良后果

从实际情况来看,高校毕业生擅自解除就业协议的情况较多。毕业生违约,除本人应承担违约责任、支付违约金外,往往还会造成其他不良后果:

(1) 就用人单位而言,一旦高校毕业生因某种原因违约,势必使用人单位的这一岗位空缺,用人单位若另起炉灶,选择其他毕业生,不仅时间上不允许,也会浪费人力、物力和财力,从而给用人单位的工作造成损害。

(2) 对学校而言,用人单位往往将毕业生违约行为归咎于学校,从而影响学校和用人单位的长期合作关系。从历年毕业生违约情况来看,一旦某高校的毕业生违约给用人单位造成损失,则该单位在几年之内都不愿再到该高校来挑选毕业生,这影响了学校声誉,也会影响今后学校的毕业生就业工作。同时,毕业生的违约也影响到学校就业计划方案的制订和上报,影响学校的正常派遣工作。

(3) 对其他毕业生而言,用人单位到校挑选毕业生,一旦与某毕业生签订就业协议,就不可能再录用其他毕业生。若日后该毕业生违约,有些当初希望到该用人单位工作的其他毕业生由于录用时间等原因,也无法补缺,造成就业信息的浪费,耽误其他毕业生就业的机会。

2. 用人单位违约,擅自解除协议

对于在就业过程中处于弱势地位的高校毕业生来说,遭遇用人单位违约,擅自解除就业协议时损失更大。高校毕业生往往会因此而错失就业机会,严重影响毕业生的顺利就业。面对用人单位的违约行为,毕业生要及时调整心态,在积极寻找别的工作机会的同时,敢于拿起法律武器,维护自己的正当权益,追究用人单位的违约责任。对于协商调解不成的,毕业生可以直接向人民法院起诉,由人民法院依法裁决。

(四) 就业协议的解除

1. 单方解除

单方解除包括单方擅自解除和单方依法或依协议解除。单方擅自解除协议属违约行为，违约方应依约承担违约责任。单方依法或依协议解除，是指一方解除就业协议有法律上或协议上的依据，如毕业生未取得毕业资格，用人单位有权单方解除就业协议；毕业生考取研究生后，用人单位依协议规定可解除就业协议。这些单方解除就业协议的情况，解除方无须承担违约责任。

2. 三方解除

三方解除是指毕业生、用人单位、学校三方经协商一致，取消原签订的协议，使就业协议不发生法律效力。三方均不承担违约责任，三方解除应在就业计划上报主管部门之前进行，如就业派遣计划下达后三方解除，还须经主管部门批准办理改派。

课堂活动 4-1

分 组 讨 论

小马是某高校电子科学与技术专业毕业的学生。2020 年 5 月，小马与某电子科技公司签订了就业协议。但就在他即将报到上班的前一周，又有另外一家公司给小马打来了录用电话，而且小马发现电子科技公司的工作岗位也不太适合自己，于是向电子科技公司提出了解除就业协议的申请。单位虽然答应了他的要求，却以小马违约为由，要求其根据就业协议的约定，缴纳 8 000 元的违约金。小马觉得很不合理，认为自己现在还未正式上班，没有签订劳动合同，不能算真正违约，为何要交 8 000 元？

小马的说法对吗？为什么？

二、劳动合同

4-2 微课：劳动合同

劳动合同也称劳动契约、劳动协议，是劳动者同用人单位确立劳动关系，明确双方权利和义务的协议。根据协议，劳动者加入用人单位，承担工作任务，遵守单位内部的规章制度，用人单位根据劳动法律、法规和双方的协议，提供劳动条件，支付劳动报酬，并保证劳动者享受本单位成员的各种权利和福利待遇。

(一) 劳动合同的特征

劳动合同作为合同的一种，除具有合同的一般特征外，还具有本身的法律特征。

(1) 劳动合同是建立劳动关系的法律形式，以合同形式确立了劳动者与用人单位的权利义务。

(2) 劳动合同的主体具有特定性，一方是劳动者，另一方是用人单位。劳动者和用人单位都必须具备劳动合同主体的法定条件，不具有法定资格的公民与不具有用工权的组织和个人都不能签订劳动合同。

(3) 劳动合同主体之间具有行政隶属关系，即劳动者必须依法服从用人单位的行政管理。劳动合同订立后，劳动者成为用人单位的一员，用人单位有权指派劳动者完成劳动合同规定的、属于劳动者职责范围内的任何任务。这种主体之间的行政隶属关系,是劳动合同区别于其他合同的重要特点之一。

(4) 劳动合同双方当事人的权利和义务是统一的,即双方当事人既是劳动权利主体,又是劳动义务主体。根据劳动合同,劳动者有义务完成工作任务,遵守本单位内部的劳动规则;用人单位有义务按照劳动者的劳动数量和质量支付劳动报酬。劳动者有权享受法律、法规及劳动合同规定的劳动保险和生活福利待遇;用人单位依法有权对劳动者进行管理,并依法享有劳动者提供的劳动成果。

(5) 劳动合同的订立、变更、终止和解除,须按照国家劳动法律、法规的规定进行。

(二) 劳动合同的种类

按照合同期限的不同,劳动合同可分为三种。

1. 固定期限劳动合同

固定期限劳动合同,是指用人单位与劳动者约定合同终止时间的劳动合同。劳动合同双方当事人在劳动合同中明确规定了合同效力的起始和终止时间。劳动合同期限届满,劳动关系即告终止。如果双方协商一致,还可以续订劳动合同,延长期限。

固定期限的劳动合同可以是较短时间的,如一年、三年,也可以是较长时间的,如五年、十年,甚至更长时间。不管时间长短,劳动合同的起始和终止日期都是固定的,具体期限由双方当事人根据工作需要和实际情况确定。

2. 无固定期限劳动合同

无固定期限劳动合同,是指用人单位与劳动者约定无确定终止时间的劳动合同。这种劳动合同没有一个确切的终止时间,劳动合同的期限不能确定。

无确定终止时间,但并不是没有终止时间。只要没有出现法律规定的条件或者双方约定的条件,双方当事人就要继续履行劳动合同规定的义务。一旦出现了法律规定的情形或者双方约定的条件,无固定期限劳动合同也同样能够解除。

由于缺乏对无固定期限劳动合同制度的正确认识,不少人认为无固定期限劳动合同一经签订就不能解除。因此,很多劳动者把无固定期限劳动合同视为"护身符",千方百计要与用人单位签订无固定期限劳动合同。另一方面,用人单位则将无固定期限劳动合同看成了"终身包袱",想方设法避免与劳动者签订无固定期限劳动合同。

其实,与固定期限劳动合同相比,无固定期限劳动合同并没什么特殊之处,只是没有约定确定的终止时间。无固定期限劳动合同是长期合同还是短期合同,要取决于合同的履行情况,并不能一概而论,遇到法律规定或双方约定的劳动合同终止情形,同样可以解除。根据《劳动合同法》规定,只要劳动者提前三十日以书面形式通知用人单位,就可以解除劳动合同,且不用负违约责任。

3. 单项劳动合同

单项劳动合同也叫以完成一定的工作为期限的劳动合同。这种合同由用人单位与劳动者约定以某项工作的完成为合同期限。《劳动合同法》第十五条规定,用人单位与劳动者协商一致,可以订立以完成一定工作任务为期限的劳动合同。

(三) 劳动合同的内容

劳动合同内容,即劳动合同条款,是指双方当事人在合同中约定的各自权利、义务和其他问题的条款。劳动合同条款分为两部分:一部分是劳动合同必备条款,另一部分为劳动合同补充条款。

1. 劳动合同必备条款

劳动合同的必备条款是指法律规定的劳动合同必须具备的内容。《劳动合同法》规定，劳动合同应当以书面形式订立，并具备以下条款：用人单位的名称、住所和法定代表人或者主要负责人；劳动者的姓名、住址和居民身份证或者其他有效身份证件号码；劳动合同期限；工作内容和工作地点；工作时间和休息休假；劳动报酬；社会保险；劳动保护、劳动条件和职业危害防护；法律、法规规定应当纳入劳动合同的其他事项。

（1）劳动合同期限。这是双方当事人相互享有权利、履行义务的时间界限，即劳动合同的有效期限。劳动合同期限可分为固定期限、无固定期限和以完成一定的工作为期限。合同期限不明确则无法确定合同何时终止，如何给付劳动报酬、经济补偿等，易引发争议。

（2）工作内容与地点。工作内容即工作岗位职责或工作任务。它是用人单位使用劳动者的目的，也是劳动者通过自己的劳动取得劳动报酬的缘由。工作内容应当规定得明确、具体，便于遵照执行。

工作地点是指劳动者从事劳动合同中所规定的工作内容的地点，它关系到劳动者的工作环境、生活环境以及劳动者的就业选择。

（3）劳动保护和劳动条件。这是指用人单位为了保障劳动者的生命安全和身体健康而采取的各项安全措施，如配发职工劳动防护用品，保持工作场所通风、隔热等。在劳动生产过程中如果不采取预防措施，则有可能发生各种工伤事故，危及劳动者生命安全。

（4）劳动报酬。劳动报酬是满足劳动者及其家庭成员物质文化生活需要的主要来源，也是劳动者付出劳动后应该得到的回报。因此，劳动报酬是劳动合同中必不可少的内容。

劳动报酬是劳动者从事生产活动，用人单位以工资、福利以及其他各种形式从成本、费用或利润中支付给劳动者个人的工资性的报酬。

劳动合同中有关劳动报酬条款的约定，必须符合当地有关最低工资标准的规定。

小贴士 4-2
劳动报酬条款的主要内容

劳动报酬条款主要包含以下几项：
① 工资分配制度、工资标准和工资分配形式；② 工资支付办法；③ 加班、加点工资及津贴、补贴标准和奖金分配办法；④ 工资调整办法；⑤ 试用期及病、事假期间的工资待遇；⑥ 特殊情况下职工工资（生活费）支付办法；⑦ 其他劳动报酬分配办法。

4-3 微课：劳动纪律

（5）劳动纪律。劳动纪律是用人单位为形成和维持生产经营秩序，保证劳动合同得以履行，要求全体员工在集体劳动、工作、生活过程中，以及与劳动、工作紧密相关的其他过程中必须共同遵守的规则。

小贴士 4-3

劳动纪律的内容

劳动纪律包含以下内容：

(1) 履约纪律，即严格履行劳动合同及违约应承担的责任；

(2) 考勤纪律，即按规定的时间、地点到达工作岗位，按要求请休事假、病假、年假、探亲假等；

(3) 生产、工作纪律，即根据生产、工作岗位职责及规则，按质、按量完成工作任务；

(4) 安全卫生纪律，即严格遵守技术操作规程和安全卫生规程；

(5) 日常工作生活纪律，即节约原材料、爱护用人单位的财产和物品；

(6) 保密纪律，即保守用人单位的商业秘密和技术秘密；

(7) 奖惩制度，即遵纪奖励与违纪惩罚规则。

(6) 劳动合同终止的条件。劳动合同终止，是指终止劳动合同的法律效力。从狭义上讲，劳动合同的终止是指劳动合同的双方当事人都已经完全履行合同所规定的权利和义务，且任何一方当事人均未提出继续保持劳动关系的法律行为。广义的劳动合同终止包括劳动合同的解除。

小贴士 4-4

劳动合同终止的情形

① 合同期满终止；② 双方约定终止；③ 职工退休、退职或死亡；④ 职工入伍或出国；⑤ 用人单位破产、解散或撤销等。

(7) 违反劳动合同的责任。按照法律、法规的规定，劳动合同当事人一方由于过错而导致劳动合同不能履行的，过错方应承担相应责任。相关责任主要包括两个方面：用人单位违反劳动合同的责任和劳动者违反劳动合同的责任。

① 用人单位违反劳动合同的责任，即用人单位违反法律、法规的规定或劳动合同的约定，并给劳动者造成一定的物质经济损失时，所应承担的履行给付、赔偿损失等的法律责任。

用人单位有下列情形之一，对劳动者造成损害的，应当赔偿劳动者损失。

a. 用人单位故意拖延不订立劳动合同，即招用后故意不按规定订立劳动合同以及劳动合同到期后故意不及时续订劳动合同的。

b. 由于用人单位的原因导致订立无效或部分无效劳动合同的。

c. 用人单位违反规定或劳动合同的约定，侵害女员工或未成年员工合法权益的。

d. 用人单位违反规定或约定解除劳动合同的。

② 劳动者违反劳动合同的责任，即劳动者因过错违反劳动法律、法规的规定或劳动合

同的约定,对用人单位造成损失时所应承担的责任。

小贴士 4-5

劳动者赔偿损失的范围

劳动者违反规定或劳动合同的约定解除劳动合同,对用人单位造成损失的,劳动者应当赔偿用人单位下列损失:① 用人单位招收录用其所支付的费用;② 用人单位为其支付的培训费,双方另有约定的按约定办理;③ 对生产经营和工作造成的直接经济损失;④ 劳动合同约定的其他赔偿费用。

---

2. 劳动合同补充条款

根据劳动法有关规定,劳动合同除必备条款外,用人单位与劳动者还可以约定试用期、培训、保守秘密等其他事项。对于这些事项,法律不做强制性规定,由当事人根据意愿选择是否在合同中约定,劳动合同缺乏这种条款不影响其效力。因此,这种条款称为补充条款。

(1) 试用期条款。试用期是指用人单位对新招收职工的思想品德、劳动态度、实际工作能力、身体情况等进行进一步考察的时间期限。《劳动合同法》规定,劳动合同可以约定试用期,但最长不得超过六个月。在劳动合同中约定试用期,一方面可以维护用人单位的利益,为每个工作岗位找到合适的劳动者,试用期内用人单位可考察劳动者是否适合其工作岗位,是否与录用要求相一致,避免用人单位遭受不必要的损失。另一方面,可以维护新招收职工的利益,使新录用的职工有时间考察了解用人单位的工作内容、劳动条件、劳动报酬等是否符合劳动合同的规定。在劳动合同中规定试用期,既是订立劳动合同双方当事人的权利与义务,同时也为劳动合同其他条款的履行提供了保障。

4-4 微课:试用期

(2) 培训条款。这里所说的培训专指用人单位提供专项培训费用,对劳动者进行的专业技术培训,包括专业知识培训和职业技能培训。用人单位与劳动者订立培训条款有严格的条件限制。《劳动合同法》第二十二条规定:用人单位为劳动者提供专项培训费用,对其进行专业技术培训的,可以与该劳动者订立协议,约定服务期。劳动者违反服务期约定的,应当按照约定向用人单位支付违约金。违约金的数额不得超过用人单位提供的培训费用。用人单位要求劳动者支付的违约金不得超过服务期尚未履行部分所应分摊的培训费用。

用人单位与劳动者约定服务期的,不影响按照正常的工资调整机制提高劳动者在服务期间的劳动报酬。

(3) 保密与竞业限制条款。《劳动合同法》规定,当事人可以在劳动合同中约定保守用人单位商业秘密的有关事项,即保密条款。劳动者违反约定的保密条款,对用人单位造成经济损失的,应当依法承担赔偿责任。

对负有保密义务的劳动者,用人单位可以在劳动合同或者保密协议中与劳动者约定竞业限制条款,并约定在解除或者终止劳动合同后,在竞业限制期限内按月给予劳动者经济补偿。劳动者违反竞业限制约定的,应当按照约定向用人单位支付违约金。

(4) 职业病防护条款。我国的法律法规中还规定了其他一些应当写入劳动合同的事项,如《中华人民共和国职业病防治法》等规定:用人单位与劳动者订立劳动合同时,应当将工作过程中可能产生的职业病危害及其后果、职业病防护措施和待遇等如实告知劳动者,并在劳动合同中写明,不得隐瞒或者欺骗。

4-5 文本:劳动合同范本

拓展阅读 4-4
就业协议书与劳动合同的区别

尽管就业协议书与劳动合同都是用人单位与毕业生签订的书面协议,但两者存在明显的区别。

(1) 主体不同。就业协议书适用于应届毕业生与用人单位(或用人单位上级主管部门)、学校三方,它是学校编制就业方案和发放就业报到证的依据;而劳动合同只适用于劳动者(毕业生)与用人单位,学校既不是劳动合同的见证方也不是合同的签约方。

(2) 内容不同。就业协议书的内容主要是毕业生如实介绍自身情况,并表示愿意到用人单位就业,用人单位表示愿意接受毕业生,学校同意推荐毕业生并将其列入就业方案,而一般不涉及毕业生到用人单位报到后所享有的权利义务;劳动合同的内容涉及劳动者的劳动报酬、劳动保护、工作内容、劳动纪律等,内容更为详尽,权利义务更为明确。

(3) 签约时间不同。一般来说,就业协议书应在毕业生正式毕业之前签订,毕业生进入用人单位报到之后,作为签订劳动合同的依据。简而言之,就业协议书签订在前,劳动合同订立在后。

(4) 签约目的不同。就业协议书是高校毕业生和用人单位按照国家毕业生就业政策规定,在双方平等自愿、协商一致的基础上达成的初步约定,并经用人单位的上级主管部门和高校就业部门同意,一经毕业生、用人单位、高校、用人单位主管部门签字盖章,即达成的初步约定,是编制毕业生就业方案、发放就业报到证和订立劳动合同的依据。

劳动合同是劳动者和用人单位为了确定劳动关系,明确双方当事人的权利和义务而达成的约定。依法订立的劳动合同,经双方签字即具有法律约束力,用人单位与劳动者应当履行劳动合同约定的义务。

(5) 适用法律不同。签订就业协议书后若发生争议或违约,主要依据现有的毕业生就业政策和法律对合同的一般规定来加以解决;而订立劳动合同后若发生争议,应依据《劳动合同法》来处理。

(四) 签订劳动合同注意事项

(1) 在签订劳动合同之前,应当仔细而慎重地审查用人单位这一劳动合同主体,察看其是否经过市场监督管理部门登记以及注册的有效期限,看其是否依法成立,是否依法支付工资和其他社会保险并提供劳动保护条件,是否能独立承担相应的民事责任;双方签订的劳动合同内容(权利与义务)是否符合法律、法规和劳动政策的规定;劳动合同是否采用书面形式予以确认,合同是否一式两份,双方各执一份。防止所签订的劳动合同是一份无效合同。

（2）签订劳动合同前，应仔细阅读关于岗位的工作说明书、岗位责任制、劳动纪律、工资支付规定、绩效考核制度、劳动合同管理细则和有关规章制度。不管用人单位是否将这些文件作为劳动合同的附件，它都涉及求职者多方面的权益。如遵守用人单位的劳动纪律和规章制度是职工的法定义务，当其作为劳动合同附件时，与劳动合同具有同样的法律约束力。当劳动合同涉及数字时，应当使用大写汉字。用人单位事先起草了劳动合同文本，要求求职者签字时，一定要慎重，应对合同文本进行仔细推敲，发现条文存在模糊语言或有异议的词汇时要及时更正。

（3）在与用人单位签订劳动合同时，要警惕用人单位强迫投资、入股，收取抵押金、抵押物或者其他财物情况的发生，更不得以抵押毕业证等证件作为签订劳动合同的前提条件。

（4）在劳动合同订立的过程中，劳动合同范本多由用人单位提供，因此，毕业生有权利要求用人单位就合同内容进行解释说明，要求合同中关于权利义务的叙述做到准确、完整、明白易懂，防止在劳动合同执行过程中产生误解或曲解，导致不必要的争议，给自己带来损失，也为合同争议的处理带来困难。

（5）审查劳动合同的内容是否完备。劳动合同的必备内容包括：劳动合同期限；工作内容；劳动保护和劳动条件；劳动报酬；劳动纪律；劳动合同终止的条件；违反劳动合同的责任。签订合同时应将合同内容与相关的具体规定对照。对于试用期、培训、保险、福利等内容，当事人应要求在劳动合同中写明。

（6）《劳动合同法》规定，劳动合同可以约定试用期。"可以"二字表明，劳动合同中约定试用期不是必备条款，而是协商条款，是否约定试用期由劳动者和用人单位协商确定。但是，如果双方约定试用期，就必须遵守有关规定。

（7）《劳动合同法》规定，建立劳动关系，应当订立书面劳动合同。《劳动合同法》关于劳动合同的签订有如下规定：① 用人单位自用工之日起超过1个月但不满1年未与劳动者订立书面劳动合同的，应当向劳动者每月支付2倍工资；② 用人单位自用工之日起满1年未与劳动者订立书面劳动合同的，视为用人单位与劳动者已订立无固定期限劳动合同。一旦订立无固定期限的劳动合同，如果没有发生法律规定的可以解除劳动合同的情形，用人单位无法辞退劳动者，否则，要支付2倍的经济补偿金。

（8）原劳动和社会保障部在2005年颁布的《关于确立劳动关系有关事项的通知》中指出，即使用人单位未与劳动者签订劳动合同，如劳动者有可参照的凭证仍可认定双方存在劳动关系：① 工资支付凭证或记录（职工工资发放花名册）、缴纳各项社会保险费的记录；② 用人单位向劳动者发放的"工作证""服务证"等能够证明身份的证件；③ 劳动者填写的用人单位招工招聘"登记表""报名表"等招用记录；④ 考勤记录；⑤ 其他劳动者的证言等。用人单位终止事实劳动关系也需要支付经济补偿金。

（9）为了保护劳动者的隐私，《劳动合同法》规定，用人单位有权了解劳动者与劳动合同直接相关的基本情况，劳动者应当如实说明。这句话背后的含义是指不属于"与劳动合同直接相关的基本情况"，用人单位都无权过问，劳动者也有权拒绝回答。

（10）用人单位录用女职工，不得在劳动合同中规定限制女职工结婚、生育的内容。

（11）《劳动合同法》规定，用人单位招用劳动者，不得扣押劳动者的居民身份证和其他证件，不得要求劳动者提供担保或者以其他名义向劳动者收取财物。用人单位违反规定，扣押劳动者居民身份证等证件的，由劳动行政部门责令限期退还劳动者本人，并依照有关法律规定给予处罚。

（12）《劳动合同法》明确规定只有以下两种情形可以在劳动合同中约定违约金。① 在培训服务期中约定违约金。用人单位为劳动者提供专项培训，对其进行专业技术培训的，可以与该劳动者订立协议，约定服务期。如果劳动者违反服务期约定，应当按照约定向用人单位支付违约金，但违约金数额不得超过用人单位提供的培训费用。② 在竞业限制中约定违约金。用人单位与劳动者可以在劳动合同中约定保守用人单位的商业秘密和与知识产权相关的保密事项。对负有保守商业秘密和知识产权义务的高级管理人员、高级技术人员和其他负有保密义务的人员，可以约定竞业限制，如劳动者违反竞业限制的约定，应当支付违约金。除以上两种情况外，用人单位要求劳动者支付违约金都是不合法行为。

课堂活动 4-2

角色扮演

准备一份空白的劳动合同文本，每 2 人为一个小组，其中一人扮演用人单位的 HR，另一人扮演求职者，就劳动合同签订的细节问题谈判，签署一份录用大学毕业生的劳动合同。老师从中抽取若干份进行点评。

第二单元　就业权益与义务

◇ **问题导学**

1. 在求职就业过程中，高校毕业生依法享有哪些权利？
2. 在求职就业过程中，高校毕业生依法应履行哪些义务？
3. 在求职就业过程中，当自身的合法权益被侵害时，高校毕业生该如何依法维权？

案例导入

毕业于某大学的 2019 届大学生 6 人，在某染料有限公司（生产染牛仔裤的靛蓝粉）上班。他们每天至少工作 12 小时，有时达 16 小时，单位规定没有节假日，除非婚丧嫁娶，否则不能请假。

6 名毕业生每天接触氯乙酸、苯胺等有毒的化工原料。压滤室的高浓度碱雾、干燥室的靛蓝粉、车间地面两寸厚的火碱水，严重威胁劳动者的身心健康，而劳保用品只有一副橡胶手套、两只普通口罩、一双帆布鞋和一套工作服，根本没有专业防护用品。干了 20 天，工资几经克扣之后，这些高校毕业生有的仅领到 50 元、100 元，最多的也只有 300 多元。大学生合法权益被严重侵害。

在严峻的就业形势下，企业的用人自主权不断地扩大。由于大学生不了解有关就业保护的法律法规，维权意识淡薄，大学生的合法权益受侵犯的现象也屡见不鲜。目前，我国高校大学生在校人数多达 3 000 万人，这是一个不容忽视的庞大社会群体。因此，维护高校毕业生求职就业的合法权益意义深远。

一、相关法律规范

法律是大学毕业生就业维权最强有力的手段。毕业生就业权益之所以屡遭侵犯，大多与他们法律意识和防范意识欠缺有关，许多大学生忽视对就业相关法律法规的了解，对就业及劳动合同签订中有关自身利益条款和相关知识认识不够全面、深刻，造成就业过程中劳动合同纠纷问题日趋增多。依法维权的前提是了解相关法律常识和纠纷解决程序。我国现行与大学生就业权益相关的法律主要有《中华人民共和国宪法》（以下简称《宪法》）、《中华人民共和国民法典》（以下简称《民法典》）、《中华人民共和国劳动法》（以下简称《劳动法》）、《中华人民共和国劳动合同法》（以下简称《劳动合同法》）、《中华人民共和国就业促进法》（以下简称《就业促进法》）、《中华人民共和国社会保险法》（以下简称《社会保险法》）、《中华人民共和国劳动争议调解仲裁法》（以下简称《劳动争议调解仲裁法》）等。

（一）《宪法》

《宪法》是根本大法，拥有最高法律效力。《宪法》第二章规定了我国公民的基本权利和义务，其中第33条第2款和第42条规定了我国公民享有平等权和劳动权，这些条款为实现大学生平等就业的权利提供了最高法律依据。

（二）《民法典》

《民法典》被称为"社会生活的百科全书"，是新中国第一部以法典命名的法律，在法律体系中居于基础性地位，也是市场经济的基本法。《民法典》的许多内容也都与劳动就业有关。《民法典》调整平等主体的公民间、法人间及公民与法人间的财产关系和人身关系，平等自愿、等价有偿与诚实信用是民法的基本原则。民事责任制度等有关规定，对维护大学毕业生合法的就业权益具有重要意义。

（三）《劳动法》

《劳动法》是调整劳动关系以及与劳动关系有密切联系的其他社会关系的法律规范的总称。《劳动法》是整个法律体系中一个重要的、独立的法律部门。其内容主要包括：劳动者的主要权利和义务；劳动就业方针政策及录用职工的规定、劳动合同的订立、变更与解除程序的规定；集体合同的签订与执行办法；工作时间与休息时间制度；劳动报酬制度；劳动卫生和安全技术规程等。

遵循《宪法》的基本原则，《劳动法》进一步规定了劳动者享有以下权利。

1. 平等就业的权利

《劳动法》规定，凡具有劳动能力的公民，都有平等就业的权利，即劳动者拥有劳动就业权。劳动就业权是有劳动能力的公民获得参加社会劳动的、切实保证按劳取酬的权利。公民的劳动就业权是公民享有其他各项权利的基础。如果公民的劳动就业权不能实现，其他一切权利也就失去了基础。

2. 选择职业的权利

《劳动法》规定，劳动者有权根据自己的意愿、自身的素质、能力、志趣和爱好，以及市场信息等选择适合自己才能、爱好的职业，即劳动者拥有自由选择职业的权利。选择职业的权利有利于劳动者充分发挥自己的特长，促进社会生产力的发展。这既是劳动者劳动权利的体现，也是社会进步的一个标志。

3. 取得劳动薪酬的权利

《劳动法》规定,劳动者有权依照劳动合同及国家有关法律取得劳动薪酬。获取劳动薪酬的权利是劳动者持续行使劳动权不可少的物质保证。

4. 获得劳动安全卫生保护的权利

《劳动法》规定,劳动者有获得劳动安全卫生保护的权利。这是对劳动者在劳动中的生命安全和身体健康,以及享受劳动权利的最直接的保护。

5. 享有休息的权利

我国《宪法》规定,劳动者有休息的权利。为此,国家规定了职工的工作时间和休假制度,并发展劳动者休息和休养的设施。

6. 享有社会保险和福利的权利

社会保险和福利是劳动力再生产的一种客观需要。为了给劳动者患疾病时和年老时提供保障,我国《劳动法》规定,劳动者享有社会保险和福利的权利,即劳动者享有包括养老保险、医疗保险、工伤保险、失业保险、生育保险等在内的劳动保险和福利。

7. 接受职业技能培训的权利

《宪法》规定,公民有教育的权利和义务。所谓受教育既包括受普通教育,也包括受职业教育。接受职业技能培训的权利是劳动者实现劳动权的基础条件,因为劳动者要实现自己的劳动权,必须拥有一定的职业技能,而要获得这些职业技能,就必须获得专门的职业培训。

8. 提请劳动争议处理的权利

《劳动法》规定,当劳动者与用人单位发生劳动争议时,劳动者享有提请劳动争议处理的权利,即劳动者享有依法向劳动争议调解委员会、劳动仲裁委员会和法院申请调解、仲裁、提起诉讼的权利。

9. 法律规定的其他权利

法律规定的其他权利包括:依法参加和组织工会的权利;依法享有参与民主管理的权利;劳动者依法享有参加社会义务劳动的权利;从事科学研究、技术革新、发明创造的权利;依法解除劳动合同的权利;对用人单位管理人员违章指挥、强令冒险作业有拒绝执行的权利;对危害生命安全和身体健康的行为有权提出批评、举报和控告的权利;对违反《劳动法》的行为进行监督的权利等。

《劳动法》在对劳动关系双方都给予保护的同时,偏重于保护处于弱者地位的劳动者,适当体现劳动者的权利本位和用人单位的义务本位,《劳动法》优先保护劳动者利益。

(四)《劳动合同法》

《劳动合同法》是为了完善劳动合同制度,明确劳动合同双方当事人的权利和义务,保护劳动者的合法权益,构建和发展和谐稳定的劳动关系而制定的。它的实施规范了用人单位的用工行为,加强对劳动者就业的权益保护,这对大学生的就业无疑是最有利的。《劳动合同法》详细规定了劳动合同的订立、履行、变更、解除和终止、法律责任等内容。

(五)《就业促进法》

《就业促进法》是为促进就业,促进经济发展与扩大就业相协调,促进社会和谐稳定而制定的,是我国第一部以促进就业为主要内容的专门性法律。主要内容包括:

(1)劳动者依法享有平等就业和自主择业的权利。劳动者就业,不因民族、种族、性别、宗教信仰等不同而受歧视。

(2) 用人单位招用人员、职业中介机构从事职业中介活动,应当向劳动者提供平等的就业机会和公平的就业条件,不得实施就业歧视。

(3) 国家保障妇女享有与男子平等的劳动权利。用人单位招用人员,除国家规定的不适合妇女的工种或者岗位外,不得以性别为由拒绝录用妇女或者提高对妇女的录用标准。用人单位录用女职工,不得在劳动合同中规定限制女职工结婚、生育的内容。

(4) 各民族劳动者享有平等的劳动权利。用人单位招用人员,应当依法对少数民族劳动者给予适当照顾。

(5) 国家保障残疾人的劳动权利。各级人民政府应当对残疾人就业统筹规划,为残疾人创造就业条件。用人单位招用人员,不得歧视残疾人。

(6) 用人单位招用人员,不得以是传染病病原携带者为由拒绝录用。但是,经医学鉴定传染病病原携带者在治愈前或者排除传染嫌疑前,不得从事法律、行政法规和国务院卫生行政部门规定禁止从事的易使传染病扩散的工作。

(7) 农村劳动者进城就业享有与城镇劳动者平等的劳动权利,不得对农村劳动者进城就业设置歧视性限制。

(六)《社会保险法》

为规范社会保险关系,维护公民参加社会保险和享受社会保险待遇的合法权益,使公民共享发展成果,促进社会和谐稳定而制定,这是中国特色社会主义法律体系中起支架作用的重要法律,是一部着力保障和改善民生的法律。共十二章九十八条,自 2011 年 7 月 1 日起施行。

1. 养老保险

基本养老保险是国家通过立法强制实行,保证劳动者在年老丧失劳动能力时,给予生活保障的制度。主要内容:

(1) 职工应当参加基本养老保险,由用人单位和职工共同缴纳基本养老保险费。

(2) 基本养老保险实行社会统筹与个人账户相结合。个人账户不得提前支取,个人死亡的,个人账户余额可以继承。

(3) 基本养老金由统筹养老金和个人账户养老金组成。基本养老金根据个人累计缴费年限、缴费工资、当地职工平均工资、个人账户金额、城镇人口平均预期寿命等因素确定。

(4) 参加基本养老保险的个人,达到法定退休年龄时累计缴费满十五年的,按月领取基本养老金。

(5) 达到法定退休年龄时累计缴费不足十五年的,可以缴费至满十五年,按月领取基本养老金。

(6) 参加基本养老保险的个人,因病或者非因工死亡的,其遗属可以领取丧葬补助金和抚恤金。

(7) 在未达到法定退休年龄时因病或者非因工致残完全丧失劳动能力的,可以领取病残津贴,所需资金从基本养老保险基金中支付。

2. 失业保险

失业保险是国家通过立法强制实行的,由社会集中建立基金,对失业者在失业期间提供物质帮助,以保障其生活并促进其再就业的一种制度。主要内容:

（1）职工应当参加失业保险，由用人单位和职工按照国家规定共同缴纳失业保险费。失业人员符合下列条件的，从失业保险基金中领取失业保险金：① 失业前用人单位和本人已经缴纳失业保险费满一年的；② 非因本人意愿中断就业的；③ 已经进行失业登记，并有求职要求的。

（2）失业人员失业前用人单位和本人累计缴费满一年不足五年的，领取失业保险金的期限最长为十二个月；累计缴费满五年不足十年的，领取失业保险金的期限最长为十八个月；累计缴费十年以上的，领取失业保险金的期限最长为二十四个月。

（3）用人单位应当及时为失业人员出具终止或者解除劳动关系的证明，并将失业人员的名单自终止或者解除劳动关系之日起十五日内告知社会保险经办机构。

（4）失业人员应当持单位为其出具的终止或者解除劳动关系的证明，及时到指定的公共就业服务机构办理失业登记。

（5）失业人员凭失业登记证明和个人身份证明，到社会保险经办机构办理领取失业保险金的手续。失业保险金领取期限自办理失业登记之日起计算。

（6）失业人员有下列情形之一的，停止领取失业保险金：① 重新就业的；② 应征服兵役的；③ 移居境外的；④ 享受基本养老保险待遇的；⑤ 无正当理由，拒不接受当地人民政府指定部门或者机构介绍的适当工作或者提供的培训的。

3. 医疗保险

医疗保险是保障劳动者患病或负伤后在医疗上获得物质帮助的社会保险制度。主要内容：

（1）职工应当参加职工基本医疗保险，由用人单位和职工按照国家规定共同缴纳基本医疗保险费。

（2）参加职工基本医疗保险的个人，达到法定退休年龄时累计缴费达到国家规定年限的，退休后不再缴纳基本医疗保险费，按照国家规定享受基本医疗保险待遇；未达到国家规定年限的，可以缴费至国家规定年限。

（3）符合基本医疗保险药品目录、诊疗项目、医疗服务设施标准以及急诊、抢救的医疗费用，按照国家规定从基本医疗保险基金中支付。

（4）参保人员医疗费用中应当由基本医疗保险基金支付的部分，由社会保险经办机构与医疗机构、药品经营单位直接结算。

（5）下列医疗费用不纳入基本医疗保险基金支付范围：① 应当从工伤保险基金中支付的；② 应当由第三人负担的；③ 应当由公共卫生负担的；④ 在境外就医的。

（6）医疗费用依法应当由第三人负担，第三人不支付或者无法确定第三人的，由基本医疗保险基金先行支付。基本医疗保险基金先行支付后，有权向第三人追偿。

4. 工伤保险

工伤保险是指职工因工伤残或患职业病享受必要物质保障的制度。主要内容包括：

（1）职工应当参加工伤保险，由用人单位缴纳工伤保险费，职工不缴纳工伤保险费。

（2）用人单位应当按照本单位职工工资总额，根据社会保险经办机构确定的费率缴纳工伤保险费。

（3）职工因工作原因受到事故伤害或者患职业病，且经工伤认定的，享受工伤保险待遇；其中，经劳动能力鉴定丧失劳动能力的，享受伤残待遇。

（4）职工因下列情形之一导致本人在工作中伤亡的，不认定为工伤：① 故意犯罪；② 醉酒或者吸毒；③ 自残或者自杀；④ 法律、行政法规规定的其他情形。

（5）因工伤发生的下列费用，按照国家规定从工伤保险基金中支付：① 治疗工伤的医疗费用和康复费用；② 住院伙食补助费；③ 到统筹地区以外就医的交通食宿费；④ 安装配置伤残辅助器具所需费用；⑤ 生活不能自理的，经劳动能力鉴定委员会确认的生活护理费；⑥ 一次性伤残补助金和一至四级伤残职工按月领取的伤残津贴；⑦ 终止或者解除劳动合同时，应当享受的一次性医疗补助金；⑧ 因工死亡的，其遗属领取的丧葬补助金、供养亲属抚恤金和因工死亡补助金；⑨ 劳动能力鉴定费。

（6）因工伤发生的下列费用，按照国家规定由用人单位支付：① 治疗工伤期间的工资福利；② 五级、六级伤残职工按月领取的伤残津贴；③ 终止或者解除劳动合同时，应当享受的一次性伤残就业补助金。

（7）工伤职工有下列情形之一的，停止享受工伤保险待遇：① 丧失享受待遇条件的；② 拒不接受劳动能力鉴定的；③ 拒绝治疗的。

拓展阅读 4-5

福建省福清市公交司机陈师傅在行驶过程中突发心梗，忍痛停车后不幸离世，保护了一车乘客的安全。事后，因所在汽运公司曾让员工签署自愿放弃社保声明书，公司以所谓"员工自愿放弃社保"为由，拒绝认定工伤，并表示陈师傅是自己突然发病，与公司无关。对此，公司的说法是否符合法律规定？

《工伤保险条例》第十五条规定：在工作时间和工作岗位，突发疾病死亡或者在 48 小时之内经抢救无效死亡的；视同工伤；它并没有将缴纳工伤保险费作为前提条件。认定工伤只取决于法律规定的工作原因、工作时间、工作场所等因素，与用人单位是否为职工参保无关。

即使没参保，只要相关情况属实，就可以认定工伤，只是待遇要用人单位出。《工伤保险条例》第六十二条规定，依照本条例规定应当参加工伤保险而未参加工伤保险的用人单位职工发生工伤的，由该用人单位按照本条例规定的工伤保险待遇项目和标准支付费用。《社会保险法》则进一步指出，职工所在用人单位未依法缴纳工伤保险费，发生工伤事故的，由用人单位支付工伤保险待遇。用人单位不支付的，从工伤保险基金中先行支付。因此，像陈师傅这种情况，是不影响工伤认定和享受待遇的。

个别用人单位为了省钱或省事，不为职工缴纳社会保险，而是发放一定的保险补贴作为补偿。一些职工由于担心手续繁琐或不愿承担个人缴费部分，也同意不缴纳社保。这种行为看似你情我愿，却在法律上站不住脚。根据《劳动法》第七十二条规定，"社会保险基金按照保险类型确定资金来源，逐步实行社会统筹。用人单位和劳动者必须依法参加社会保险，缴纳社会保险费"。由此可见，用人单位为职工缴纳社保是法定义务，并不以用人单位或职工的个人意愿为转移。

企业让员工签署"自愿放弃社保"的声明书或协议，同样缺乏法律效力。《民法典》规定：违反法律、行政法规的强制性规定的民事法律行为无效。因此，陈师傅曾经签署自愿放弃社保声明书，并不能成为公司逃避责任的挡箭牌。

5. 生育保险

生育保险是指保障女职工因怀孕和分娩而应获得物质帮助等待遇的制度。主要内容包括：

(1) 职工应当参加生育保险，由用人单位按照国家规定缴纳生育保险费，职工不缴纳生育保险费。

(2) 用人单位已经缴纳生育保险费的，其职工享受生育保险待遇；职工未就业配偶按照国家规定享受生育医疗费用待遇，所需资金从生育保险基金中支付。

(3) 生育保险待遇包括生育医疗费用和生育津贴。

(4) 生育医疗费用包括下列各项：① 生育的医疗费用；② 计划生育的医疗费用；法律、法规规定的其他项目费用。

(5) 职工有下列情形之一的，可以按照国家规定享受生育津贴：① 女职工生育享受产假；② 享受计划生育手术休假；③ 法律、法规规定的其他情形。

(6) 生育津贴按照职工所在用人单位上年度职工月平均工资计发。

(七)《劳动争议调解仲裁法》

为了公正及时解决劳动争议，保护当事人合法权益，促进劳动关系和谐稳定，2007 年 12 月 29 日十届人大常委会第三十一次会议通过了《中华人民共和国劳动争议调解仲裁法》，自 2008 年 5 月 1 日起施行。主要内容包括总则、劳动争议调解、仲裁的一般规定、申请和受理、开庭和裁决等内容，明确规定了劳动仲裁需要提供的材料、办案规则、申请仲裁、争议提出、基本程序、裁决效力等。

二、劳动就业权益

高校毕业生作为就业的一个重要主体，在就业过程中享有多方面的权益。根据目前就业工作规范的有关规定，毕业生就业的基本权利主要包括两大方面：一是在整个毕业择业过程中的权益；二是毕业生针对被录用单位的权益。

(一) 获取信息权

就业信息是毕业生择业成功的前提和关键，只有在充分占有信息的基础上，毕业生才能在就业过程中结合自身情况选择适合自身职业发展的用人单位。毕业生获取信息权，应包括三方面含义：① 信息公开。即所有用人信息向全体毕业生公开。② 信息及时。也就是毕业生获取的信息必须是及时、有效的，而不能将过时的无利用价值的信息传递给毕业生。③ 信息全面。毕业生有权获得准确、全面的就业信息，以便全面了解用人单位和岗位信息，从而作出符合自身需求的选择。

(二) 接受就业指导权

高校毕业生在学校期间有权接受就业指导。学校应成立专门机构，安排专门人员对毕业生进行求职就业指导，包括向毕业生宣传国家关于毕业生就业的方针、政策，对毕业生进行择业技巧的指导，引导毕业生根据国家、社会需要，结合个人实际情况进行择业，使毕业生通过接受就业指导，准确定位，合理择业。当然，随着毕业生就业真正市场化，毕业生也将由在学校接受就业指导转为在市场接受就业指导，这种市场指导可以是有偿的。

(三) 被推荐权

高校在就业工作中的一个重要职责就是向用人单位推荐毕业生。历年工作经验证明，学校的推荐往往在较大程度上影响到用人单位对毕业生的取舍。

毕业生享有被推荐权包含以下几方面内容：① 如实推荐。高校在推荐毕业生时应实事求是，根据毕业生本人的实际情况向用人单位进行介绍、推荐。不得随意贬低或捧高毕业生在校的表现。② 公正推荐。学校对毕业生进行推荐，应做到公平、公正，应给每一位毕业生平等的就业推荐的机会，不能厚此薄彼。公正推荐是学校的基本责任，也是毕业生享有的最基本的权益。③ 择优推荐。学校根据毕业生的在校表现，在公正、公开的基础上择优推荐，用人单位在录用毕业生时也应坚持择优标准，真正体现学以致用、人尽其才的理念。只有这样，才能激励毕业生不断提高自身综合素质，从而在求职就业过程中取胜。

（四）选择权

根据国家有关规定，实行招生并轨改革的高校毕业生，在国家就业方针、政策指导下自主择业。毕业生只要符合国家的就业方针、政策，可以自主地选择用人单位，学校、其他单位和个人均不得干涉。任何将个人意志强加给毕业生、强令毕业生到某单位就业的行为都是侵犯毕业生选择权的行为。毕业生可结合自身情况自主与用人单位协商，要求学校予以推荐，直至签订就业协议。

（五）择业知情权

《劳动合同法》第八条规定：用人单位招用劳动者时，应当如实告知劳动者工作内容、工作条件、工作地点、职业危害、安全生产状况、劳动报酬，以及劳动者要求了解的其他情况。因此，高校毕业生在与用人单位签订就业协议和劳动合同之前，有权了解用人单位的主体资格、劳动岗位、劳动条件、劳动报酬以及规章制度等情况，用人单位应当如实说明和介绍，不能回避或故意隐瞒，也不能夸大单位规模和提供给毕业生的待遇。

（六）平等就业权

平等就业权是指在就业的地位、机会、条件以及权利保护等方面，大学生与其他劳动者、大学生与大学生之间享有平等的权利。大学生平等就业的权利主要包括四个方面：① 获得平等就业机会的权利，即就业机会平等。随着我国经济增速放缓，大学毕业生人数不断增加，就业岗位已经成为我国最稀缺的社会资源之一，获取平等就业机会的权利在平等就业的权能中已经居于核心地位，没有就业机会平等权，其他各项权利就无从谈起。② 获取平等劳动报酬的权利，这是贯彻"按劳分配原则"和"同工同酬原则"的具体体现。③ 获得平等的社会保障权利。就业与社会保障之间存在相互依存的关系，就业是社会保障的基础，社会保障的一个重要内容就是保障每个社会成员及其家庭基本生活的社会福利制度。④ 获得平等保护的权利。我国劳动法、就业促进法等明确规定劳动者享有平等就业和选择职业的权利，劳动者不因民族、种族、性别、宗教信仰不同而受到歧视。

> **拓展阅读 4-6**
>
> **就 业 歧 视**
>
> 中国劳动者在就业过程中遇到的主要歧视表现在以下几个方面：
> （1）户籍歧视。户籍歧视是指根据求职者的户籍所在地不同给予区别对待，来限制、

排斥外来务工人员,或者给其增加不合理的负担。一些企业和机构的招聘海报上公然写着"本地户籍优先",有些甚至还强调"仅招收当地户籍或附近地区的毕业生"。

户籍歧视是我国长期存在的现象,我国城市和乡村、大城市和小城市存在明显的差别,找工作时,用人单位往往会附加户籍要求,以限制外来人口进入本地区,与该地区人口抢饭碗,人为地造成了户籍歧视。

(2)性别歧视。在就业男女平等、保障妇女权益方面,我国出台了一系列法律法规,包括《劳动法》《妇女权益保障法》等。《劳动法》第十三条规定,妇女享有与男子平等的就业权利。在录用职工时,除国家规定的不适合妇女的工种或者岗位外,不得以性别为由拒绝录用妇女或者提高对妇女的录用标准。但是就业领域内仍存在比较严重的性别歧视。中国高校传媒联盟的调查结果中显示,33.06%的受访者表示自己遇到过用人单位有性别歧视现象,而这种现象绝大多数发生在女性毕业生身上。许多用人单位为了回避劳动法所规定的不得解雇怀孕以及哺乳期妇女的规定,不愿意雇佣女性,或者在雇佣时对男女求职者采取不平等的标准。

在就业市场上,明确限制性别的招聘广告比比皆是。许多单位虽然表面没有对性别作出限制,但是一进入面试程序就"男性优先"。还有某些私营企业在女职工孕期采取"变岗变薪"的方法来侵害女职工的合法权益。

当然,从性别歧视问题来看,突出的是女性在就业市场上遭遇的性别歧视,也有些用人单位根据自己的意愿只招收女性或者女性优先,这也构成对男性劳动者的歧视对待。

(3)年龄歧视。年龄歧视是指招录员工时设置年龄上的限制,一般下限不予考虑,而上限则大多在35周岁以下,近几年大有降低的趋势,许多单位将年龄限制在30周岁以下。在一些招聘广告中,经常可以看到有关年龄的限制性条件,比如招聘文秘人员,一般要求女性,且年龄在22~28岁。同时,由于中国人口众多,就业结构出现年轻化的趋势,有的用人单位在招聘时规定了几近苛刻的年龄界限,将一大批年龄较大的求职者排斥在外,越来越多的企业在招聘员工时,将用人的年龄限定在35岁以下。有的单位采用强迫的方式使达到一定年龄的受雇者自动离职或者退休,或者当受雇者年龄到达一定的阶段时,其升迁就受到影响。

(4)身高歧视。有的用人单位往往在招聘公告上对求职者的身高作出硬性规定,身高未"达标"的求职者,连面试机会都被剥夺。如某地的教育部门认定教师职业资格时,规定身高160厘米以下的男性不得当教师。

(5)学历、非名校歧视。《中华人民共和国宪法》明确规定"在法律面前一律平等"。《劳动法》规定"劳动者享有平等就业和选择职业的权利"。《中华人民共和国就业促进法》第三条规定:"劳动者依法享有平等就业和自主择业的权利。"但是,有的单位还是会要求只要全日制的学生,将成人高考和自考生排除在外。有的用人单位在选择余地较大的情况下优先选用博士、硕士,专科基本连面试都入不了,有的甚至要求本科、硕士和博士毕业院校全部是"211"院校,更有甚者将院校范围缩小至"985"院校。

(6)健康歧视。几乎在所有的招聘简章中都会有一条关于身体健康的要求,残疾人大多会被用人单位拒绝,而即使是身体无残疾的病毒携带者求职时也是异常艰难的,有的单位尤其是外资企业明确拒绝招聘乙肝病毒携带者。

(7) 相貌歧视。有的用人单位在招聘时会要求"相貌较好",使一些自认为长得一般或较差的求职者失去信心而不敢投简历。有些用人单位会以"窗口行业必须相貌好"为名以貌取人。其实除了少数职业或岗位有外貌要求,大部分只需要有责任心、有能力即可。

(8) 其他歧视。如经验歧视(在一些招聘广告中,常常有相关工作经验的要求,这使得一些没有工作经验的大学生或无工作经验的人望而却步)、姓氏歧视、星座歧视、属相歧视等。更令人不能理解的是血液歧视;还有一种是人际关系歧视,找工作靠人际关系,有关系,学历、年龄、性别都不成问题,没有关系就会因为各种各样的借口被拒绝。

(七) 违约求偿权

就业协议签订后,任何一方不得擅自毁约。如用人单位无故要求解约,毕业生有权要求用人单位严格履行就业协议,否则用人单位就应承担违约责任,给高校毕业生支付违约金。

(八) 法律规定的其他权利

1. 同工同酬权利

所谓同工同酬,是指在相同或者相近的工作岗位上,付出相同的劳动,应当得到相同的劳动报酬。同工同酬是《劳动合同法》确立的原则。《劳动合同法》规定:用人单位与劳动者约定的劳动报酬不明确或者对劳动报酬约定有争议的,按照集体合同规定的标准执行;没有集体合同或者集体合同未规定的,实行同工同酬。被派遣劳动者享有与用工单位的劳动者同工同酬的权利;用工单位无同类岗位劳动者的,参照用工单位所在地相同或者相近岗位劳动者的劳动报酬确定。

2. 及时获得足额劳动报酬的权利

及时获得足额劳动报酬是劳动者的一项基本权利。《劳动合同法》将"劳动报酬"作为劳动合同的必备条款之一,并规定:劳动合同中缺少"劳动报酬"条款的,由劳动行政部门责令改正;给劳动者造成损害的,由用人单位承担赔偿责任。用人单位拖欠或者未足额支付劳动报酬的,劳动者可以依法向当地人民法院申请支付令,人民法院应当依法发出支付令。用人单位未按照劳动合同的约定或者国家规定及时足额支付劳动者劳动报酬的,由劳动行政部门责令限期支付劳动报酬;劳动报酬低于当地最低工资标准的,应当支付差额部分;逾期不支付的,责令用人单位按应付金额百分之五十以上百分之一百以下的标准向劳动者加付赔偿金。

3. 获得社会保障的权利

《中华人民共和国社会保险法》和《住房公积金管理条例》规定,用人单位必须给职工缴足"五险一金"。"五险一金"是用人单位给予劳动者的几种保障性待遇的合称,包括养老保险、医疗保险、失业保险、工伤保险、生育保险和住房公积金。其中养老保险、医疗保险和失业保险,由企业和职工个人共同缴纳保费;工伤保险和生育保险完全是由企业承担的,个人不需要缴纳。"五险"是政府强制要求用人单位为员工缴纳的,如果单位没有缴纳,可以向社保部门举报。

4. 拒绝强迫劳动、违章指挥、强令冒险作业的权利

对强迫劳动、违章指挥、强令冒险作业等严重侵害劳动者权益的行为,我国法律一直是

明确禁止的。为了保障劳动者拒绝强迫劳动、违章指挥、冒险作业的权利的实现,《劳动合同法》规定:劳动者拒绝用人单位管理人员违章指挥、强令冒险作业的,不视为违反劳动合同;用人单位以暴力、威胁或者非法限制人身自由的手段强迫劳动者劳动的,或者用人单位违章指挥、强令冒险作业危及劳动者人身安全的,劳动者可以立即解除劳动合同,不需事先告知用人单位。用人单位有强迫劳动和违章指挥或者强令冒险作业等危及劳动者人身安全行为的,依法给予行政处罚;构成犯罪的,依法追究刑事责任;给劳动者造成损害的,应当承担赔偿责任。

5. 要求依法支付经济补偿的权利

经济补偿是用人单位承担的一种社会责任。在我国失业保险制度建立健全过程中,经济补偿可以有效缓减失业者的实际生活困难,维护社会稳定,形成社会互助的良好氛围。同时,经济补偿也是国家调节劳动关系的一种经济手段,可以引导用人单位进行利益权衡,谨慎行使辞退劳动者的权利。《劳动合同法》延续了《劳动法》的有关规定,赋予了劳动者要求用人单位依法支付经济补偿的权利,并对应当给予经济补偿的情形和补偿标准进一步作出具体规定。

6. 保存户口档案的权利

高校毕业生自毕业之日起两年择业期内,如果没有联系到合适的工作单位,没有和单位签订就业协议,也没有因回生源地自主择业、出国等情况而办理人事代理手续,而将档案和户口保存在学校,学校应当对毕业生的学籍档案和户口关系进行妥善保管,不得向毕业生收取费用。择业期满后,学校就不再承担此义务。

三、求职择业义务

权利和义务是对立统一的。劳动者在行使法律、法规和有关政策规定的权利的同时,也应当履行相应的义务,这些义务主要包括以下几个方面。

(一) 回报国家、服务社会的义务

宪法规定,劳动对于公民来说,既是权利也是义务。对于毕业生而言,国家和社会乃至家庭为其成才和发展提供了相当优厚的条件和待遇,按照"得之于社会、还之于社会、报之于社会"的原则,毕业生理应积极地、有责任地依托自己的职业行为,回报国家、社会和家庭,承担起自己应尽的义务。21世纪的大学生,肩负着民族和历史的重任,应当志存高远,不畏艰辛,到边远地区去,到艰苦行业去,到祖国最需要人才的地方去。

(二) 如实介绍自己情况的义务

毕业生在求职择业过程中应如实向用人单位介绍自己的情况,这既是基本的择业道德,也是应尽的义务。毕业生在填写求职材料、与用人单位洽谈、介绍推荐自己时,必须实事求是,不得弄虚作假,讲优点不要夸张,谈缺点不能回避,有过失不可隐瞒,说成绩不能虚假,做到以诚相见。只有如实介绍自己的情况,才能让人觉得可信、可靠,才能获得用人单位的信任。

职场故事 4-2

2021年1月,某高校毕业生史某某应聘到某化工公司工作,双方于2021年2月签订了为期五年的固定期限的劳动合同。工作期间,史某某因多次严重违反单位规章制度,收到公

司发出的3份《书面警告通知书》,综合素质因此受到质疑。后经核实,史某某入职时的学历系虚假的。化工公司作出解除劳动合同的决定,史某某请求法院确认该决定违法,并要求支付赔偿金。

法院经审理认为,史某某入职时的学历虚假,被告是在被欺诈的前提下与原告建立并保持劳动关系的;《劳动合同法》规定,采取欺诈、威胁等手段订立的劳动合同系无效合同;因此,法院判决化工公司作出解除劳动合同的决定合法有效,无需向原告支付赔偿金,驳回了原告的诉讼请求。

高校大学生以虚假学历证书、职业资格证书、获奖荣誉证书或其他伪造资历材料等应聘,有违诚实信用原则。一经发现,用人单位有权解除劳动合同,并无须支付经济补偿金。

(三) 遵守就业协议的义务

毕业生大多通过与用人单位双向选择,签订就业协议而实现就业。遵守就业协议是就业工作顺利进行的保证。"一言既出,驷马难追"、慎待诺言、表里如一、言行一致是做人的基本准则,讲信誉、守承诺是毕业生应尽的义务。高校毕业生就业时不能朝三暮四,这山望着那山高,这花看看那花俏。就业协议一经签订就不能随便违约。一旦违约,不仅影响学校正常的就业秩序,而且会损害用人单位、学校、其他同学等各方面的权益。因此,毕业生必须遵守就业协议。

(四) 按时到工作单位报到的义务

毕业生办理完离校手续后,应持"就业报到证"按时到用人单位报到。如果自离校之日起,无正当理由超过3个月不去用人单位报到的,由学校报毕业生就业主管部门批准,不再负责其就业。由学校将其档案转至家庭所在地,按社会待业人员处理。

拓展阅读 4-7

就业报到证

就业报到证是高校毕业生到接收单位报到、办理毕业生人事档案、户口迁移手续的凭证,用来证明持证的毕业生是纳入国家统一招生方案的学生,该学生具有毕业资格。毕业生就业后的工龄从报到之日开始计算。自主创业的毕业生需持就业报到证到有关部门办理自主创业手续及减免有关税费;待就业毕业生需要凭就业报到证到毕业生就业主管部门或人才服务机构办理人事代理手续。就业报到证还是高校毕业生报考公务员必备的资料。

高校根据毕业生签订的就业协议,向所在省(自治区、直辖市)人力资源和社会保障厅报送就业方案,经审核通过后,核发毕业生就业报到证。就业报到证有上下两联,上联为"全国普通高等学校本专科毕业生就业报到证"(蓝联),如图4-1所示,下联为"全国普通高等学校本专科毕业生就业通知书"(白联)。白联装入高校毕业生本人档案内封存。

报到证只能一人一份,由其他单位印制或签发的报到证无效。

就业报到证有明确的有效期限,高校毕业生必须在有效期内持蓝联到指定的单位报到,逾期就业报到证将失效。

图 4-1　就业报到证(蓝联)

就业报到证的改签。毕业前尚未签约而在择业期内签约的毕业生,凭报到证和《就业协议书》到所在省(自治区、直辖市)人力资源与社会保障厅改签,在备注栏注明调整意见。

就业报到证应妥善保管,如不慎丢失应及时办理补办手续。报到证补办流程为:

① 毕业生申请从本人档案中取出报到证白联,并向学校递交补办申请;

② 学校就业部门核实无误后开具遗失证明;

③ 在省级日报上登报声明挂失;

④ 学校就业部门开具介绍信;

⑤ 毕业生持介绍信、遗失证明、登有挂失声明的报纸、报到证白联到省级人力资源与社会保障厅申请补办。

(五) 诚信义务

在签订劳动合同时,劳动者有义务就其与劳动合同直接相关的基本情况,向用人单位如实说明。

(六) 守法义务

劳动合同签订之后,劳动者有依法履行劳动合同的义务。如有违法行为或者违约行为的,应依法承担法律责任。《劳动合同法》对劳动者违法或者违约行为所应承担的法律责任作了明确规定,主要是:① 劳动者违反与用人单位约定的服务期和竞业限制协议的,应按约定向用人单位支付违约金。② 劳动者违反《劳动合同法》的规定解除劳动合同的,或者违反劳动合同中约定的保密义务或者竞业限制,给用人单位造成损失的,依法应当承担赔偿责任。③ 劳动者与原用人单位尚未解除或者终止劳动合同,又与其他用人单位建立劳动关系,给原用人单位造成损失的,由劳动者与其他用人单位承担连带赔偿责任。

四、常见的侵权行为

(一) 在招聘和面试中,侵害求职者权益的典型行为

1. 歧视行为

不少用人单位采取经验歧视、性别歧视、学历歧视、形象歧视、身高歧视、地域歧视等手法,侵害高校毕业生正当权益。

2. 虚假广告

有些用人单位发布虚假广告,夸大或隐瞒真实情况,使高校毕业生浪费时间、精力,错失就业良机,错过适合自己的用人单位和工作岗位。

3. 侵害应聘学生的知情权、隐私权

面试时,有的用人单位故意回避问题甚至迁怒毕业生,侵害应聘学生的知情权,使"双向选择"成了一句空话;还有的用人单位在面试时向高校毕业生提出类似"是否赞成婚外性行为""是否有未婚同居行为"等侵犯隐私权的问题。

(二) 协议、合同签订阶段的侵权行为

1. 必备条款缺失

一些用人单位提供的合同上规定劳动报酬"不低于本市最低工资",这实际上等于没做任何规定;有的用人单位则以"行业机密"为由,不约定劳动报酬,或填一个虚假数字;有的用人单位薪金本来就是浮动制,因此也回避填写;还有的招聘单位纯粹是为了吸引人气,故意许诺高职、高薪,且不加任何约定,到时又以各种原因拒绝履行合同。

2. 违约金条款不合理

就业协议、劳动合同中只规定大学生的违约责任,而对用人单位违约则未作出相应规定。

3. 违法条款

有些用人单位在劳动合同中规定"女职工3年内不得结婚",有的企业以给高工资为名,不给职工缴纳社会保险,这些都是违法的。合同中出现违法条款,虽该条款无效,但是容易导致与用人单位产生纠纷。

4. 侵犯学生的自主选择权

毕业生只要符合国家的就业方针政策,就可以自主地选择用人单位。但有的学校为了提高就业率,或为了保持与用人单位的合作关系,要求毕业生必须到某单位就业,侵犯了毕业生的选择权。

5. 其他侵权行为

有些用人单位担心学生签订就业协议后反悔,因此收取抵押金或扣留学生有效证件,有的用人单位向毕业生收取报名费、培训费、押金、保证金等,并以此作为是否录用的决定条件。

(三) 试用期侵权

试用期过长。试用期是用人单位和劳动者为相互考察、了解对方而约定的期限。为保护劳动者的合法权益,《劳动法》规定了劳动合同可以约定试用期,最长不得超过6个月,并且对试用期的适用条件以及次数进行了明确限定。

有的用人单位违反《劳动法》规定,要求毕业生的试用期为一年甚至更长;有的则采取换岗、多次试用的手法延长试用期;还有的用人单位采取在试用期支付超低工资,甚至不支付工资,或者"只试用,不录用"的手段,侵害高校毕业生基本的、合法的权益。

五、就业权益保护

在求职就业过程中,大学生可通过以下途径对自身合法权益实施保护。

(一) 就业主管部门的保护

毕业生就业主管部门可通过制定相应的规范来确保毕业生的合法权益不受侵害,并对

侵犯毕业生权益的行为予以抵制或处理。例如《上海市高校毕业生就业信息登记制度具体实施办法》规定，对不履行就业信息登记的用人单位进行制约，不允许其在市场招聘毕业生。

(二) 高校的保护

高校对毕业生权益的保护最为直接。学校可通过制定各项措施来规范毕业生就业指导和就业推荐，对于用人单位在录用毕业生过程中的不公平、不公正行为，学校有权予以抵制，以维护毕业生的公平录用权。

对于用人单位与毕业生签订的不符合有关规定的就业协议，学校有权不予同意，未经学校同意的就业协议不具有法律效力，不能作为编制就业计划的依据。对不具备招聘大学生资格的中介机构和不具有法人资格的用人单位，高校可不准其进校招聘。

(三) 毕业生自我保护

(1) 高校毕业生应了解目前国家关于毕业生就业的有关方针、政策和规范，熟悉毕业生在求职就业过程中的权利和义务，这是毕业生保护自我权益的前提。如在就业过程中因为所谓的公司规定或部门规定与国家政策、法规有抵触，侵犯了自身权益的，则高校毕业生可以拿起法律武器，依法维护自己的合法权益。

(2) 高校毕业生应自觉遵守有关就业规范，接受其制约，保证自己的就业行为不违反就业规范，不侵犯其他毕业生的合法权益。

(3) 在用人单位接收毕业生的过程当中，高校毕业生也应对自身权益进行自我保护。有的用人单位违反国家规定，不给试用期的高校毕业生提供正常的福利待遇（如"五险一金"）；有的用人单位以毕业生报到后生病不能坚持正常工作，"体检不合格"为由将学生退回学校，这些做法都是错误的。高校毕业生对自己所拥有的合法权利应有清醒、正确的认识。

(4) 高校毕业生应学会运用法律手段维护自身的合法权益。针对侵犯自身就业权益的行为，毕业生有权向用人单位上级主管部门和学校进行申诉，并听取他们的处理意见，同时也可提交给当地的劳动争议仲裁机构进行调解和仲裁，也可以依法向人民法院提起诉讼。

4-6 微课：就业权益保护

职场故事 4-3

某高校学生小张，经熟人介绍，在大四时到一家广告公司实习。由于表现突出，小张与该公司达成就业意向，并签订了就业协议。双方约定，服务期为3年，如果小张提前解约，必须赔偿公司1万元，其他待遇福利等条款暂为空白，单位人事部门让他先签名，具体条款过几天再补上。小张觉得，自己是经熟人介绍来的，不好意思提待遇的事儿。"找个工作不容易，不敢要求太多。反正别人有啥咱有啥呗，差不了事儿。"小张便在就业协议上签上了自己的名字。

正式上班后，公司与他签订了劳动合同，合同的有效期仅1年，而且也没有提前解除合同的赔偿条款。由于待遇与其他员工相差较大,小张在工作第二年便向公司提出辞职。公司提出小张必须按就业协议的规定赔偿 1 万元。小张不服,准备通过法律手段维权。

签了劳动合同,就业协议自动失效。和小张一样在尚未毕业时因急于找工作而与用人单位仓促签下就业协议的大学生并不少,有些应届毕业生甚至连就业协议都没有,正在给用人单位"打黑工"。由于正在实习的大学生尚未毕业,不是合格的劳动主体,用人单位不能与其签订劳动合同。但是在毕业生与用人单位确定就业意向后,双方可以签订就业协议。这份协议并非劳动合同,但充分保障了应届毕业生和用人单位的权益。根据《劳动合同法》规定,用人单位与劳动者在用工前订立劳动合同的,劳动关系自用工之日起建立。这意味着,即将毕业的在校大学生毕业前与用人单位提前签订了劳动合同,其劳动关系也只能从其正式上班之日起计算。小张与用人单位签订了劳动合同后,劳动关系就以劳动合同为准,就业协议书就自动失效。因此,该公司要求小张赔偿 1 万元的说法是没有依据的。所以,毕业生要尽快与用人单位签订劳动合同,以保障自己的权益。

> **拓展阅读 4-8**
>
> **高校毕业生该如何维护自己的合法权益**
>
> 初涉职场的大学生对社会的复杂性往往缺乏必要的认识和了解,一些用人单位甚至不法之徒也正是利用了大学生这种急于找到工作但又缺乏必要的社会经验和法律意识的弱点,侵害大学生的就业权益,甚至利用大学生进行违法犯罪活动。
>
> 高校毕业生的就业权益之所以屡屡受不法侵害,原因主要在于三个方面:① 供需双方信息不对称;② 相关操作程序不规范,缺乏有效的市场监管;③ 大学生维权意识匮乏,权益救济机制难以发挥有效作用。而信息渠道不畅通,供需双方信息不对称是最为主要的一个原因。

在求职应聘工作的过程中,高校大学毕业生要注意提高警惕,注意维护自己的合法权益。① 弄清楚招聘单位的合法性及工作的具体内容,看招聘单位是否有工商营业执照,是否有固定的办公、经营场所。② 了解法律、法规及当地劳动部门的有关规定。③ 注意与用人单位按照相关的法规签订就业协议及正式的劳动合同,即便没有正式的书面合同也要注意保留能够证明与用人单位发生劳动关系的凭据,以便在发生纠纷时有效地保护自己。④ 在就业过程中,发现招聘单位有侵权、违约、强迫就业者从事违法行为的现象,应及时向有关部门反映情况,以保障自己的合法权益。

第三单元 就业陷阱及其防范

◇ **问题导学**

1. 何为就业陷阱?高校毕业生求职时真的存在就业陷阱吗?
2. 目前主要的就业陷阱有哪些?

3. 高校毕业生该如何防范非法传销等就业陷阱?

案例导入

小施毕业于某高校投资与理财专业,不久前到上海某投资咨询有限公司应聘期货交易员岗位。在面试后,公司即表示录用。随后,公司对包括小施在内的新学员进行了为期10天的简单培训,并要求所有参加培训的学员自筹10万元开户进行实盘操作。在培训期间,公司未和小施签订劳动合同。然而,在小施培训结束并交付10万元开户费后,公司便开始对他不闻不问。当小施再次前往公司咨询时,公司表示,小施可以通过自己所开账户的操作自负盈亏。小施方知自己受骗,原来所谓的期货交易员,实际上是该公司的客户。由于没有与该公司签订劳动合同,小施无法保障自身权益。

求职的道路上虽然充满了成功的机会和希望,但同样也潜藏着形形色色的陷阱和骗局,高校毕业生必须擦亮双眼,明辨是非,以免上当受骗。

一、就业陷阱概述

所谓就业陷阱,就是某些招聘单位、机构或个人,利用大学生在就业市场上的弱势地位,以提供就业机会为诱饵,采用违法悖德手段,与大学生达成权利与义务不对等的各类就业意向(协议),侵害大学生合法权益的行为。据调查,近九成人周围出现过求职被骗的情况,五花八门的就业陷阱无处不在。刚刚离开校园、走上社会的高校毕业生,由于社会经验不足、自我保护意识差、加上求职心理迫切,就业竞争激烈,很容易被各种假象所蒙骗。因此,高校毕业生在求职时需要谨防各种就业陷阱。

二、常见的就业陷阱

(一)招聘陷阱

有些"双选会"主办单位把关不严,也未经有关主管部门批准,打着安排毕业生就业的名义,给一些违法之徒以可乘之机。

(1)参加"双选会"的招聘单位良莠不齐,出工不出力,只为凑数,以便主办单位收取高价门票。

(2)有的用人单位的招聘岗位名称模糊,名不符实。有的投资咨询公司在录用求职者从事"期货、现货交易员"后,要求每位录用者参加为期数天的培训,并在培训后要求自付一定的费用开户进行实盘操作,不仅对求职者具有较大的风险,更充满招聘欺诈嫌疑。有的用人单位招聘电梯服务员,却冠以"垂直交通管理员"的称呼,一般职员被冠以"经理助理""技术协理"等称号。如某保险公司招聘"客户服务专员",要求不高,待遇相对较好,在很短时间内便有百余名求职者争相前往应聘。但许多求职者在该公司上班不久便提出要离开。原来公司其实并不是招聘"客户服务专员",只不过是通过这样的形式吸引更多的人员前来应聘,就算最后录用,实际安排的岗位也就是保险业务员或营销员。

职场故事 4-4

高校毕业生小方,近日去应聘某广告公司的"储备干部"岗位。由于小方大学里学的是广告设计专业,觉得专业对口,且招聘信息上标注的薪资他也颇为满意,于是小方立即向该公司投递了简历。但在面试的过程中,该公司却不断地对其营销方面的能力进行提问,并向其介绍保险方面的业务。最终,在小方的追问下,该公司才承认其实公司是代某保险公司招聘保险业务员,招聘信息上标注的薪资也是需要通过业绩提成才能达到的。小方顿感自己白跑了一趟,上当受骗了。

(3) 有的招聘单位将获取的毕业生的个人信息出卖牟利,毕业生简历成为牟利的"工具",给一些不法之徒大开方便之门。

(4) 用招聘掩盖违法行为。有些用人单位打着招聘的幌子,逼迫毕业生做传销等其他违法的事情。

(二) 中介陷阱

(1) 少数职业中介机构,利用网络平台免费发布招聘信息,大量收集高校毕业生个人信息,然后倒卖赢利。

(2) 有的中介机构收取高额的中介费用后,寻找各种借口和"理由",拒绝为大学生寻找工作机会,而想要回中介费却非常困难。非法职业中介机构通常采取拖延时间、与用人单位共同欺骗等手段,骗取求职者的信息费、介绍费等。求职者碰到那种"一间门面、一张桌子、一部电话"的职介所或者"人才市场"时要格外当心。

职场故事 4-5

张某在一家职业中介所的信息栏上看见某公司正招聘文员,便前去咨询。该中介所"电话联系"该公司后,告诉张某职位空缺,她可以去试一试,但要交纳 800 元中介费,并承诺如果这家公司不合适,可另外推荐,直至张某找到工作为止。面试后,公司让张某回去等消息。等了两个多星期,张某被告知未被录取。张某只好找到那家中介所要求重新介绍一家公司。经过面试,又经过长达半个月的等待,张某仍然没有被录取。当张某第三次来到中介所时,中介所则告诉她没有新的空缺职位,让她再等等。

(3) 非法中介机构(或网络平台)与不法"用人单位"相勾结,收取不菲中介服务的费用后,以种种理由推脱责任。有的虽然介绍了工作机会,但用人单位的状况与毕业生求职要求相去甚远,有的虽然上岗工作了,但很快就会被"用人单位"以各种借口辞退。

(4) 非法中介机构之间相互串通,以高薪、大城市就业、落户等诱饵,骗取高额中介费后,介绍给外地的、其他的职业中介机构,然后让毕业生去不法用人单位或私人小企业打零工,而户口、档案等资料却被长期违法扣留,甚至被弄丢。

(5) 一些"黑中介"利用求职者急于找工作的心理,假装按照正常的招聘程序,先对求职者进行笔试,之后再要求应聘者到指定的机构体检。体检完成后,"黑中介"再以"体检不合格"或者面试不合格为由不予录用,堂而皇之地拒绝求职者。求职者交的体检费则被"黑中介"和指定的体检机构瓜分。

(6)一些不法之徒假托与一些知名艺人、电视台、电影公司或唱片公司有联系,声称"代招"演艺人员或模特儿,并可代为安排工作,诱使求职者缴纳不菲的费用参加其提供的训练课程。求职者在付款后往往得不到任何工作,或接到性质及薪酬跟当初承诺明显不符的工作,更难以拿回已付的款项。

求职应聘,最好是面对面地与用人单位直接交流。要尽量避免中介,尤其是那些无正式营业执照的小规模的"劳务介绍所"。不要轻易将自己的有效证件交给他们,或在他们提供的文件上签字。小心那个"热心"牵线搭桥帮忙找工作的陌路人,很可能别有用心。

小贴士 4-6

看清中介机构是否合法

正规的职业中介机构通常具备以下特征:① 有营业执照和招工许可证原件;② 明码标价;③ 公示劳动监察机关举报受理电话;④ 收费时出具由税务部门监制的发票。

(三)抵押陷阱

虽然国家早就明文规定,任何单位在招聘员工时,不得以任何理由、任何形式收取求职者的押金或者以身份证、毕业证等作抵押。但是,目前仍有一部分用人单位以便于管理为由向求职者收取押金、证件作抵押。在收取押金或证件之后,招聘单位便有可能为所欲为,高校毕业生在求职时一定要小心此类陷阱。

(四)骗费陷阱

法律规定用人单位不得向应聘者收取任何费用,包括报名费或保证金。但仍有一些招聘单位巧立名目,向求职大学生索要报名费、办证费、培训费、保证金、押金、资料费、劳保费、保险费等名目繁多的费用。向求职者要报名费或保证金的公司,很可能是想骗取求职者口袋里的金钱,这种"机会"最好还是不要。有些招聘单位不当场签约,要求职者打电话继续洽谈,而电话实际上是高额收费的。

4-7 文本:象牙塔外的骗局

职场故事 4-6

唐某大学毕业后,看到一家公司在报纸和网络上发布招聘广告,声称要找业务员,同时许诺比较优厚的待遇。当唐某上门应聘时,单位提出先要进行"考察",合格后再予录用。"考察"方式是与他订立一份产品推广协议,并提供一套产品给唐某去推销,公司收取样品费8 500元。协议约定求职者必须以公司规定的价格卖掉该产品。如果完成了销售任务,则录用并退还样品费;不能完成销售任务,则不录用也不退样品费。当唐某签好协议去推销单位提供的产品时,才发现单位规定的产品销售价格远远高于其实际价值,根本就卖不掉。就这样,唐晓东所交的8 500元样品费就这样被这家公司"黑"掉了。

(五) 合同陷阱

1. 口头承诺

口头承诺的过高待遇,最有可能是陷阱。口头承诺如果没有在劳动合同书中以白纸黑字体现,就没有法律约束力。一旦协议主体间发生矛盾,吃亏的一般都是学生。

2. "见习"协议

一些用人单位发布工作性质为"合同制"的招聘用工信息,却不与求职者签订劳动合同,而是签订"见习"协议,并将招聘信息中承诺的薪资改为见习补贴。利用"见习""实习"名义使用免费或廉价劳动力。

职场故事 4-7

近日,某公司招聘合同制网络管理员,岗位月薪 2 500 元。毕业于某高校计算机网络技术专业的程刚前往应聘。被录用后,程刚与单位签订了一份见习协议,在之后的两个月的时间内,该单位每个月均仅支付给他 680 元的见习补贴,程刚察觉到其中可能有问题,立即到公司进行核实。原来该公司以招合同制职工为名,招收见习学员,仅仅是想利用见习名义使用廉价劳动力。

3. 不平等协议

由于大学生缺乏维权意识,在求职中又处于弱势地位,不知道或不敢对不平等条款提出异议,使就业协议、劳动合同在某种程度上成为"霸王合同"。大学生在签订就业协议、劳动合同时,一定要慎防无保障协议、"卖身协议"等不平等协议。

4. 以就业协议代替劳动合同

有些用人单位以就业协议替代劳动合同,究其原因,是用人单位在就业协议中的许多约定不符合《劳动合同法》的规定,如果签订劳动合同,这些不合法约定将不存在,不能达到其违法用工的目的。

5. 薪酬陷阱

有些招聘单位的面试人员在求职者的询问下,给出一个含糊的月薪数字,然而在月底支付薪酬时却以员工没完成工作量或工作失误为由,扣除部分薪酬。这类薪酬陷阱在求职时不易识别,大学生要提高警惕。

(六) 试用期陷阱

1. 试用期或见习期过长

由于法律法规对见习期内的权利义务没有具体规定,在毕业生就业过程中,违规违法主要表现为见习期与试用期的总期限超过一年,有的甚至长达两年;某些单位以见习期的名义不签合同,且借故延长见习期;有些单位签的是劳动合同,书写的却为见习期。

2. 没有试用期

某些用人单位规定大学生报到就签订劳动合同,马上上岗工作。可当大学生感到单位各方面情况不尽人意,想要另谋高就时,才发现自己在"无意"间放弃了试用期这一有力的武器,丧失了自己本该拥有的权利。此时,如要单方面解除合同,无疑要承担惨重的代价。诸如此类的现象屡见不鲜,应当引起广大毕业生的高度重视。

3. 虚假试用

极少数公司通过不断延长招聘信息有效期,招用新员工替代即将转正的员工以达到降低用人成本的目的。

职场故事 4-8

小张半年前应聘了某汽车销售服务公司的汽车驾驶员职位。单位承诺试用期为 6 个月,试用期月薪为 2 800 元,转正后为 3 800 元。经过面试,小张被单位录用,但他发现该单位仍在不断招聘汽车驾驶员。当小张按约定即将做满 6 个月,欣喜地以为可以转正时,却接到了单位的辞退通知,理由是招到了更合适的人。失业后的小张在查找新的招聘信息时,发现该单位仍然在招聘汽车驾驶员。

(七) 培训陷阱

部分不法培训机构,为了招揽培训生源,通常和招聘单位勾结,由"用人单位"发布虚假的招聘信息,要求应聘者参加其指定培训机构的培训,考核合格才能录用。当求职者支付培训费用并参加完培训后,考核过关者却寥寥无几,即使过关,被录用者也难逃厄运,在见习期或试用期即因各种理由被辞退。

一些培训机构混迹于招聘会,不断给大学生介绍"高薪就业"之类的机会,名义上是招工,实际上是为培训机构招生。有些培训机构以"保证就业"来引诱大学生交纳培训费,但培训结束后,却以种种理由不安排就业,或推荐大学生到一些位置偏僻、层次较低、无人问津的低薪岗位,甚至在试用期就借故将大学生辞退。

某些用人单位出资让应聘的大学生通过培训上岗,限制大学生的"自由"。一旦不从,应聘者就必须交纳数目不菲的违约金;有的用人单位甚至扣押应聘大学生的各种证件以达到控制应聘大学生的目的。

一些所谓的咨询公司或培训机构在网站上发布"高薪招聘"启事,岗位多为"移动互联网产品经理助理"之类的职位。门槛不高,一般具有大专或本科学历的都符合录用条件。当求职者上门应聘时,此类公司或培训机构就声称要对求职者进行专业培训,培训合格后方可录用。在公司的诱导和承诺下,一些求职者就与其订立《内训协议》《SAP 岗前实训协议》等民事协议。这些协议明确公司与求职者间无劳动关系,只是单纯的培训关系,只有求职者在培训合格后,公司才考虑予以录用并建立劳动关系。培训协议中还约定求职者需要承担高额的培训费,如果求职者资金不够,这些公司甚至提出可以协助求职者贷款支付培训费。培训开始后,求职者发现所谓高大上的培训只是一些简单的技能培训,并无多少技术含量可言。而且培训合格率很低,即使培训合格,当初声称要录用的公司往往也会消失得无影无踪,求职者的高额培训费就此白费了。一些求职者甚至因此背负了高额贷款。

(八) 安全陷阱

一些别有用心的招聘单位索要应聘者的各种证件、签名。如果大学生在应聘中留下重要证据,就可能成为各种形式的债务人,或可能成为敲诈勒索的对象。

有些招聘单位利用招聘、面试作为掩护,提供非法工作,让应聘者从事偷盗、抢劫、涉毒、偷运、销赃、窝赃等违法活动,使应聘者沦为不法之徒的帮凶。一旦事情败露,违法者踪影全无,而求职者成为替罪羊。有的招聘广告上声称招聘男女公关人员,月薪上万元。所谓"男女公关"实则是从事性服务,令一些涉世不深的毕业生掉入陷阱。

(九) 传销陷阱

传销是指组织者或者经营者发展人员,并要求被发展人员以缴纳一定费用为条件取得加入资格等方式牟取利益,扰乱经济秩序,影响社会稳定的行为。作为国家法律明令禁止的非法经营活动,传销不仅严重扰乱市场经济秩序,影响社会稳定,而且还直接侵害广大人民群众的人身及财产安全,社会危害极大。1998 年 4 月 18 日,国务院发布了《关于禁止传销经营活动的通知》,宣布全面禁止传销经营活动。

传销好像离我们很远,但其实就在我们身边。近年来,一些不法之徒利用毕业生就业心切的心理,骗其加入非法传销组织的案例屡见不鲜。据有关部门保守估计,参与非法传销的人员已经超过了 1 000 万人,其中具有大学学历的占 30%,在校大学生又占其中 5%。每年暑期都有一部分高校毕业生因为找工作而被传销组织以"高薪""好工作"等幌子所欺骗,结果深陷泥潭,难以自拔。有的即使能逃离出来,也难免遭受经济上和精神上的双重损失,并承受巨大的心理压力。

拓展阅读 4-9

高校毕业生如何避免陷入"传销陷阱"

高校毕业生牢记以下几条,可以有效地避免陷入传销陷阱。

(1) 天下没有免费的午餐,好的工作不可能伸手就来,也不可能一个电话就解决。

(2) 多问几个"为什么"。对于各类招聘信息,要用理性的思维去分析与辨别。如果你提的问题,对方没有或者很少正面回答的,就多想想。比如:"别问那么多了,你来了就知道了""我电话没电了(或者没电话费了),不跟你多说了""我现在很忙,你尽快来就是了"。这些都是非法传销组织的惯用伎俩,高校毕业生遇到这些回答,要提高警惕。

(3) 抵制诱惑。一心想"创业"的人,更要注意这方面的问题。往往对方会"投其所好",利用各种诱惑作为邀约手段,引诱大学生上当。

(4) 有自知之明。成功需要很多条件和因素,社会经验、专业技能、阅历、学识、谋略、人力资源等,都是不可或缺的条件与因素。

(5) 杜绝投机。如果有人告诉你:有一种生意,叫资本运作,只要一次投资,就有大回报,请小心为妙。传销组织往往就是利用人们的投机企图和不劳而获的心理来达到目的。

(6) 明辨是非,区别直销与传销。直销是直销企业招募直销员,由直销员在固定营业场所之外直接向最终消费者推销产品的经销方式。直销员是将优质产品传递到消费者手中,通过销售产品获得报酬的。传销者鼓吹快速致富或者一夜暴富,以其直接或者间接发展的人员数量或者销售业绩作为加入资格,产品以假充真甚至根本无产品运作。

(十) 成果陷阱

有些单位以招聘为名,在收集求职者资料和组织面试的过程中,要求求职者提供成果展示,并以此窃取求职者的劳动成果。在纷至沓来的各种招聘会上,有的用人单位以招聘为幌子,收取简历、组织面试,窃取应聘者殚精竭虑做出的一份份计划书、策划创意等成果。求职者没有得到工作,而用人单位却以此窃取其劳动成果。

常有一些公司在招聘时以高薪为诱饵,要求应聘者交一篇策划案或是工艺设计稿,而且往往不厌其烦地与应聘者讨论细节。奉劝求职者不要在此类公司浪费心思与精力,公司只是免费利用应聘者而已。

职场故事 4-9

某软件公司招聘程序员、美工等岗位工作人员,公司经营状况良好,工作环境整洁,招聘流程正常,岗位提供的薪酬符合市场行情,一切看似都符合常理。应届毕业生小张初试合格后进入笔试阶段。笔试内容如下:上机编写一段程序,使用规定的编程语言,时间不限,可以上网查询相关资料,但不能相互交流。一个教室里,八个求职者,每个人的试题不同。但是几个年轻人无意中发现,看似八段不相关的程序,其实恰好能整合成一个项目!结果可想而知,八人无一被该公司录用。

(十一)广告陷阱

有的用人单位总是以"某单位""某大型绩优厂商""某上市公司"等为名发布广告,既不说明单位性质、规模,也不公布名称、地址,最多只有一个电子邮箱和电话号码。要应征这些不敢在报纸上公开名称的公司时,最好先打听清楚其背景,此类单位大多要求求职者在上岗前交报名费、培训费或者保证金。在这种情况下,最好把那份在人才交流会上得到的传单立刻扔进垃圾筒里。

拓展阅读 4-10

"网络销售"骗局

某商贸有限公司,近日发布了一条招聘"网络销售员"的信息,并在岗位描述中写"网络销售的成本相当低,开展的费用又相当少,可以说是几乎没有费用的。只要在家有一台电脑即可进行自己的创业之路,很多通过网络致富的人,起初都是白手起家,慢慢地自己就做起了大老板。网络销售不仅成本低,而且利润非常丰厚。只要您能坚持沿着正确的发展道路走下去,必定成功!"通过分析网络销售的好处,吸引求职者对网络销售员的工作兴趣,随后的话语便显现出其真实目的——"如果您觉得对自己有信心,网络绝对是您施展才华之地!我们将为您提供最专业、最完善的培训,让您在网络销售过程中快人一步,解决您在网络销售中不必要的麻烦。公司还将为您提供大量产品,无需您自己进货。"

许多求职者会为案例中的这样一条极具诱惑力的招聘信息所吸引,对"网络销售"心动,然而细细想来,便很容易识破这样的骗局。

(1)作为一家商贸公司,对外培训远远超出了其经营范围。如果是一个专业的培训机构,其培训完全是合理合法的,大可通过广告媒体发布培训信息,而不用借助招聘渠道用招聘作为幌子。

(2)一眼就能看出招聘和培训都是这家公司用以赚钱的"美丽"外壳,求职者涉足其中后,其培训收费可能相当高,而且"网络销售"本来就十分虚拟,这样的培训又无凭无据,一旦发生问题,求职者或培训学员将无从求助。

(3)"公司还将为您提供大量产品,无需您自己进货。"甚至有向求职人员推销商品之嫌。

从以上三点即可看出,此类企业并不是以招聘为真实目的的,同样也不会真心实意地向求职者传授技能,只是通过招聘渠道进行广告宣传,吸引求职者前去参加所谓的培训,以达到收费和推销产品的目的。求职者在应聘的过程中,要注意分析、辨别,切勿盲目相信,以免受骗上当。

三、就业陷阱的防范

防范就业陷阱不仅要创造安全、有序、公正、合理的就业环境,更重要的是要加强对大学生的法制教育,增强大学生的自我保护意识,使大学生知法、懂法、守法,并能利用法律武器维护自身的合法权利。高校毕业生在求职时,要注意以下几点。

(一)加强法规学习,强化自我保护意识

在求职择业前,高校毕业生要加强对劳动就业法律法规的学习,熟悉劳动合同等相关法律法规的内容,懂得运用法律武器维护自身的合法权益。毕业生应加强自我保护和求职风险意识,防止在求职过程中随意泄露个人信息。毕业生在求职过程中,尤其是网上求职,往往要填写一些表格,要注意填写的信息是否必要,不要粗心大意,随意填写,让骗子有可乘之机。例如个人银行账户、身份证号、家长姓名、家庭住址、家人电话等并非求职所必需的,不要随意透露出去。填写个人简历时,不要在规定的表单以外的地方填写自己的联系方式,建议求职者只留本人联系电话并保持畅通,最好不留家人电话。

(二)通过正规渠道获取求职信息,加强信息验证

一定要选择正规的求职渠道,即便是亲朋好友介绍的用人单位,也需要事先进行充分的核实。谨慎对待小广告,对街道上散发和张贴的一些"招聘启事"或在非主流媒体上刊登的招聘广告,要谨慎对待。防止虚假招聘,避免上当受骗。尽可能参加本校和兄弟院校举办的专场招聘会,校招单位相对比较可靠,值得信赖。

在应聘之前,一可事先上网搜集招聘单位资料,查看所要应聘的单位是否在工商部门登记注册,注册时间是否有效。二可致电招聘单位人事部门咨询招聘计划,要注意应聘单位的信息是否详尽、可靠。三可通过亲朋好友、老师、学长等途径,实地走访等方式进行验证,对每个面试的单位和岗位都要事先通过多种渠道进行了解;也可在面试时观察公司的工作环境、面试是否正规等。

(三)提高防范意识,做好面试准备

(1)在接到用人单位的面试通知时,务必到网上再核实一下应聘单位的基本情况,当对方用移动电话联系时,务必索要单位的固定电话,面试前尽量通过对方的固定电话预约面试时间。

(2)认真确认面试地点。正规单位招聘一般会将面试地点设在单位的办公室、会议室。对租用房间作为应聘地点的单位要警惕;千万别轻信招聘者在指定的酒店接待,应该自己主动找到招聘单位所在办公地址或办事处。

（3）在决定去面试之前，毕业生最好将面试的单位名称、时间地点和联系方式等信息，事先告诉亲朋好友或同学，做好防范，女生面试最好结伴同行。

（4）绝大多数招聘单位不会主动派车去接应聘者，应聘时勿与陌生人到偏僻地方，勿将手机等财物交给陌生人，发现被骗应及时报警。

（5）面试时要详细了解用人单位、应聘岗位、工作内容详细信息，不要被名称所迷惑。对外地企业或外地分公司、分厂、办事处的高薪招聘，不论其待遇多好，求职者都要保持清醒的头脑高度警惕。面对招聘者夸夸其谈，反复强调招聘职位工作能轻松拿高薪的，很有可能就是陷阱。

4-8 微课：防范就业陷阱

小贴士 4-7

温 馨 提 示

（1）应聘时要了解招聘职位的要求、完整的录用条件。

（2）应聘结束后，到用人单位了解在岗人员待遇、工作性质等是否与招聘宣传相符。

（3）与用人单位签订用工合同，对双方权、责、利等均有所规定；对一些远期承诺，也应写进合同中，如有必要，合同可办理公证手续。

（4）工作一段时间后，如应聘者被告知不符合录用条件时，要及时要求单位人事部门拿出证明本人不符合录用条件的证据。

（5）发现用人单位侵犯自身权益，可向劳动仲裁部门申请仲裁和向市场监督管理部门举报。

（四）拒交各种费用，慎签劳动合同

任何招聘单位以任何名义向求职者收取抵押金、服装费、产品押金、风险金、报名费、培训费等，都属非法行为。求职者遇到此类情况，要坚决拒交，并向招聘单位所在地区的劳动监察大队举报，以确保自己的合法权益不受侵害。如遇到单位要求必须体检才能上岗的，请求职者注意：通常单位不会指定私立医院或者诊所。

在签订就业协议或劳动合同前，审核企业是否经过市场监督管理部门登记以及企业注册的有效期限，否则所签协议、合同无效；务必仔细阅读审核内容，合同字句是否清楚、准确、完整，不能用缩写、替代或含糊的文字表达；三看劳动合同是否具备必备条款，合同是否采用书面形式，一式两份，内容是否完全一致，试用期内也要签订合同。

（五）发现被骗，及时报警

大学毕业生一旦发觉上当受骗，要及时向招聘单位所在地劳动就业管理中心或公安派出所报案，寻求法律保护。

（1）如果不慎应聘了所谓的"见习"岗位，要先核实该单位是否为见习基地，若不是，应及时设法脱身，以免被不法企业侵害个人利益。

（2）如被欺诈或误入非法行业，应立即向公安机关报案。

（3）如果遭遇无证照或证照不全的非法中介，应及时向市场监督管理部门反映。

（4）如果遇到用人单位发布虚假招聘信息，所列的待遇、薪酬与实际情况严重不符的，或以招聘为名订立合同，规定不可能完成的任务，致使不能获得劳动报酬的，求职者应向当

地的劳动就业管理中心等机构反映,请求查处。

> **拓展阅读 4-11**
>
> ### 防范就业陷阱的"三忌四法"
>
> "三忌":① 忌"贪"。好的职位、高的薪酬格外有吸引力,但若不考虑自己的实际条件,抱着试试运气的心态,极易上当。② 忌"急"。高校毕业生急于找工作的心理,给一些利欲熏心的不法之徒提供了假借招聘骗取钱财的机会。不法之徒以各种名目收取应聘者的钱物后,便人去楼空。③ 忌"糊涂"。眼下高校毕业生工作难找,但并不等于有工作就要。没有最好的职位,只有最合适的职位。高校毕业生对自己的职业生涯发展应该有个清晰构想,不要盲目地"捡到篮里都是菜",只要仔细斟酌,还是能看清招聘中的大多数"猫腻"的。
>
> "四法":①"望"。运用自己的视觉,观察用人单位的外部环境、办公条件、人员情况、人员基本素质。②"闻"。通过多方打听、咨询了解用人单位的经营状况。"听"可不能只听一面之词,而是要"耳听八方",上网找资料,发帖询问,尤其是那些无法通过网站追踪其踪影的小公司,可以通过和前台、保安、普通职员聊天等方式了解公司现状。③"问"。即通过亲属、亲属的朋友、朋友以及朋友的朋友进行有目的的探询。关乎自己切身利益的事情,千万别不好意思张口。④"切"。直接交手,试探虚实。在面试时,不能只做问题回答者,有提问的机会千万别轻易放过,别失去一次了解用人单位和工作性质的好机会。

课堂活动 4-3

案 例 分 析

在就业指导课上,小张得知现在的就业市场上陷阱重重,因此,利用业余时间比较系统地研读《劳动法》《劳动合同法》等法律法规,对于我国劳动就业的政策规定也进行了大致的了解。毕业签约时,用人单位提出"试用期1年,试用期满后再签订劳动合同"的要求,小张依据自己学过的法律知识,以《劳动法》规定试用期不得超过6个月,试用期必须包含在劳动合同期限内为由与单位据理力争,最终使单位按照《劳动法》的规定签订了劳动合同,较好地保护了自己的合法权益。

(1) 结合案例,分析为什么小张能据理力争,最终如愿?

(2) 日常学习生活中你是否接触过《劳动法》?如果有,试举出几条你觉得对毕业生有较大关系的条款。

第四单元　劳动争议与处理

◇ 问题导学

1. 上班后,与用人单位产生劳动纠纷又不想辞职怎么办?
2. 在履行劳动合同过程中产生劳动纠纷,有哪些方式可以处理?

3. 在校大学生实习期间与用人单位的纠纷该如何处理？

案 例 导 入

毕业于某卫生职业技术学院护理专业的陈蕾，通过了一家民营医院的面试。2016年7月开始，陈蕾便正式在这家医院上班了。转眼工作一年了，但医院仍迟迟不与陈蕾签订劳动合同，陈蕾与院方多次沟通协商未果，无奈将医院诉至法院，要求院方支付其两倍工资。

法庭上，该医院辩称陈蕾是到医院实习，并非其正式职工，双方未签订实习协议，医院不支付陈蕾任何费用，陈蕾也不用支付医院实习费用。

法院审理后认为，从陈蕾提交的胸卡可见，其中载有该医院名称字样，并注明了陈蕾姓名、科别、编号，足以证明陈蕾受医院管理，为医院提供了劳动，双方的关系符合劳动关系的特征。医院主张陈蕾在2016年2月22日至2017年6月31日期间均系在单位实习，其不向陈蕾支付任何报酬，陈蕾也无需向其支付实习费用。针对上述主张，医院未提供有效的证据，陈蕾亦予以否认。

同时，在长达近一年半的时间内，这种单位不支付报酬、个人不支付实习费用的情形显然不符合实习的常理，故法院对医院的抗辩理由不予采信。根据法律规定，用人单位自用工之日起超过一个月不满一年未与劳动者订立书面劳动合同的，应当向劳动者每月支付两倍的工资，现医院未按照法律规定与陈蕾签订劳动合同，应向陈蕾支付两倍工资。

应届毕业生初出茅庐，社会经验较少，缺乏法律和自我保护的意识，许多用人单位正是因此伺机摆脱自己的责任。初入职场的高校毕业生，要主动学习、了解相关的劳动法律法规，明确自己作为劳动者应享受的权利和应履行的义务，以便在权益受损时懂得如何处理劳动争议，依法维护自己的合法权益。

一、劳动争议

劳动争议也称为劳动纠纷，是用人单位内部的劳动者与管理者之间因劳动权利与劳动义务发生分歧而引起的争议。其中有的属于既定权利的争议，即因适用劳动法和劳动合同、集体合同的既定内容而发生的争议；有的属于要求新的权利而出现的争议；有的属于因制定或变更劳动条件而发生的争议。我国目前劳动关系的状况决定了劳动争议与一般的民事纠纷相比，具有如下特征。

第一，劳动争议主体是特定的。劳动争议是发生在存在劳动关系的用人单位与劳动者之间的争议。一方是用人单位，另一方是劳动者。用人单位包括企业、个体经济组织、民办非企业单位等组织，还包括与其劳动者建立劳动关系的国家机关、事业单位、社会团体。而随着我国集体协商和集体合同制度的开展，因为履行集体合同而发生的争议，工会可以作为劳动者的代表组织成为劳动争议的主体。

第二，劳动争议主体之间必须存在劳动关系。不具有劳动法律关系主体身份者之间所发生的争议,不属于劳动纠纷。如果争议不是发生在劳动关系双方当事人之间,即使争议内容涉及劳动问题,也不属于劳动争议。

第三,劳动争议是在劳动关系存续期间发生的。

第四,劳动争议的内容必须是与劳动权利义务有关,包括劳动合同的订立、履行、变更、解除或者终止劳动合同以及劳动报酬、工作时间、休息休假、社会保险、福利、培训以及劳动安全卫生保护等问题而引起的争议。

第五,在一般情况下,劳动争议表现为非对抗性矛盾,也可以表现为对抗性矛盾,而且两者在一定条件下可以相互转化,会给社会和经济带来不利影响。

拓展阅读 4-12

劳动争议的范围

根据《最高人民法院关于审理劳动争议案件适用法律若干问题的解释》第一条,劳动者与用人单位之间发生的下列纠纷,属于劳动争议。

(1) 劳动者与用人单位在履行劳动合同过程中发生的纠纷;

(2) 劳动者与用人单位之间没有订立书面劳动合同,但已形成劳动关系后发生的纠纷;

(3) 劳动者与用人单位因劳动关系是否已经解除或者终止,以及应否支付解除或者终止劳动关系经济补偿金发生的纠纷;

(4) 劳动者与用人单位解除或者终止劳动关系后,请求用人单位返还其收取的劳动合同定金、保证金、抵押金、抵押物发生的纠纷,或者办理劳动者的人事档案、社会保险关系等移转手续发生的纠纷;

(5) 劳动者以用人单位未为其办理社会保险手续,且社会保险经办机构不能补办导致其无法享受社会保险待遇为由,要求用人单位赔偿损失发生的纠纷;

(6) 劳动者退休后,与尚未参加社会保险统筹的原用人单位因追索养老金、医疗费、工伤保险待遇和其他社会保险待遇而发生的纠纷;

(7) 劳动者因为工伤、职业病,请求用人单位依法给予工伤保险待遇发生的纠纷;

(8) 劳动者依据《劳动合同法》第八十五条规定,要求用人单位支付加付赔偿金发生的纠纷;

(9) 因企业自主进行改制发生的纠纷。

根据《最高人民法院关于审理劳动争议案件适用法律若干问题的解释》第二条,下列纠纷不属于劳动争议:

(1) 劳动者请求社会保险经办机构发放社会保险金的纠纷;

(2) 劳动者与用人单位因住房制度改革产生的公有住房转让纠纷;

(3) 劳动者对劳动能力鉴定委员会的伤残等级鉴定结论或者对职业病诊断鉴定委员会的职业病诊断鉴定结论的异议纠纷;

(4) 家庭或者个人与家政服务人员之间的纠纷;

(5) 个体工匠与帮工、学徒之间的纠纷;

(6) 农村承包经营户与受雇人之间的纠纷。

二、处理方式

《中华人民共和国劳动争议调解仲裁法》规定：发生劳动争议，劳动者可以与用人单位协商，也可以请工会或者第三方共同与用人单位协商，达成和解协议；发生劳动争议，当事人不愿协商、协商不成或者达成和解协议后不履行的，可以向调解组织申请调解；不愿调解、调解不成或者达成调解协议后不履行的，可以向劳动争议仲裁委员会申请仲裁；对仲裁裁决不服的，除该法另有规定的外，可以向人民法院提起诉讼。

因此，劳动争议处理的方法有四种：① 协商解决；② 申请调解；③ 申请仲裁；④ 提起诉讼。

4-9 微课：劳动争议及其处理

（一）协商解决

劳动争议产生后，双方本着互谅互让的积极态度，可在无第三方参与的情况下，自行协商，达成解决协议，也可以请工会或者第三方共同与用人单位协商，达成和解协议。

（二）申请调解

《中华人民共和国劳动争议调解仲裁法》规定，劳动争议发生后，当事人不愿协商、协商不成或者达成和解协议后不履行的，可以向本企业劳动争议调解委员会、依法设立的基层人民调解组织或具有劳动争议调解职能的组织申请调解。

企业劳动争议调解委员会负责调解本企业发生的劳动争议，它由职工代表和企业代表组成，职工代表由工会成员担任或者由全体职工推举产生，企业代表由企业负责人指定。企业劳动争议调解委员会主任由工会成员或者双方推举的人员担任。没有成立工会组织的企业，调解委员会的设立及其组成由职工代表与企业代表协商决定。调解员应当由公道正派、联系群众、热心调解工作，并具有一定法律知识、政策水平和文化水平的成年公民担任。

调解委员会受理劳动争议案件包括两种情况。第一种情况，调解委员会接到一方当事人的调解申请后，要征询对方当事人的意见，弄清对方当事人是否同意调解。如果对方当事人不愿进行调解，调解委员会应当作好记录，在三日内以书面形式通知申请人。第二种情况，对当事人双方同意调解的争议案件，要认真审查所申请调解的争议事项，并在四日内作出受理与不受理的决定。审查的主要内容是：当事人申请调解的事由是否属于劳动争议，是否属于调解委员会调解劳动争议的受理范围；调解申请有无明确的被诉方，申请调解是否合理合法，申请的事项在本单位是否有共同申请人等。经过审查，对于符合条件的作出受理决定，填写立案审批表和受理通知书，通知双方当事人。对于不予受理的，应向当事人说明理由。

当事人申请劳动争议调解可以书面申请，也可以口头申请。口头申请的，调解组织应当当场记录申请人基本情况、申请调解的争议事项、理由和时间。企业劳动争议调解委员会对于受理的劳动争议案件，一般按照以下规定和程序进行。

（1）指派调解员对争议事项进行全面调查核实，要作好笔录，并由被调查人签名或盖章。

（2）由调解委员会主任主持召开调解会议，调解会议除双方当事人必须参加外，有关单位和个人也可以参加协助调解，调解委员会成员听取双方当事人对争议事实和理由的陈述，然后进行调解。

(3) 经调解达成协议的,制作调解协议书。协议书一般要写明争议双方当事人的姓名、单位、法定代表人职务、争议事项、调解结果及其他应说明的事项,由调解委员会主任或调解委员以及双方当事人签名盖章,加盖调解委员会印章,然后将调解协议书一式三份送双方当事人和留调解委员会各一份,双方当事人应当自觉履行。

(4) 调解不成的,应当作好调解意见书,说明情况。调解委员会调解劳动争议,应当自当事人申请调解之日起十五日内结束;到期未结束的,视为调解不成。调解不成的,当事人在规定的期限内,可以向劳动争议仲裁委员会申请仲裁。

达成调解协议后,一方当事人在协议约定期限内不履行调解协议的,另一方当事人可以依法申请仲裁。

因支付拖欠劳动报酬、工伤医疗费、经济补偿或者赔偿金事项达成调解协议,用人单位在协议约定期限内不履行的,劳动者可以持调解协议书依法向人民法院申请支付令。人民法院应当依法发出支付令。

小贴士 4-8

支 付 令

支付令是人民法院根据债权人的申请,依法作出的督促债务人履行一定给付义务的法律文书。这是处理债权债务关系明确的民事、经济纠纷的最好办法,但只能在债务人接到支付令之日起十五日内不向法院提出书面异议时方可实现。债务人对债权债务关系没有异议,但对清偿能力、清偿期限、清偿方式提出不同意见的,不影响支付令的效力。若法院裁定终结督促程序,支付令自行失效,债权人可以提出诉讼。

(三) 申请仲裁

(1) 劳动争议申请仲裁的时效期间为一年。仲裁时效期间从当事人知道或者应当知道其权利被侵害之日起计算。申请人申请仲裁应当提交书面仲裁申请,并按照被申请人人数提交副本。仲裁申请书应当载明下列事项:① 劳动者的姓名、性别、年龄、职业、工作单位和住所,用人单位的名称、住所和法定代表人或者主要负责人的姓名、职务;② 仲裁请求和所根据的事实、理由;③ 证据和证据来源、证人姓名和住所;④ 书写仲裁申请确有困难的,可以口头申请,由劳动争议仲裁委员会记入笔录,并告知对方当事人。

(2) 劳动争议仲裁委员会负责管辖本区域内发生的劳动争议。劳动争议由劳动合同履行地或者用人单位所在地的劳动争议仲裁委员会管辖。双方当事人分别向劳动合同履行地和用人单位所在地的劳动争议仲裁委员会申请仲裁的,由劳动合同履行地的劳动争议仲裁委员会管辖。

(3) 劳动争议仲裁委员会收到仲裁申请之日起五日内,认为符合受理条件的,应当受理,并通知申请人;认为不符合受理条件的,应当书面通知申请人不予受理,并说明理由。对劳动争议仲裁委员会不予受理或者逾期未作出决定的,申请人可以就该劳动争议事项向人民法院提起诉讼。

(4) 劳动争议仲裁委员会受理仲裁申请后,应当在五日内将仲裁申请书副本送达被申请人。被申请人收到仲裁申请书副本后,应当在十日内向劳动争议仲裁委员会提交答辩书。劳动争议仲裁委员会收到答辩书后,应当在五日内将答辩书副本送达申请人。被申请人未提交答辩书的,不影响仲裁程序的进行。

(5) 劳动争议仲裁委员会裁决劳动争议案件实行仲裁庭制。仲裁庭由三名仲裁员组成,设首席仲裁员。简单劳动争议案件可以由一名仲裁员独任仲裁。劳动争议仲裁委员会应当在受理仲裁申请之日起五日内将仲裁庭的组成情况书面通知当事人。仲裁员属于本案当事人或者当事人、代理人的近亲属的、与本案有利害关系的、或与本案当事人、代理人有其他关系,可能影响公正裁决的应当回避,当事人也有权以口头或者书面方式提出回避申请。

(6) 仲裁庭在作出裁决前,应当先行调解。调解达成协议,仲裁庭应当制作调解书,经双方当事人签收后,发生法律效力。

(7) 仲裁庭裁决劳动争议案件,应当自劳动争议仲裁委员会受理仲裁申请之日起四十五日内结束。案情复杂需要延期的,经劳动争议仲裁委员会主任批准,可以延期并书面通知当事人,但是延长期限不得超过十五日。逾期未作出仲裁裁决的,当事人可以就该劳动争议事项向人民法院提起诉讼。下列劳动争议,除法律另有规定的外,仲裁裁决为终局裁决,裁决书自作出之日起发生法律效力:① 追索劳动报酬、工伤医疗费、经济补偿或者赔偿金,不超过当地月最低工资标准十二个月金额的争议;② 因执行国家的劳动标准在工作时间、休息休假、社会保险等方面发生的争议。对上述仲裁裁决不服的,可以自收到仲裁裁决书之日起十五日内向人民法院提起诉讼。

(8) 当事人对发生法律效力的调解书、裁决书,应当依照规定的期限履行。一方当事人逾期不履行的,另一方当事人可以依照《中华人民共和国民事诉讼法》的有关规定向人民法院申请执行。

(四) 提起诉讼

劳动争议诉讼是劳动争议当事人不服劳动争议仲裁委员会的裁决,在规定期限内依法向人民法院提起诉讼,由人民法院依法审理的处理劳动争议的方式;此外,劳动争议的诉讼,还包括当事人一方不履行仲裁委员会已发生法律效力的裁决书或调解书,另一方当事人申请人民法院强制执行的活动。诉讼解决是劳动争议的最终程序。

劳动争议案件由用人单位所在地或者劳动合同履行地的基层人民法院管辖。对于案情比较简单、影响不大的劳动争议案件,一般由基层人民法院进行第一审;对于案情复杂、影响很大的劳动争议案件,基层人民法院审理有困难的,可由中级人民法院进行第一审。

最高人民法院公布的《关于审理劳动争议案件适用法律若干问题的解释》规定,劳动争议仲裁机构以无管辖权为由对劳动争议案件不予受理,当事人提起诉讼的,人民法院按照以下情形分别处理:① 经审查认为该劳动争议仲裁机构对案件确无管辖权的,应当告知当事人向有管辖权的劳动争议仲裁机构申请仲裁;② 经审查认为该劳动争议仲裁机构有管辖权的,应当告知当事人申请仲裁,并将审查意见书面通知该劳动争议仲裁机构;劳动争议仲裁机构仍不受理,当事人就该劳动争议事项提起诉讼的,人民法院应予受理。

劳动争议仲裁机构以当事人申请仲裁的事项不属于劳动争议为由,作出不予受理的书面裁决、决定或者通知,当事人不服依法提起诉讼的,人民法院应当分别情况予以处理:① 属于劳动争议案件的,应当受理;② 虽不属于劳动争议案件,但属于人民法院主管的其他案件,应当依法受理。

劳动争议仲裁机构以申请仲裁的主体不适格为由,作出不予受理的书面裁决、决定或者通知,当事人不服依法提起诉讼,经审查确属主体不适格的,人民法院不予受理;已经受理的,裁定驳回起诉。

劳动争议仲裁机构为纠正原仲裁裁决错误重新作出裁决,当事人不服依法提起诉讼的,人民法院应当受理。

劳动争议仲裁委员会仲裁的事项不属于人民法院受理的案件范围,当事人不服,依法向人民法院起诉的,裁定不予受理或者驳回起诉。

职场故事 4-10

2020年4月,即将大学毕业的赵某与学校及甲公司签订了《毕业生就业协议书》,协议约定:赵某毕业后必须在甲公司服务5年,否则要赔偿公司1万元。2020年8月,赵某到公司工作后又与该公司签订了3年期限的劳动合同,约定试用期为4个月,在试用期内可以提前书面通知甲公司解除劳动合同并在工作交接完毕后离开公司。3个月后,赵某认为自己不适应这份工作,按劳动合同要求向公司提出书面辞职申请,而甲公司以赵某未缴纳违约金为由不予办理解除劳动合同的有关手续。赵某向当地劳动争议仲裁委员会申请仲裁,要求解除与被告签订的劳动合同,但请求被驳回。赵某遂向法院提起诉讼。

劳动合同是劳动者与用人单位确立劳动关系、明确双方权利和义务的协议。建立劳动关系应当订立书面劳动合同。毕业生与用人单位在签订就业协议时,双方尚未形成劳动关系,所签订的就业协议,不是劳动合同。就业协议的功能在于确保协议一方当事人按照协议到约定地点工作,工作后应该签订劳动合同。就业协议条款没有得到劳动合同的确认,与劳动合同相冲突时,应以劳动合同为准。劳动合同中已对试用期内双方的权利和义务作出了明确的约定,该试用期条款合法有效。赵某的诉讼请求,应予以支持。甲公司应该为赵某办理解除劳动合同的各项手续,赵某不必交付违约金。

专题小结

本专题介绍了有关就业协议和劳动合同的签订、高校毕业生的就业权益与义务、就业陷阱及其应对方法、劳动争议的处理等。这些内容既专业又实用,针对性极强,能为即将离开学校、进入职场的高校毕业生提供有效的指导。

思考与练习

一、案例分析

案例1:劳动合同没盖公章有效吗?

杜小姐在某公司做文秘工作一年多了。最近,她在工作中出了几次差错,让总经理很不满意。于是,公司决定解除与她的劳动合同。杜小姐对此不服,提起了劳动争议仲裁。仲裁机构在审查公司与杜小姐签订的劳动合同时发现,公司没有在这份劳动合同上加盖公司公章,公司方只有一个法人代表的个人签字。

问题:这份劳动合同有效吗?

杜小姐认为:"第一,我与公司签订的劳动合同,虽然公司没有加盖公章,但有法人代表的亲笔签名,这就表示公司认可该合同,怎么能说是无效合同呢?第二,合同条款中并没有违法和不公正的内容。所以,不能说这是一份无效劳动合同。"

公司认为:"劳动合同上没有加盖公司的公章,本身就不符合订立合同的形式要件,这份劳动合同当然无效了。"

你的意见如何?为什么?请利用本单元所学劳动合同法知识加以分析。

案例2:用人单位只签订试用期合同,这合法吗?

经过面试、笔试后,某食品有限公司决定招用某高校毕业生小陈。公司人力资源部负责人对小陈说:"按照公司的规定,凡是新招用的职工要先签订三个月的试用合同,试用合同中约定每月工资3000元,待试用合格以后再按劳动合同法的规定与员工签订正式的劳动合同,每月工资4000元。"小陈提出签订一年期的劳动合同,公司人力资源部负责人说:"只能签订试用合同,试用合格后才能签订劳动合同。"公司的做法对吗?如果你是小陈,该如何处理这件事情?

案例3:在校生签订的劳动合同是否有效?

2020年2月,小丽拿着某高等职业学院的就业推荐表前去一家公司应聘办公室文员工作,此时她的毕业实习尚未完成。公司审核及面试后,便通知小丽去上班。2020年3月,公司就与小丽签订了劳动合同,双方约定:小丽的职务为办公室文员,合同期限为一年,其中试用期为一个月,试用期月薪为3000元,试用期满后,按小丽技术水平、劳动态度、工作效益进行评定,根据评定的级别或职务确定月薪。2020年6月,小丽完成了毕业实习报告,7月正式毕业。

同年8月,公司以小丽签订劳动合同时仍是在校大学生,不具有劳动关系的主体资格,所签订的劳动合同是无效的为由,解除了与小丽的劳动关系。

公司的说法是否正确?为什么?

二、问题解答

1. 与你同校同届的一位学友,与某公司签订就业协议后,想换一家单位工作,向你咨询该怎么办理有关手续。对此,你有何建议?

2. 一位参加了"专升本"考试的毕业班的同学,因不想放弃就业机会,当年4月与某公司签订了就业协议,5月初,又接到某高校的录取通知书。假设:

(1)他现在不想继续读书了,该怎么办?

(2)他选择继续读书,放弃就业,又该怎么办?

三、课后反思

1. 通过本专题的学习,我懂得了:

(1) _____

(2) _____

(3) _____

2. 面对形形色色的就业陷阱,即将进入职场的你,为了保护自身的合法权益,在大学阶段,拟做好以下几个方面的准备:

(1) _____

(2) _____

(3) _____

专题五　追求职业成功

◇ 学习目标
1. 了解学生角色与职业角色的区别,以及职业成功的标准。
2. 了解职业成功的条件。
3. 养成良好的工作习惯,构建和谐人际关系,做合格的职业人。
4. 树立追求卓越和职业成功的坚定信念。

第一单元　顺利实现角色转换

◇ 问题导学
1. 高校毕业生该如何尽快实现角色转换,迈好职业生涯的第一步?
2. 新入职的高校毕业生如何融入企业文化?
3. 作为职场新人,高校毕业生该如何调整心态,适应职业环境?

案 例 导 入

刚从某高等职业学院文秘专业毕业的小陈,应聘到某公司办公室上班。报到第一天,办公室主任向他介绍了公司的有关情况,交代了工作职责和注意事项。小陈上班三天后,主任就出差了,办公室只剩下他和一位会计。

这时,每天摆在小陈面前的工作却是一大堆:接待来客、撰写文稿、协调关系、打扫卫生、接听电话……他忙得头昏脑涨,感觉很不适应。对此,小陈该怎么办?

每年都有数百万的高校毕业生跨出校门走上社会,其中许多人都会遇到和小陈同样的问题——面对新的工作、生活环境,感到无所适从,很不适应。初涉职场的高校毕业生需要尽快了解工作岗位职责和用人单位的企业文化,适应职业环境,摆正心态,踏实工作,尽快度过职业的不适应期,顺利实现角色转换。

一、从学生到职业人的转变

高校毕业生离开校园走上工作岗位,是人生道路上的一个关键转折。从校园到社会,高校毕业生熟悉的寝室—教室—图书馆—食堂"四点一线"简单而平静的生活方式、单纯的校园文化气氛不复存在。在职场上,紧张的工作环境、快速的工作节奏,与大学生活迥异;没有了寒暑假,自由支配的时间少了;可能还要适应不同地域的生活环境和习惯。由于缺乏实际工作经验,开始工作时往往不能得心应手;感觉工作压力显著增加,心理负担较重。作为职场新人或多或少地都会感到某些不适应。

要顺利完成从学生到职业人身份的转变,高校毕业生需要明确学生角色与职业角色的区别,正确认识自己新的职业身份,适应新的工作、生活环境,融入社会。

工作环境不像大学校园!只有在适应了从校园到职场的角色转变之后,才能打开通向职场成功的大门。要顺利完成从学生到职业人身份的转变,高校毕业生需要明确学生角色与职业角色的区别,正确认识自己新的职业身份,适应新的工作、生活环境,融入社会。

实践表明,从学生到职业人角色转换比较快、比较顺利的高校毕业生,能更快地寻找到新的人生起点,就更容易获得用人单位的认可,也就更容易享受到事业成功和生活幸福的喜悦。因此,高校毕业生要努力适应环境变化,迈好人生成功的第一步。

(一) 学生角色与职业角色的区别

学生主要是接受教育,通过学习现代科学知识,掌握专业技能,提升综合素质,培养良好的行为习惯,为投身祖国建设提高本领。这是一个接受教育、储备知识和提升能力的学习过程,为将来服务社会作准备;职业人则主要是依靠自身的本领和技能,为单位和社会贡献聪明才智,创造财富和社会效益,以特定的身份履行特定的岗位职责。学生角色与职业角色的区别主要体现在以下几个方面。

1. 活动方式不同

学生的主要活动是学习,学生角色强调对知识的接受与吸收,知识输出与应用较少。职业人的主要活动是付出与服务,主要是输出、应用与创造性地发挥自己的知识和技能,向外界、为他人提供专业性服务。

2. 社会责任不同

学生角色的主要责任是接受教育、储备知识、提升素质、锻炼能力;角色责任的履行,一般只会影响到本人知识的掌握和能力培养的程度。作为职业人,职业角色的责任是以特定身份去履行岗位职责,依靠自己的本领创造经济效益和社会效益,角色责任的履行不仅会影响到本人的收入和职业生涯的发展,还会影响到用人单位甚至行业声誉。

3. 社会权利不同

角色的社会权利,就是角色履行工作岗位职责时,依法或依职权所享受的支配权力和利益。学生角色的权利主要是接受教育,并取得经济生活的保证或资助,在学分制条件下,大学生还有选修课程和选择任课教师的权利。职业角色则是行使职权,开展工作,并获取报酬。

4. 社会规范不同

角色扮演者在享受权利和履行义务过程中,通常必须遵循一定的行为规范准则,主要包括有明文规定的行为规则和在社会发展进程中所形成的约定俗成的行为规范。学生角色的行为规范,主要是依据学校的规章制度、社会上的约定俗成的规范要求而定,如要求学生遵纪守法、考试不得舞弊等,行为规范多是从培养、教育角度出发,促使学生顺利成长成才的,相对简单。社会赋予职业人的角色规范或者行为模式,因职业、行业、岗位的不同而有所差异。作为职业人,从业者必须严格遵守劳动纪律和从业规则。职业道德、行为规范和技术操作规范要求既具体又严格,一旦违反就要承担相应的责任,有时甚至是法律责任,后果极其严重。

5. 独立性要求不同

一般来说,在校大学生过着衣食无忧的生活,在学习方面可以依靠老师、同学的帮助,有问题都可以请教;在生活上有困难可以依靠父母、家人。但大学生毕业走上工作岗位之后,不仅经济上、生活上要独立,岗位工作任务更需要独立承担和完成。

6. 人际关系不同

大学校园中,同学之间、师生之间根本性的利益冲突极少,比较感性,人际关系单纯,因性格差异、生活习惯、风土人情引发的小矛盾,易于化解。社会上、职场中的人际关系则更为复杂,交往中既有性格差异、认知程度不同所造成的心理隔阂,也有为维护个体利益或者小团体利益而建立的微妙复杂关系,处理难度极大,容易导致各方面关系失衡,对个人的职业发展形成障碍,影响工作的正常推进。

(二)入职初期角色转换常见问题

1. 角色转换不顺,依恋心理严重

校园生活十多载,每个学生都养成了习惯性的思维方式和生活方式。步入职场后,面对全新的工作、生活环境和岗位要求,职场新人需要转变固有的思维模式、行为方式和生活方式。面对复杂的人际关系及工作压力,有些高校毕业生可能会怀念校园生活,自觉不自觉地从学生的角度来观察和分析问题,以学生角色来要求自己和对待工作,容易产生怀旧、依恋心理。刚参加工作的高校毕业生,同时扮演着员工、下属、同事等一系列需要自己独当一面的角色,对于从小习惯于依赖父母、老师的学生来说,或是对用人单位严格的管理制度和纪律约束感觉不自由,或是对繁重的工作负担、业绩考核、结果导向要求感觉过于苛刻,常难以适应。

职场故事 5-1

小戴是独生女,家庭条件优越,从小父母对她宠爱有加,任何事情都替她安排得井井有条。她也因此养成了饭来张口、衣来伸手的习惯以及毫无主见、事无巨细均依赖家人的心理。大学毕业面临就业的她,根本无法适应残酷的竞争,每一次找工作,不但要父母替自己联系好用人单位,还要他们陪伴参加面试。好不容易,小戴才被一公司录用。参加工作后,许多工作任务,她根本无法独立完成,不久,就主动离职了。

2. 自觉性较差,工作消极被动

作为职业人,走上工作岗位,就要扮演职业角色,独立完成岗位工作任务。但有的高校毕业生工作自觉性和独立性还未完全养成,对自己所承担的工作的性质、责任范围、程度等都还缺乏足够、清醒的认识;工作全靠领导安排,安排多少干多少,独立性和自觉性较差;工作消极应付,积极、主动性有待提升。因此在履行角色义务、遵守职业规范方面还存在一定的差距。有的高校毕业生在校时习惯懒散拖拉,上班后没有意识到角色已经转变,仍按以前的习惯、作风行事,晚上熬夜不睡觉,早晨无法按时起床上班,不遵守员工应有的行为规范,导致用人单位的不满。

3. 眼高手低,心浮气躁

大多数大学生从未经历过社会的磨砺,一方面,总是考虑自己能从社会和工作中得到什么,而很少思考自己为他人和集体所做的贡献。另一方面,有的大学生在就业时存在"骑驴找马"的心态,总是想着先随便找到一份工作,随时都在考虑是否能够跳槽或有更佳的选择,缺乏敬业精神和责任意识,对本职工作缺乏耐性,一会儿想干这,过一会儿又想干那,不愿意在基层工作,心浮气躁,眼高手低,大事做不来,小事又不愿做。

4. 不思进取,自卑退缩

在校园里,学生之间强调平等、独立、自由,个性比较张扬。在工作单位,上下级之间等级分明,居高临下的命令方式等容易使高校大学生产生压抑感,一旦处理不好与领导、同事的关系就极易产生各种矛盾。

面对新的工作环境和陌生的人际关系,不少毕业生缺乏应有的自信,在工作中胆小、畏缩,不敢承担责任,或者不思进取,甘居人后,不求有功,但求无过。

有的高校毕业生工作、生活理想化,职业期望值过高,一旦走上社会,接触现实,如果遇到理想工作难觅,工作、生活压力大,期望落空等情况,就极容易产生深深的失落感。有的高校毕业生将学历与能力画等号,一旦工作情况不如意,就容易产生自卑心理,甚至自暴自弃。

(三)顺利实现角色转换的方法

人的一生中需要扮演多种角色,需要多次适时地转换角色。其中,从大学毕业到一个新的单位工作就是一次角色转变的过程,即实现由"学校人"到"职业人"的转变。从大学毕业到参加工作,就意味着需要承担新的社会角色,但这种新的社会角色的确立并不是一蹴而就的,它需要一个艰苦的过程,需要坚持不懈的努力。

如何适应社会,顺利完成角色转换,是每一个高校毕业生都无法回避的现实问题。由学生到职业人,需要一个过程。高校毕业生应聘来到用人单位,面对全新的工作环境,需要了解工作程序、熟悉单位的规章制度,建立新的人际关系,积极主动地开展工作,完成职业角色转换。

职业角色转换是一个艰苦的过程,需要坚持不懈的努力。进入新的职业角色,要获得单位领导和同事的认可,需要具备与职业角色相匹配的品质和才能,积极主动地承担岗位职责,并有效地完成工作任务。大学生在校时,书本知识接触较多,实际动手机会少,解决问题的能力相对较弱,入职初期在工作上碰到困难和问题在所避免。高校毕业生要充分利用自身优势,努力克服困难,在工作实践中锻炼成长。

5-1 微课:顺利实现角色转换

1. 尽快熟悉工作环境

有的高校毕业生工作后仍沉湎于大学校园生活,迟迟不能适应新的生活节奏和工作要求,无法安下心来做事,难以进入工作角色,这势必会影响角色转换的顺利实现。高校毕业生一旦进入工作岗位,就应该尽快熟悉用人单位工作环境、工作流程和具体要求,扎扎实实、脚踏实地地工作。熟悉工作环境,安心本职工作是职业角色转换的基础。要在第一时间熟悉单位工作环境,包括记住领导的办公室、会议室、会客室、打印室和卫生间等的位置;通过通讯录等记住每一位与自己有关的上司、团队工作伙伴的名字,记住相关科室、部门的办公室门牌号和办公位置;熟悉公司组织机构,了解行业发展状况。此外,还需了解以下内容:

(1) 了解企业文化。对于新员工而言,熟悉企业文化是了解本企业的关键。只有了解企业文化,使自己的行为符合公司的总体目标,适应企业发展的要求,才能迅速融入公司这一大家庭以及和公司员工的人际交往关系之中。

(2) 了解工作单位一些不成文的规则。每个单位都有一些不成文的规则,了解这些"规则",有助于适应新的工作环境。

(3) 尽快熟悉自己的工作内容,熟悉自己所从事工作岗位的责任、权利和义务。① 弄清楚自己工作岗位的任务及责任。② 明确工作岗位处理事务的工作权限。③ 明确工作岗位处理事务的程序,并按程序办事。④ 掌握工作岗位所需要的基本技能,包括操作工具、操作程序等。⑤ 明确自己的主管部门和主管人员,并对其负责。⑥ 了解工作岗位在整个工作过程中的地位和作用。⑦ 了解企业的发展计划,从而为使自己的工作更符合新的变化做好准备。

熟悉了工作环境,适应了职业岗位,明确了工作职责,就基本能够适应所担当的职业角色。

2. 安心做好本职工作

高校毕业生一旦进入工作岗位,就应该脚踏实地,扎扎实实地工作,并在工作之余不断充实自己,在工作中认真学习、虚心请教。切不可一入职就这山望着那山高,一心想换岗位。

职场故事 5-2

甲乙两个食品检验专业的高职毕业生,同时被当地一家知名的大型肉制品企业录用。两人同时被分配到屠宰车间。又脏又累的工作使毕业生甲感到苦不堪言,很快就打了退堂鼓。而毕业生乙则坚持下来,他不怕苦不怕累,认真负责,受到主管领导的赏识,试用期一过,就被调入专业对口的检验科工作。几年以后,毕业生乙已经是该企业检验科的科长了,而毕业生甲调换了几家工作单位后,还没有找到一份顺心的工作。该企业的人事部经理说:"我们单位录用的毕业生,无论是什么学历,都要先在一线车间锻炼一段时间,这既是对他们是否具有吃苦耐劳精神的考验,也是让他们熟悉一线工作的特点,然后再量才使用。"

作家柳青说过,人生的道路虽然漫长,但紧要处常常只有几步,特别是当人年轻的时候。高校毕业生走上工作岗位以后的第一步非常重要。这个案例中,毕业生甲因为怕苦怕累,不能安心做好本职工作,没有走好关键的第一步;而毕业生乙则因为立足岗位,安心工作,适应了职业角色,成功地迈出了职业生涯的第一步。

3. 重视岗前培训

岗前培训对于新入职大学生的角色转变是非常重要和必要的。它不仅是让新员工了解用人单位的基本情况,熟悉规章制度和工作程序,更重要的是通过岗前培训帮助新员工树立集体主义观念、主人翁意识,培养人际协调能力和奉献精神。通常,岗前培训班的表现可以直接反映新员工素质的高低,用人单位都非常重视,并据此择优录用、分配岗位。高校毕业生一定要以认真的态度把握好这次充实自己、表现自己和提升自己的良机。

4. 培养职业兴趣

职业兴趣是人们对某种职业活动具有的比较稳定而持久的心理倾向。要做好自己的工作,首先要对这份工作感兴趣,要热爱这份工作。因此,培养对当前职业的兴趣非常重要。高校毕业生在选择工作时,应对工作的性质和内容有所了解,明确该工作的社会地位、工作责任,主动理解职业角色,一旦选择了这份职业,就应尽快确立职业角色,培养职业兴趣,做到爱岗敬业,立足岗位成才。

5. 虚心学习

对刚刚步入社会的高校毕业生来说,试用期非常重要。在试用期间,高校毕业生必须认真学习相关的知识和技能,少走弯路,促进职业角色成功转变。进入工作岗位后,要把领导交办的每项工作任务都当成考验自己的机会。在新的工作环境中,技术人员、师傅、领导、同事在职业岗位上工作多年,具有丰富的专业知识和实践经验,都是自己最好的老师。职场新人应根据职业的特点、性质、工作程序及其相互关系,虚心学习他们观察分析问题和解决问题的方法,学习实际工作中需要的真本领,不断提高业务水平,尽快实现角色转换。

6. 乐于奉献

作为一名职场新人,高校毕业生一开始就应严格要求自己,增强岗位意识、角色意识和主人翁意识,树立高度的责任感和积极奉献精神,爱岗敬业,不计个人得失,任劳任怨,努力承担岗位责任,勇挑工作重担,在工作中乐于奉献,勤于思考,勇于创新,逐步培养自己独立开展工作的能力,更好地承担角色责任。

职场故事 5-3

小王和小赵是某高等职业学院市场营销专业 2020 届的同班同学。毕业后,两人同时被一家汽车销售 4S 店聘为销售员。同为职场新人,两人的表现却大相径庭:小王每天都跟在销售前辈身后,学习如何向顾客介绍各种车型,学习销售技巧,空闲时仔细研究不同车型的配置;而小赵则把心思放在了如何讨好领导上。每当领导进门时,他都会装模作样地拿起刷子为汽车做清洁。他的公关能力很不错,很快就和部门领导混得很熟。一年后,小王潜心钻研业务并不断学习,终于见到成效,销售业绩不仅在新人中遥遥领先,在整个公司也名列前茅,得到了领导的充分肯定,并在年底顺利被提升为销售顾问。而小赵却因为没有把主要精力用在工作上,好几个月业绩不达标,不久便被迫离开了这家汽车销售 4S 店。

7. 处理好各种人际关系

职场人际关系十分微妙复杂,稍有不慎,就会陷于被动,可以说每个在职场上摸爬滚打过的人都对此深有感触。在职场上打拼,就必须处理好与领导、同事、客户、竞争对手等不同人的关系。有时需要自我保护,有时需要换位思考,有时还需要以德报怨。想要减少职场中的人际关系冲突,更多的要从自身进行提升,做到沉稳、细心、讲诚信、有胆识、有担当,这有助于更好地适应职场,顺利实现角色转换。

职业适应是大学生社会化的重要阶段和组成部分,它是指在对职业有一定认识的基础上,通过不断对自己的职业观念、态度和行为习惯进行调整和改变,以适应职业的要求和变化。

有专家认为,高校毕业生的职业适应期为三年。据调查,刚参加工作时有70%的高校毕业生认为自己"完全适应"或"基本适应"工作需要,有20%多的人认为"基本不适应"或"完全不适应"。两三年以后,有96%的人认为自己已"完全适应"或"基本适应"所从事的工作。

课堂活动 5-1

职业适应能力测试

本测试共有20道题,每道题后附有3个可供选择的答案。请仔细阅读后,选出一个最符合你实际情况的答案,将代码填在题干后的括号内。

1. 假如朋友突然带来一个你最不喜欢的人到你家里,你会(　　)。
   A. 表示惊奇
   B. 把你的感觉完全隐藏着
   C. 暂时忍耐,以后再把实情告诉你的朋友
2. 对自己的某次失败,你(　　)。
   A. 只要别人有兴趣,随时都可以告诉他
   B. 只在谈话时顺便说出来
   C. 决不说,怕会被别人抓住弱点,对自己不利
3. 遇到困难时,你(　　)。
   A. 毫不犹豫地向有关人员征求意见
   B. 经常向熟人请教
   C. 很少麻烦别人
4. 你骑车去一个较远的地方参加社交活动,找不到目的地,你(　　)。
   A. 赶快查自带的地图
   B. 大声埋怨,不知何时才能到达目的地
   C. 耐心等待过路车或有人走过时,问个清楚
5. 当你选择衣服时,你(　　)。
   A. 总是固定在一种款式上
   B. 跟随新潮流,希望适合自己
   C. 在选定以前,先听取朋友或售货员的意见
6. 当你知道将会有不愉快的事时,你会(　　)。
   A. 自己进入紧张状态
   B. 相信事实并不会比预料的糟糕
   C. 感觉完全有办法应付

7. 在嘈杂混乱的环境里,你( )。

A. 总觉得很烦,不能静下心来学习

B. 仍能集中精力学习,但效率降低了

C. 不受影响,继续学习

8. 和别人争吵起来时,你( )。

A. 能有力地反驳对方

B. 常常语无伦次,事后才想起如何反驳对方,可是已经晚了

C. 能反驳,但无多大力量

9. 每次参加正式的考试或竞争,你( )。

A. 常常比平时的成绩更好些

B. 常常不如平时的成绩好

C. 和平时成绩差不多

10. 必须在大庭广众面前讲话时,你( )。

A. 常常怯场,不知所措或说话结结巴巴

B. 感觉虽然难,但还是想方设法完成

C. 总能侃侃而谈

11. 对团体或社会性的集会,你( )。

A. 总是想找领导讨论

B. 只有在知道讨论的题目时才参加

C. 讨厌在集会上说话,所以不参加

12. 受到别人的批评,你( )。

A. 想找机会反过来批评他

B. 想查明受批评的原因

C. 想直接听一下批评的理由

13. 当情况紧迫时,你( )。

A. 仍能注意到该注意的细节

B. 粗心大意,丢三落四

C. 慌慌张张

14. 参加各种比赛时,比赛越激烈,观众越热情,你( )。

A. 成绩越好

B. 成绩越上不去

C. 成绩不受影响

15. 碰到阻力或困难时,你( )。

A. 经常改变既定的主意

B. 不改变既定的主意

C. 越有干劲

16. 你符合下列哪种情况( )。

A. 不安于现状,总想改变点什么

B. 凡事只求"规范",不办破格的事

C. 礼貌要讲,但事也要办

17. 你赞成下面哪一种说法(　　)。

A. 只要是正确的,就坚持,不怕打击,不怕被孤立

B. 在矛盾方面让一让,就过去了

C. 尽量求和平,把批评和斗争降到最低的限度

18. 假如自己被登报时,你(　　)。

A. 有点自豪,但不以为然

B. 很高兴,想让朋友也看看

C. 完全不感兴趣

19. 为了给人留下好印象,你(　　)。

A. 想方设法,并花一定时间考虑计划

B. 不特意去做,但有机会就利用

C. 根本不想在别人面前做这件事

20. 你同意下列哪一种观点(　　)。

A. 为了深入了解自己的国家,学习外国的东西是件好事

B. 外国的事与我们没有任何关系

C. 学习外国的东西比学本国的东西更有趣

计分方法:

根据自己的选择,对照下面的计分表,计算出你的分数。

表 5-1　职业适应能力测试计分表

选项	1	2	3	4	5	6	7	8	9	10	11	12	13	14	15	16	17	18	19	20
A	2	2	3	2	1	1	1	3	3	1	2	1	3	3	1	3	3	3	2	2
B	1	3	2	1	3	2	2	1	2	3	3	2	1	2	1	1	1	3	3
C	3	1	1	3	2	3	3	2	3	1	2	1	2	3	2	2	2	1	1

你的得分是(　　)。

如果你的得分为 49~60 分,说明你的适应能力很强;

如果你的得分为 37~48 分,说明你的适应能力较强;

如果你的得分为 25~36 分,说明你的适应能力一般;

如果你的得分在 25 分以下,说明你的适应能力较差。需要在今后的学习、生活和工作实践中有意识地培养自己在这方面的能力,提高心理承受能力和适应能力。

(资料来源:中华人民共和国教育部高等教育司,全国高职高专校长联席会.《纵横职场——高等职业教育学生就业与创业指导》[M].北京:高等教育出版社,2004)

二、融入企业文化

(一) 企业文化概述

企业文化是企业全体员工在长期的创业和发展过程中培育形成,并共同遵守的最

高目标、价值标准、基本信念及行为规范。企业文化的内容非常丰富,包括企业精神、价值观念、经营思想、企业道德、团体意识、企业形象、企业制度,其核心是企业精神和价值观念。

"一流企业靠文化,二流企业靠营销,三流企业靠生产"。企业文化是企业的灵魂,是推动企业发展的不竭动力。企业文化的人文力量,可以为员工创造一个具有和谐的人际关系、能够充分发挥各自能力、实现自我价值、具有丰富多彩生活的宽松的工作环境。认同并适应企业文化是企业选人的重要标准。

(二) 企业文化的表现形式

1. 企业精神

企业精神是指企业基于自身特定的性质、任务、宗旨、时代要求和发展方向,并经过精心培养而形成的企业成员群体的精神风貌,核心是企业经营管理的指导思想。美国管理学者托马斯·彼得曾经说过:"一个伟大的组织能够长期生存下来,最主要的条件并非结构、形式和管理技能,而是我们称之为信念的那种精神力量以及信念对组织全体成员所具有的感召力。"

企业精神是现代意识与企业个性相结合的一种群体意识,每个企业都有各具特色的企业精神,它往往以简洁而富有哲理的语言形式加以概括,通常以厂歌、厂训、厂规、厂徽等形式、形象地表达出来。企业精神作为企业内部员工群体心理定势的主导意识,是企业经营宗旨、价值准则、管理信条的集中体现,它可以激发企业员工的积极性,增强企业的活力。企业精神是企业文化的核心,在整个企业文化中起着支配的作用。

2. 价值观念

价值观念是企业内部成员对某个事件或某种行为好与坏、善与恶、正确与错误、是否值得仿效的一致认识。统一的价值观念使企业内成员在判断自己行为时具有统一的标准,并以此来选择自己的行为。价值观念是企业文化的核心,决定着职工行为的取向,关系企业的生死存亡。

3. 经营思想

经营思想也称为企业的经营哲学,是企业从事生产经营活动的基本指导思想,它由市场观念、效益观念、长远观念、创新观念、社会观念、民主观念等一系列的观念所组成。企业无论是否已经认识到、自觉或不自觉,客观上都存在着自己的经营思想。

4. 企业道德

企业道德是在企业这一特定的社会经济组织中,依靠社会舆论、传统习惯和内心信念来维持的,以善恶评价为标准的道德原则、道德规范和道德活动的综合。企业道德既是社会道德体系的重要组成部分,也是社会道德原则在企业中的具体体现。企业道德具有积极的示范效应和强烈的感染力,是约束企业和职工行为的重要手段。

5. 团体意识

团体意识是组织成员的集体观念即整体配合意识,是企业内部凝聚力形成的重要心理因素。团体意识包括团队的目标、团队的角色、团队的关系、团队的运作过程等方面的内容。

6. 企业形象

企业形象是人们通过企业的各种标志(如产品特点、行销策略、人员风格等)而建立起来的对企业的总体印象,是企业文化建设的重要组成部分。

7. 企业制度

企业制度是在生产经营实践活动中所形成的企业经济关系,包括企业经济运行和发展中的一些重要规定、规程和行动准则。

(三) 企业文化的功能

1. 导向功能

企业文化能对企业整体和企业每个成员的价值取向及行为取向起导向作用。企业价值观念与企业精神一道,为企业提供具有长远意义的、更大范围的正确方向,为企业在市场竞争中基本竞争战略和政策的制定提供依据。

2. 凝聚功能

当一种价值观被企业员工共同认可后,它就会成为一种黏合力,从各个方面将企业成员聚合起来,从而产生一种巨大的向心力和凝聚力。企业文化像一根纽带,将员工和企业的追求紧紧联系在一起,使每个员工目的明确、协调一致并产生归属感和荣誉感。这就从根本上保证了企业人际关系的和谐性、稳定性和健康性,从而增强了企业的凝聚力。

3. 协调功能

企业文化的协调功能可分为两个方面:对内,企业文化使企业员工有共同的价值观,对很多问题的认识趋于一致,增强员工相互之间的信任、相互交流和沟通,使企业的各项活动更加协调;对外,企业文化能够协调企业和社会关系,使企业和社会和谐一致。

4. 激励功能

企业文化具有使企业成员从内心产生一种高昂情绪和奋发进取精神的效应。一旦员工真正接受了企业的核心理念,就会被这种理念所驱使,自觉自愿地发挥潜能,为公司更加努力、高效地工作。因此,企业文化能最大限度地激发员工的积极性、创造性,激发员工的使命感。

5. 形象塑造功能

优秀的企业文化向社会大众展示企业独特的管理风格、良好的经营状况和高尚的精神风貌,从而为企业塑造良好的整体形象,树立信誉,扩大影响,是企业巨大的无形资产。

6. 约束功能

企业文化对企业员工的思想和行为具有约束和规范作用。这种约束产生于企业的文化氛围、群体行为准则和道德规范。群体意识、社会舆论、共同的习俗和风尚等精神文化内容,会造成强大的使个体行为从众化的群体心理压力和动力,使企业成员产生心理共鸣,继而达到约束和规范员工行为的目的。

(四) 融入企业文化

职场故事 5-4

王某大学毕业后的第一份工作是在一家公司做销售。这家公司对员工的考核只看结果,不看过程,只要能完成销售目标,就是好员工。公司对销售人员实行的是不定时工作制,上下班没有严格要求。在这种工作环境下,王某如鱼得水,每年都超额完成任务,成为最有价值员工。

几年以后,王某转到另一家更大的日本公司做销售。由于具备了丰富的工作经验,他仍然很好地完成了销售任务。在这家日本公司,他的业绩是最好的,然而奖金却不是最高的。部门主管曾多次提醒他要遵守公司的作息时间和各项规章制度,但他依然我行我素。直到有一天,他被公司辞退。

企业都有各自的企业文化,企业文化是企业发展的灵魂。因此,对刚入职的新员工来说,尽快适应企业的文化环境和职场文化非常重要。一般而言,大多数高校毕业生都能比较好地融入企业职场文化。但也有部分高校毕业生由于职业角色转换不顺,特别是受自身心理因素的影响,存在无法适应职场环境和融入企业文化困难的情形。那么,新员工该如何尽快融入企业文化呢?

1. 了解企业文化

要想真正融入企业文化,首先要了解企业文化。而不同的企业,其企业文化也不相同。新员工可以通过以下方法来了解企业文化:① 考察用人单位的工作环境所彰显的企业文化的视觉系统,如企业标识、企业经营理念、标语口号、文化宣传栏等;② 学习用人单位的各项管理制度,如员工的行为守则、管理条例等;③ 感受员工的精神风貌,如企业组织的各种文化活动、比赛、各种会议等;④ 了解企业的产品,如产品的质量手册、检验标准、产品的质量方针等;⑤ 了解企业的服务,如客户服务的理念、服务标准、服务的政策承诺、服务人员的行为、客户反馈等;⑥ 观察周围的同事和领导的行为方式。

职场故事 5-5

武汉某高校毕业生小李的专业知识非常丰富,实践动手能力强,毕业后应聘到国内一家大型IT企业上班后,更是摩拳擦掌,很想大干一场。加入公司不到10天的时间,小李就做出一份长达50页的企业策划方案,放到老板桌上。令小李迷惑不解的是,老板接到方案后非但没有表扬他,反而大皱眉头。后来小李通过同事了解到:原来公司一贯奉行稳健经营的作风,而小李的方案虽然具有开拓性,但是存在着巨大的经营风险,和公司的企业文化不符。

每个刚步入职场的新人,都迫切希望快速了解企业文化,学有所用,干一番事业。但"理想很丰满,现实很骨感",用人单位在给新人事业平台的同时,也给予一定的约束,这是无法改变的。从迈进用人单位大门的第一天开始,新员工就必须学会融入用人单位的企业文化。

要生存,就无法逃避职场,无法逃避企业文化。尽快融入单位的企业文化,是职场新人无法回避的选择。

2. 融入团队

成功不是偶然的,必须依靠集体的智慧和力量来获得。单位强调的是良好的团队精神和严谨的工作纪律,即使个人能力再强,如果无法与团队默契配合的话,在单位也将无法立足。因此,职场新人要注意与同事间建立友好合作的融洽关系,坚持做到尊重他人、平等待人、律己宽人、诚实守信,妥善处理好与领导、与同事之间的关系,不仅要获得领导的认可,也要获得同事的认同。

3. 努力工作

职场新人在进入工作岗位后,首先要明确岗位职责,了解自己所承担职业岗位的职能、责任、权利与义务以及职位的绩效考核办法,努力做好本职工作。当接受每一项具体工作时,也要了解清楚个人所承担的工作任务的目标和要求、完成时间等。这样可以避免因理解模糊而出现的不作为或越俎代庖的情况。明确工作任务及要求后,就要详细地制订工作计划,并加以认真落实,确保任务保质保量如期完成。只有努力做好自己的本职工作,才能给自己希望,同时也赢得别人的尊重,并赋予自己更大的发展空间。

4. 勇于承担责任

无论情况如何,都不能把自己责任范围内的事推托给别人,即使自身能力有限,确实无法完成,也要向领导说明,由领导处理。对于一些额外的工作,决不能以"不是我分内的工作"为由推托拒绝,不妨欣然接受,作为对自己的考验。

5. 虚心接受批评

对待批评的态度,反映着一个人的修养和思想道德水平,也会对人际关系和工作绩效产生一定的影响。对待批评的基本态度应该是:勇于承认自己的错误,诚恳地接受批评,总结教训并及时加以改正,做到"有则改之,无则加勉"。

6. 正确面对挫折

不论从事何种工作,遭受挫折总是在所难免的。如果不能及时调整心态,正视挫折,便容易产生失落、消极情绪。正确看待挫折应做到:① 正确认识工作的成败。失败是成功之母,挫折也是人生的财富。② 采取积极的心理进行自我防卫,谋求心理平衡,将内心的消极愤懑转化为发奋图强、力争上进的积极情绪,加倍努力工作,争取实现目标。③ 勇于面对问题。遭受挫折并不可怕,怕的是不敢面对现实中的问题。战胜挫折的关键是努力思考解决问题的方法。具体需要查找问题以及根源,思考解决方案,并选择最佳方案。考虑清楚后付诸行动,努力去解决它们,就能真正"笑到最后"。

7. 改变自己

改变环境不如改变自己。环境不会因一个人而改变,只能努力适应。改变自己,才能与环境更好融合。

改变别人不如改变自己。每个人都有自己的优点和缺点,我们无法让别人改变他人的缺点,所以我们要改变自己,让自己学会欣赏和包容。

课堂活动 5-2

分 组 讨 论

一名大学刚毕业的女生,好不容易找到了一份工作。但是,由于经验不足,能力欠缺,在工作中出现失误,受到经理严厉批评。她很不开心,没心思工作。有人问她:"你为什么不开心?"她回答说:"经理骂我了。"又问:"你是不是工作没做好?"她说:"即便工作没做好,他也不应该对我态度这样恶劣,我长这么大,爸爸、妈妈都没对我大声喊过!"再问:"那你希望怎么样?"她说:"希望我下次再犯错时,经理的态度能好点儿!"

讨论:

(1) 这名大学生的话意味着什么?

(2) 作为从业者,应该具备什么样的心态?

第二单元　用心做好第一份工作

◇ 问题导学

1. 怎样才算用心工作？这很重要吗？
2. 工作是老板的，还是自己的？
3. 你对做好上岗后的第一份工作有何打算？

案 例 导 入

某校毕业生小蔡，在一家食品贸易公司市场调查部上班 5 年了，由于工作表现优秀，业绩突出，多次晋升并涨工资，收入比上一届师哥小赖高出许多。小赖比他早进公司一年多，工作也认真刻苦，但收入却只有小蔡的一半，心里很不服气，认为这肯定是部门领导在背后捣鬼，就找到项目部黄经理讨要说法。

黄经理没有解释什么，只是安排小赖和小蔡一同去食品批发市场进行调研。不久，小赖回来了。黄经理问小赖："食品批发市场有多少家商铺？"小赖回答说："有 158 家。"黄经理又问："有多少家是经营休闲食品的？"小赖跑了一趟市场，回来报告说："经营休闲食品的有 84 家。"黄经理又问："有多少家是经营老年保健食品的？"小赖又跑了一趟市场。回来报告说："24 家经营老年保健食品。"王经理又问："有多少家是经营方便食品的？"小赖只好又跑了一趟。黄经理又问："在这 158 家商铺里，哪些商铺生意红火？哪些商铺生意清淡？"面对黄经理的一个又一个问题，小赖没办法只好跑了一趟又一趟。几次下来，小赖已是气喘吁吁，浑身大汗。黄经理安排小赖坐下休息。

这时小蔡也回来了，黄经理问了小蔡同样的问题，小蔡不仅一一作了详细答复，还详细分析了 158 家商铺中，经营不同类型食品的商铺各自所占的比率，绘制了食品批发市场的示意图，标明了各商铺的位置，并用饼状图、不同颜色标注经营的不同食品类型、比例。坐在一旁的小赖听完小蔡的汇报，脸一下子就红了。

小赖这下完全明白了，同样是做市场调研，自己是走马观花，而小蔡却是在"用心工作"。

5-2 微课：做好第一份工作

现实生活中，像小赖这样工作的人不是少数。工作中，领导会向下属布置工作任务，但不可能具体到每一步该怎样做，怎样才能把一项工作任务完成得更好，这就需要你自己发挥积极性、主动性，用心去思考，把工作中需要做好的方方面面都一一列出来，设计好每一个细节，并认真加以落实，事业成功的大门说不定就此打开了。

一、从小事做起，注重细节

古人云：不积跬步，无以至千里；不积小流，无以成江海。要想成就大事业，必须从小事做起。

在工作中，认真做好每一件小事情，反映的就是忠于职业、尽职尽责、一丝不苟、善始善终的职业道德和精神，其中也糅合了一种使命感和责任感。把每一件小事、每一个细节都做到完美,做到无懈可击,才会有机会在工作中铸就辉煌。

在职场中,每一件小事、每一个细节的积累都是今后事业稳步上升的基础。没有做好小事的态度和能力,就成不了大事。在办公室里,每天所做的事也可能就是一些接听电话、整理文件、绘制图表之类的小事。但是如果能够付出热情和努力,一丝不苟地做好这些小事,将来就可能因此而成为部门经理、单位领导、企业老总。

反之,如果对此感到乏味、厌倦不已,始终提不起精神,勉强应付工作,将一切都推到"英雄无用武之地"的借口上,那么,自己现在的工作岗位可能会处于岌岌可危的境地。"今天工作不努力,明天努力找工作"。小事情都不能胜任,何谈在大事上"大显身手"呢?

职场故事 5-6

有位年轻的女工进入一家毛纺织公司后,一直从事织挂毯的工作,几个星期之后,她再也不愿意从事这个工作了。她去向主管辞职,低沉地叹气道:"做这种事情太无聊了,一会儿打结,一会儿又要把线剪断,做这种事完全没有意义,真是在浪费时间。"主管意味深长地说:"你的工作并没有浪费,你编织的这部分虽然很小,但是非常重要。"主管带着她来到仓库里的挂毯面前。那位女工呆住了:原来,大家编织的是一幅"百鸟朝凤图",自己所织出的那一部分是凤凰展开的美丽的羽毛。她没有想到,在自己看来毫无意义的工作竟然这么伟大。

有的人常常想做大事,而不愿意或者不屑于做小事。想做大事的人太多,而愿意把小事做好的人很少。事实上,随着社会的进步和经济的发展,专业化程度越来越高,社会分工越来越细,所谓的大事越来越少。比如,一架飞机的零部件通常有几百万甚至上千万个,涉及需要协作生产的企业单位上千家,大多数人平时所做的工作都只是一些具体、琐碎、单调、不起眼的事。这些事也许很平淡,但这就是工作,就是成就大事不可缺少的基础。

《老子》说:"天下难事,必作于易;天下大事,必作于细"。无论做人、做事,都要注意细节,都要从小事做起。一个不愿意做小事、不注重细节的人,是不可能成功的。

二、积极主动,用心工作

工作成就大多是靠认真努力换来的。但是,一个人仅仅是认真工作还不够,用心才能做好。人与人之间的智力差别很小,差别在于个人的努力程度,在于用心程度。

"认真"和"用心"既有量上的差别,更有质上的不同。"认真"体现的主要是态度,是做好工作的基础和前提;而"用心"彰显的是心智,是"认真"基础上的再认真,但又不是简单的叠加和组合,它是在调动全部智慧、潜能、知识、谋略和能力基础上的主观能动性的拓展和张扬。

用心工作是一种态度,更是一种责任。积极主动的员工把心思全部用在工作上。他们往往既能发现工作中存在的问题,更能通过认真仔细研究,找到解决问题的办法。用心做好每件事,这是员工应该具备的职业素养。

有些人做事总是不用心,对工作能敷衍就敷衍、能应付就应付、能逃避就逃避。"粗心、懒散、草率"等字眼,是他们工作的主要表现。以这样的态度去工作,其结果可想而知。

5-3 文本:认真只能把事情做对,用心才能将事情做好

职场故事 5-7

一个小和尚担任撞钟一职,每天都能按时撞钟,但半年下来住持却很不满意,就调他到后院劈柴挑水,说他不能胜任撞钟一职。小和尚很不服气地问:"我撞钟难道不准时、不响亮?"老住持耐心地告诉他:"你撞钟虽然很准时,也很响亮,但钟声空泛、疲软,没有感召力。钟声是要唤醒沉迷的众生的,而我却没有听到这样的声音!"小和尚不过是"做一天和尚撞一天钟"而已,并没有融入一颗"唤醒众生"的心。

从这个故事中,我们可以感受到用心做事与认真做事的区别。认真做事是底线,不认真绝对做不好事情。用心做事是更高的标准,不用心去做事,做出的事就不会有所超脱,思考问题也不会深刻。

一个人无论从事何种职业,都应该用心,尽自己的最大努力,求得不断的进步。这不仅是工作的原则,也是人生的原则。要成功,要做出骄人的成绩,要成就事业、创造财富,就必须在工作中使出全部力量,尽最大努力把事情做好。

工作是自己的,不是老板的。只有认真工作,才对得起自己。假如由于员工的不认真,造成了用人单位的损失,最后受到最大伤害的,正是员工自己。试想,如果员工让公司损失了一大笔财富,公司还可能继续雇佣这位员工吗?

每个用人单位在招聘员工时,总希望员工具备积极的心态,在工作中能与团队精诚合作,勇于创新。这些品质是一个合格的职业人所必须具备的。在此基础上,优秀的员工还要学会坚持不懈、与公司共命运。只有那种决不轻言放弃的员工,才能取得成功。

一丝不苟地完成自己的本职工作是员工的义务与责任,而要将工作做得非常出色,除了认真负责,还得尽心尽力。只有这样,才能把本职工作完成得更加完美;只有这样,才能在企业中突显不可替代的价值,获得更多成功的机遇。

5-4 微课:积极主动,用心工作

职场故事 5-8

小魏是海尔集团的一名员工。1997年8月,海尔集团派小魏前往日本学习新兴的卫浴产业生产技术。在学习期间,小魏注意到,日本技术人员在试模期的产品合格率一般都在30%～60%,设备调试正常后,产品的合格率为98%,废品率一般为2%。

"为什么不把合格率提高到100%呢?"小魏问日本的技术人员。

"100%?你觉得可能吗?"日本技术人员反问。

从日本技术人员的回答中,小魏意识到,不是日本人能力不行,而是思想认识上的不足使他们的产品合格率停滞在98%。小魏通过学习发现完全可以使产品的合格率达到100%。作为一个海尔人,海尔和小魏的标准就是100%。在她的心目中,没有做不好的工作,只有做不好工作的人。

小魏回到海尔公司后改进了日本企业的一些流程,将主要精力放在提高卫浴分厂的模具质量上。无论任何时候,小魏都从未放松过对模具质量的严格要求。

一次,在试模时,小魏在原料中发现了一根头发,这无疑是操作工人在工作时无意间落入的。然而,小魏立即意识到,这一根头发万一混进原料中,就会出现废品。小魏马上给操作工人统一配备了新的工作帽,并要求大家统一剪短发。就这样,一个可能出现2%废品的因素被消灭在了萌芽之中……

经过一番又一番的努力,100%这个被日本人认为是不可能的产品合格率,小魏在海尔集团做到了。小魏用自己的努力证明:只要工作中用心去做,就没有做不好的事情。

不久后,日本模具专家官川来海尔公司访问见到了小魏,她此时已是海尔集团卫浴分厂的厂长。在参观海尔生产线时,面对一尘不染的生产现场、操作熟练的员工和100%合格的产品,官川一脸惊愕,反过来向小魏请教其中的奥秘……

我们常常认为只要准时上班、按时下班、不迟到、不早退就是工作用心了,其实这些都只是停留在工作的表面。工作用心的员工从不等待、推诿,总是力争把工作做到最好,让自己的工作为企业争取最大的收获。在工作中,如果我们能够像小魏那样用心负责,就一定能够成就一番事业。只要用心工作,我们也可以做得更好。

也许有的人觉得自己的工作极其简单、琐碎,毫无创造性可言,因而工作时总打不起精神。但是,就在这极其平凡的、极其琐碎的工作之中,往往蕴藏着巨大的机会。只要把工作做得比别人更迅速、更正确、更完美,调动自己全部的精力,从中找出新的方法来,就能引起别人的注意,得到老板的赏识。这一切,都需要你积极主动、用心去做。

成功者和失败者的区别就在于:成功者无论做什么工作,都会积极主动、用心去做,并力求达到最佳的效果,不会有丝毫的放松;失败者在做工作时,却常常轻率敷衍、得过且过。

现在的工作,拼体力的不多,比脑力的不少。用人单位最需要的员工,不是仅仅去执行,还要有创意、有应变能力,能帮助单位解决实际问题。一个人用心工作就是对事业有激情,就肯花时间、肯动脑筋、肯耗精力去想、去做、去研究、去琢磨自己的工作。只有在工作中尽最大的努力,发挥最大的潜能和主观能动性,做出的事情才会达到自己的最高水平。

一个人对工作积极主动、对事业用心,就能敢于创新,面对困难才能百折不挠。只有淡泊名利、忘我工作,把奉献视为崇高的精神追求,才能在平凡的工作岗位上创造出不平凡的业绩。

三、多找方法不找借口

在日常工作中,人们每天都会遇到许多问题,遇到问题时该怎么面对呢?比如领导布置了一项棘手的工作任务,是勇敢想办法去解决,还是找借口回避拖延呢?如果想办法,再艰巨的任务也有完成的可能;但是如果只是一味找借口,那任务绝对完不成。一流的人找方法,末流的人找借口。一件事,若不做就不会知道能不能做成。"只要精神不滑坡,方法总比问题多。"虽然很多人只是众多普通员工中的一员,但是只要以积极的态度对待每一件事,认真地找方法把每一件事情解决好,就会因为在困难面前永不退缩、努力寻找解决方法脱颖而出。

这个世界上不存在没有任何问题的工作。有的人经常说:"我们以前从没做过",或"这个问题好像很复杂,很难解决"。这些话听起来就像是腐蚀人们的慢性毒药。没错,在做这事之前你可能会有一丝担忧,我也会一样。但我们从不因此找借口,唯一要做的是花时间去寻求解决问题的方法。要相信,方法总比问题多,必须将找借口的时间用来寻找解决问题的方法,只有多找方法不找借口,才能迎接新的挑战,只有战胜一个个新的挑战,才能品味久违的成功。

任何工作首先要求的就是认真负责的态度，找借口是逃避责任的表现。错了就错了，勇敢承担起来，从自身找原因，提醒自己下次不要再犯。如果总是为失败找借口，那永远都不会成功。不要为自己的不专业寻找任何借口，这个世界上不存在不专业的工作。任何一个优秀的员工，在自己的工作面前都应是专业、认真并负责任的。

在现实中，总有一些员工容易满足现状，他们希望上司对自己的要求越低越好，于是经常为自己的工作质量的不完美寻找借口。到最后，找借口会成为一种无法摆脱的恶习，会让人变得不思进取，一些力所能及的事情也会因此成为一项很难完成的工作，当一个员工开始制造和借助一个又一个的借口来掩饰自己的失误并推卸自己的责任的时候，其事业的失败和沉沦就开始了。所以，要想成为一个成功者，就不要为自己的失败寻找借口。

职场故事 5-9

尼克小时候不爱学习，考试常常得 C。每次考完试，尼克总是找各种理由为自己开脱，不是题太难，就是自己身体不适，或者老师判分有问题，等等。

有一天，当尼克再次为自己考得不好找借口时，母亲毫不客气地打断了他："别再为自己找借口了。你考得不好，是因为你不认真学习，也不善于总结方法。如果你用心学习，你就不会也不用找借口了。"

这句话给了尼克极大的震动。从此以后，尼克再也不为自己成绩差找借口，而是努力从自身找原因，寻找适合自己的学习方法。尼克不仅据此获得了优异的成绩，更是把"不找借口找方法"贯彻到自己的职业生涯中，最终跻身成功人士之列。

第三单元　做合格的职业人

◇ 问题导学

1. 好的工作习惯有哪些？如何养成？
2. 职场的人际关系真的很复杂吗？该如何应对？
3. 该如何塑造自己的职业形象？

案 例 导 入

小赵大学毕业后，刚到一家公司上班不久，就觉得这家公司与自己理想中的企业相差太远。比如，上班必须穿工装，工作时间不能闲聊，不得做与工作岗位无关的事，每个工作日早上有一个早会布置工作，每天下班前要将当天的工作小结输入电脑等，约束太多，规矩太多，他觉得难以适应。于是，他常发牢骚，工作积极性也不高，还没等到自己真正了解这家公司，就被炒了鱿鱼。当他再次在求职路上奔波、没找到更好的工作时，心中感到有些后悔。他后悔自己没能好好珍惜来之不易的工作机会，认真工作，争做一个合格的公司员工。

很多职场新人像小赵一样,在进入公司后,用学生的眼光看待企业,对企业现状不满,接受不了企业的"规矩"和约束,没有耐心适应企业,了解职场文化,努力做一个合格的职业人。其实,该案例中的早会和每天小结等规定和制度,对职场新人学习知识和技能,尽快适应企业具有非常重要的作用。同时,每个企业都有优势和劣势,作为职场新人,最重要的是调整心态,学会适应新的环境,快速融入企业,找到自己合适的位置,努力做合格的职业人。

5-5 微课:做合格的职业人

一、培养良好的工作习惯

查尔斯·杜希格的《习惯的力量》一书中,有这样一段话:"人每天的活动中,有超过40%是习惯的产物,而不是自己主动的决定。虽然每个习惯的影响相对来说比较小,但是随着时间的推移,这些习惯综合起来却对我们的人生有着巨大的影响。"甚至可以说,习惯的优劣,决定着我们将成为怎样的人。

美国康奈尔大学的科学家曾做过一个温水煮青蛙实验:将一只青蛙放进热水中,青蛙一碰热水就会立即奋力一跃,从锅中跳出逃生;又尝试把这只青蛙放进装有冷水的锅里,青蛙如常在水中畅游,然后科学家慢慢将锅里的水加热,直到水烫得无法忍受,青蛙再想跃出水面逃离危险的环境时,却已四肢无力,最终死在热水中。

在现实生活中,有的人对工作敷衍了事,养成了成天上网聊天、看手机、玩游戏的习惯,对工作则能凑合就凑合,这些人难道不正如沉溺于逐渐升温的热水中的青蛙么?

不良的工作习惯看似小事,但长此以往,会慢慢消磨意志,削弱人的竞争力,使人失去专心致志完成重要事情的能力,阻碍事业的发展。

养成良好的工作习惯,使人工作时倍感轻松,没有压力,习惯成自然。养成良好的工作习惯,先为习惯工作,然后习惯为我而工作,使人受益终生。习惯改变命运,养成良好的工作习惯,使人更容易成功。我们只有养成良好的职业习惯,才能成为一名合格的职业人。

课堂活动 5-3

课 堂 反 思

(1)寻找你生活中的成功和失败事例各一个。
(2)分析成功和失败的最重要的主观原因,把这些原因一条条清晰地写下来。
(3)思考一下你个人有什么好习惯和坏习惯,并一条条清晰地分别写下来。
(4)分析好习惯与成功原因、坏习惯与失败原因之间是否存在某种关联。

作为职场新人,高校毕业生如果想成为一个事业成功者,就应该从走上工作岗位开始,努力培养良好的工作习惯。

(一)养成时间管理的习惯

人一生最宝贵的就是时间,时间流逝了就不会再回来,古人有"一寸光阴一寸金,寸金难买寸光阴"的感慨。要想工作取得成绩,而把握时间是关键。虽然参加了工作,但有的人利用时间的意识不强,自我控制能力较差。要想提高工作效率,除了掌握好的工作方法,还要养成好的时间管理的习惯。

我们每天的时间都包括四个部分:生活时间、工作时间、学习时间和休闲时间。合理安排每天的时间,养成良好的时间管理习惯,可以提高工作效率。

时间管理就是用技巧、技术和工具帮助我们更有效地利用时间来完成工作任务,实现职业目标。时间管理除了帮助我们决定每天该做些什么事情、如何花时间去完成它们,另一个很重要的目的就是帮助我们决定什么事情不应该浪费时间去做。

通常人们浪费时间的原因包括:① 缺乏明确的目标,盲目行动;② 办事拖延,缺乏条理;③ 简单事情复杂化,抓不住重点;④ 注重过程不重结果。

根据上述浪费时间的原因,职业人需要掌握以下时间管理的方法并长期坚持,形成时间管理的好习惯。

(1) 明确目标和行动计划。

(2) 杜绝拖延,马上行动,按时限要求完成工作任务,绝不拖延。该做的事情如果一拖再拖,则到完成工作的最后时限必定手忙脚乱,无法保质保量完成。

(3) 分清轻重缓急,抓住重点。

(4) 今日事,今日毕。养成良好的工作习惯。

(5) 追求零缺点工作,一次性把事情做好。

(6) 做事要有条理。文件和物品存放也要有条理,就不会在找东西上浪费时间。

(7) 提高时间利用率,甚至带动别人也提高工作效率。

(8) 要懂得拒绝和说"不",不要让别人浪费你的时间,更不应该在无谓的交往中浪费自己的时间。

(9) 善于利用时间碎片。等车、排队、走路等时间,可以用来背单词、打电话等。无论如何,都要把那些可以利用时间碎片做的事先准备好,到你有空闲的时候有计划地拿出来做。

(10) 加强业余时间管理。人与人之间的差异最终在于业余时间如何利用,利用好业余时间,加强业余时间的管理,可以确保心情愉悦地投入工作。

(二) 养成计划管理的习惯

工作必须制订计划,包括日计划、周计划、月计划、季度计划、年度计划。

将每日要做的工作事先列出一份清单,排出优先次序,确认完成时间,以突出工作重点,避免遗忘。每天坚持上班第一件事制定"待办单",对每天所要做的工作逐条列出,并为应对紧急情况预留出必要的时间,记录工作完成进度。每天下班前十分钟,检查今天工作计划完成情况,并列出明天的工作安排。

每周末作出下周工作计划,每月末作出下月工作计划,每季度末作出下季度工作规划,每年末作出下一年度工作规划。合理计划是实现目标的前提,没有人计划要失败,却有许多人失败于没有计划。

(三) 养成工作目标管理的习惯

要有明确的目标。有目标,就有了方向和动力。一个人没有明确的目标,就不知道该做什么、该怎么做,自然无法获得成功。

小贴士 5-1

目标设置的原则

（1）有挑战性的。必须经过一定的努力，目标才能达成。
（2）有时间期限的。目标达成应有明确的时间限制。
（3）具体的。用具体的语言清楚地说明要达成的目标内容。
（4）可度量的。有一组明确的数据，作为衡量目标是否达成的依据。
（5）现实的。在现实条件下具有可操作性和可行性。

职场故事 5-10

山田本一是日本著名的马拉松运动员。他曾在 1984 年和 1987 年的国际马拉松比赛中，两次夺得世界冠军。记者问他凭什么取得如此惊人的成绩，山田本一总是回答："凭智慧战胜对手！"

大家都知道，马拉松比赛主要是运动员体力和耐力的较量，爆发力、速度和技巧都还在其次。因此对山田本一的回答，许多人觉得他是在故弄玄虚。

10 年之后，这个谜底被揭开了。山田本一在自传中这样写到："每次比赛之前，我都要乘车把比赛的路线仔细地看一遍，并把沿途比较醒目的标志画下来，比如第一标志是银行；第二标志是一个古怪的大树；第三标志是一座高楼……这样一直画到赛程的结束。

比赛开始后，我就奋力地向第一个目标冲去，到达第一个目标后，我又以同样的速度向第二个目标冲去。40 多公里的赛程，被我分解成几个小目标，跑起来就轻松多了。开始我把我的目标定在终点线的旗帜上，结果当我跑到十几公里的时候就疲惫不堪了，因为我被前面那段遥远的路吓到了。"

启示：

目标是需要分解的，一个人制定目标的时候，要有最终目标。比如成为世界冠军，更要有明确的绩效目标，比如在某个时间内成绩提高多少。

最终目标是宏大的、引领方向的目标，而绩效目标就是一个具体的，有明确衡量标准的目标，比如在四个月把跑步成绩提高 1 秒，这就是目标分解，绩效目标可以进一步分解，比如在第一个月内提高 0.03 秒等。

当目标被清晰地分解了，目标的激励作用就显现了，当我们实现了一个目标的时候，我们就及时地得到了一个正面激励，这对于培养我们挑战目标的信心的作用是巨大的。

（资料来源：https://www.sohu.com/a/216554173_780060，有改动）

进行目标管理，可以从以下几点着手：① 进行定期检查；② 关注进度；③ 要解决工作中出现的困难、问题；④ 当出现意外、不可预测事件，严重影响目标实现时，也可以修改原定的目标。

到达预定的期限时，要考核目标完成情况，进行自我评估；同时决定下一阶段目标，开始下一阶段新的循环。如果目标没有完成，应认真分析原因，总结教训，对目标做相应的调整。

(四)养成写工作日志的习惯

工作日志是对每天工作情况的记录和总结。工作日志中一般应列出日期、工作内容、完成情况、问题与经验、明日任务等项目。写工作日志,可以及时记录每天的工作情况,清楚地知道每天的工作内容,梳理工作条理,增强思维的逻辑性,培养严谨的工作作风。工作日志简表见表5-2。

表5-2 工作日志简表

日 期	工作内容	完成情况	问题与经验	明日任务

写工作日志,可以使自己及时清楚地知道还有那些工作做得不够,需要及时改进和提高。

写工作日志,将自己能预想到的第二天应该做的工作和该处理的问题简单列出来,使自己在第二天的第一时间解决掉这些事情,形成严谨的工作作风,培养自己有计划有目的的工作习惯和能力,使自己看得更远,想得更深,飞得更高。

(五)养成将最重要的事情放在第一位的习惯

并不是所有的工作都能够随叫随做的,一定要按照事情的轻重缓急作合理的安排。因此在接受任务的时候要想明白事件的轻重缓急,并清楚地知道哪些工作是一定要优先安排的,哪些工作是可以兼顾来做的。

生活中,不少人容易犯这样的错误:琐碎的小事做了一大堆,等到要做重要的事情时,已经没有时间了。他们为很多事投入了相当大的精力,却很少从那些事情上得到合理的回报。他们疲于奔命,整日忙忙碌碌,可是岁月蹉跎,最后却一事无成,这真是让人沮丧。为什么他们的工作效率如此之低呢?这源于他们一味地给自己的工作做加法,殊不知如果不得其法,做的事情越多,负累越多,离目标也就越远。

卡耐基说:"我知道我所需要处理的事情很多,但我的精力有限,一次只能处理一件事情,所以我选择先做重要的事情。"工作需要章法,不能眉毛胡子一把抓,要分轻重缓急,先做重要的事,这样才能一步一步地把事情做得有节奏、有条理,避免拖延。

在工作中,孰轻孰重是必须要分清的,把重要的事情放到前面去做,这样才不会被琐事耽误了时间,以致最后没时间做重要的事情,追悔莫及。先做完重要的事情,就不会手足无措,惶惶不可终日。

还有一个重要的工作原则:不要去看远方模糊的事,而要做手边清楚的事。手边清楚的事要比远方模糊的事重要得多。为明天做准备的最好方法就是集中自己所有的智慧、所有的热忱,把今天的工作做到尽善尽美,这就是我们能应付未来的唯一方法。不管自己面临的事情有多少,应该永远先做最重要的事情。如此坚持下去,就会逐渐接近成功。

(六)养成自愿承担艰巨任务的习惯

公司的每个部门和每个岗位都有自己的职责,但总有一些突发情况带来的工作任务,无法明确地划分到某个部门或个人,而这些任务往往是比较紧急或相当重要的。如果想成为一名合格的员工,就应该从维护单位利益的角度出发,积极去处理这些事情,完成额外工作任务。多承担一些任务是锻炼自己能力的难得的机会。这种勇挑重担的工作习惯和敬业精神,定会得到同事和单位领导认同,自己的能力得到了提升,工作经验也将更加丰富。

良好的工作习惯可以大大提高工作的效率,达到事半功倍。职场上的成功人士都有一些良好的工作习性。因此,要成为一名优秀职业人,就必须养成良好的习惯。而良好工作习惯的养成需要持之以恒,挑战自我,让好习惯常伴随我们工作,这将帮助我们更快取得事业成功,终身受益。

课堂活动 5-4

自我控制能力测试

养成良好的工作习惯,需要具备优秀的自我控制能力。换句话说,一个人具备较好的自我控制能力,有助于良好职业习惯的养成。你是个自控能力强的人吗?当你的行为与周围环境不相适应时,你能做到适可而止吗?

通过下面的测试,你可以明确自己是否是个拥有自控能力的人。

下列各测试题中,每题有5个备选答案,根据你的实际情况,选择一个最符合你的答案,将代码填在题干后的括号内。A. 很符合;B. 比较符合;C. 介于符合与不符合之间;D. 不大符合;E. 很不符合。

1. 我很喜欢长跑、远足、爬山等体育运动,但并不是因为我的身体条件适应这些项目,而是因为这些运动能够锻炼我的体质和毅力。(   )
2. 我给自己订的计划,常常因为主观条件不能如期完成。(   )
3. 一般来说,我每天都按时起床,不睡懒觉。(   )
4. 我的作息没有什么规律性,经常随自己的情绪和兴致而变化。(   )
5. 我信奉"凡事不干则已,干则必成"的信条,并身体力行。(   )
6. 我认为做事情不必太认真,做得成就做,做不成便罢。(   )
7. 我做一件事情的积极性,主要取决于这件事情的重要性,即该不该做,而不在于对这件事情的兴趣,即不在于想不想做。(   )
8. 有时我躺在床上,下决心第二天要干一件重要事情,但到第二天这种劲头又消失了。(   )
9. 在工作与娱乐发生冲突的时候,即使这种娱乐很有吸引力,我也会马上决定去工作。(   )
10. 我常因读一本引人入胜的小说或看一部精彩的电视剧(电影)而忘记时间。(   )
11. 我下决心办成的事情,不论遇到什么困难,都会坚持下去。(   )
12. 我在学习和工作中遇到了困难,首先想到的就是问问别人有什么办法。(   )
13. 我能长时间做一件事情,即使它枯燥无味。(   )
14. 我的兴趣多变,做事时常常是这山望见那山高。(   )

15. 我决定做一件事时,说干就干,绝不拖延或让它落空。（　　）
16. 我办事喜欢挑容易的先做,难做的能拖则拖,实在不能拖时,就赶时间做完算数,所以别人不大放心让我做难度大的工作。（　　）
17. 对于别人的意见,我从不盲从,总喜欢分析、鉴别一下。（　　）
18. 凡是比我能干的人,我不大怀疑他们的看法。（　　）
19. 我喜欢遇事自己拿主意,当然也不排斥听取别人的建议。（　　）
20. 生活中遇到复杂情况时,我常常举棋不定,拿不定主意。（　　）
21. 我不怕做我原来没有做过的事情,也不怕一个人独立负责重要的工作,我认为这是对自己很好的锻炼。（　　）
22. 我生来胆怯,没有十二分把握的事情,我从来不敢去做。（　　）
23. 我和同事、朋友、家人相处时,很有克制能力,从不无缘无故发脾气。（　　）
24. 在和别人争吵时,我有时虽明知自己不对,却忍不住要说一些过头的话,甚至骂对方几句。（　　）
25. 我希望做一个坚强的、有毅力的人,因为我深信"有志者事竟成"。（　　）
26. 我相信机遇,很多事实证明,机遇的作用有时大大超过个人的努力。（　　）

测评办法：

1. 单数题号,A 记 5 分,B 记 4 分,C 记 3 分,D 记 2 分,E 记 1 分。
2. 双数题号,A 记 1 分,B 记 2 分,C 记 3 分,D 记 4 分,E 记 5 分。
3. 各题得分相加,统计总分。

测评分析：

A. 111 分以上：自制力很强；

B. 91—110 分：自制力比较强；

C. 71—90 分：自制力一般；

D. 51—70 分：自制力比较弱；

E. 50 分以下：自制力很弱。

(资料来源：刘兰明等.职业基本素养教程[M].大连：大连理工大学出版社,2011)

二、构建和谐的人际关系

在工作中,我们不可避免地要与同事、领导、同行、客户等不同的人打交道,无论在哪方面的人际关系出现问题,都会直接影响到工作情绪,继而影响到工作业绩。反之,处理好了职场人际关系,则会推动工作的顺利开展,甚至有助于晋升。处理好职场人际关系是成功迈出职业生涯的重要一步。

（一）正确处理职场人际关系的原则

1. 真诚原则

在人际交往中,只有彼此抱着心诚意善的动机与态度,才有助于相互理解、接纳和信任。以诚相待是人际交往得以延续、深化的基础和保障。在人际交往中,"逢人只说三分话,未可全抛一片心"的做法,只会影响和破坏人际关系的进一步发展。

2. 尊重原则

每个人都有一定的自尊心。在工作中,对待别人的态度往往决定了别人对待自己的态度。想要别人尊重你,你就必须先尊重他人。一个不懂得尊重他人的人,是绝不会得到他人的尊重的。有这样一句名言:"生活就是一面镜子,你对它笑,它对你笑;你对它哭,它也对你哭。"我们要获取他人的好感和尊重,首先必须尊重他人,只有尊重他人,自己才会受到他人的好评和尊重。相反的,如果处处摆出一副清高孤傲、盛气凌人、颐指气使的样子,对方会感到自尊心受到了伤害而拒绝与你友好相处和交往。

3. 平等互利原则

在人际交往中,不分种族、国家、肤色、信仰、性别,大家都是平等的,没有高低贵贱之分。坚持平等原则让每一个人都会得到相应的尊重。人与人之间也许会存在很多的冲突,有物质的也有情感的,但是不能因为要获得自己想要的利益而损害或伤害他人,只有互利互惠才会让人与人之间的关系更加和谐稳固。

4. 相容原则

人与人之间的融洽关系,离不开与人相处时的接纳、宽容和忍让。"人非圣贤,孰能无过"。与人交往时,不要总是看到别人的短处,而应想想他人的长处。对别人的错误不要揪着不放,得理不让人,斤斤计较,针尖对麦芒。不宽容对方,以牙还牙或者坚决对立,隔阂只会越来越深,人际关系就会越来越紧张,对人对己没有任何益处。苛求他人就是苛求自己,宽容他人就是宽容自己。

5. 信用原则

人际交往离不开信用。信用指一个人诚实、不欺、信守诺言。不要轻易许诺,一旦许诺,就要设法实现,以免失信于人。朋友、同事之间,言必信,行必果;不卑不亢,端庄而不过于矜持,谦虚而不虚伪;不讨好位尊者,不藐视位卑者,显示自己的自信心,取得别人的信赖。

6. 谦虚、协作原则

谦虚谨慎、戒骄戒躁是做人的原则,狂妄自大、目中无人、夸夸其谈最容易引起别人的反感。即使自己在某些方面比别人略胜一筹也要保持谦虚的态度。协作是指强调全局观念、团队意识,融入集体,在工作中服从领导、团结同事,相互协调、密切合作。

(二)如何构建和谐的职场人际关系

几乎每一个人都懂得人际关系在生活和工作中的重要性。初入职场的高校毕业生该如何构建和谐的职场人际关系呢?

1. 真诚待人

真诚是打开别人心灵的金钥匙,与人沟通,贵在真诚。在人与人的相处中,很多时候我们都会想通过和对方交谈,建立起良好的友谊、合作关系。然而,往往有很多时候,我们都会心生戒备,在很多情况下缺少与人沟通交流的主动性,这就需要我们将陌生人变成熟人,用真诚来打动对方,将被动转变为主动,让对方在愉快的状态下与自己交往。

2. 尊重他人

尊重本单位领导、同事、下级以及工作交往中的任何人的人格、爱好与习惯。尽管不同的人在性格、气质、知识、能力、职位等方面存在很大的差别,但在人格上大家都是平等的。尊重他人才能得到他人的尊重。尊重别人的人格,听取意见要真诚、谈话交流要有礼貌并掌握分寸。

3. 欣赏他人

欣赏别人不仅是对别人的一种尊重和鼓励,更是对自身品质的一种检验和提升。不管是亲人、朋友还是同事,我们都可以从他们身上找到值得学习、借鉴的地方,来弥补自身的不足,发掘自己与他人的差距,激励自己、鞭策自己,提高修养水平,将带给自己更大的生活信心和精神力量。

4. 平等待人

人生在世,尽管在权力、地位、财富方面存在着不平等,但在人格、生命、健康快乐、幸福等方面都是平等的,尤其是每个人的尊严都同样神圣不可侵犯。在工作、生活中,要谨言慎行,学会与人平等相处,平等对待他人,尊重他人的人格尊严。

构建和谐的人际关系不是一劳永逸的,而是一个动态变化的过程,需要我们善待每一个人,随时随地从细处着眼、小处着手,把处理好人际关系摆在首位,落在实处。在工作中,一个拥有良好人际关系的员工,必定会在职场中脱颖而出。因为他比别人更容易克服工作中遇到的困难,从而拥有了更多的发展机会。

(三)职场人际交往的禁忌

(1) 自我吹嘘。自我吹嘘是不受欢迎的,即使是你的优点,自我吹嘘也会起到适得其反的效果。自己的优点、成绩最好由别人去说,这符合中国人自谦的性格。

(2) 强词夺理。有的人喜欢争辩,有理要争理,没理也要争三分。其实,同事、熟人之间的讨论,如果无关原则立场,退一步又何妨?须知退一步海阔天空。

(3) 有事不通报。有些事情,尤其是关系到大家的事情,你先知道了,最好相互通报一下,不要总是一个人藏着掖着。

(4) 热衷于探听别人的私事。对于别人不愿意说的私事,最好不要刻意去打听。打听别人的隐私,会让别人感到很不愉快。

(5) 过度吹捧同事、领导。同事之间的适度赞美,能够起到润滑人际关系的效果,但是如果过度,就成了拍马屁了,尤其是过度吹捧领导,会令人反感。

(6) 喜欢"咬耳朵"。同事之间的关系需要平衡。如果你经常"咬耳朵",会让其他同事感受到疏远,并且有搞小团体之嫌。

(7) 进出办公室不打招呼。进出办公室,最好和同事打个招呼,这既是共同工作的需要,也是联络感情的需要,表明对同事的尊重与信任。

(8) 过于自我保护。有些私事不能说,但有些私事说说也没有什么坏处。什么也不说,什么也不让人知道,信任就不容易建立,因为信任是建立在相互了解的基础之上的。

(9) 拒绝相互帮助。同事之间,难免会有事相互求助一下。如果可能,最好帮一下,千万别"拔一毛利天下而不为"。

(10) 拒绝与同事分享。同事有好事主动与你分享,千万不要拒绝别人的好意,坦然接受即可。当然,有机会,你也千万别忘了与同事一起分享自己的喜悦。

三、争当"三好"员工

(一)争做单位好职员

1. 精通业务

知识经济时代,每个人都要有一种保护自己的"资产",学有所长,业有专攻,业务精是看家本领。否则，随时有被淘汰的可能。学有专长的人，到处都受欢迎，一般不会失业，不用发愁找不到工作。

要精通业务，就必须拥有强烈的求知欲，认真钻研，时刻不放松业务学习。毛主席曾说："世界上怕就怕'认真'二字，共产党就最讲认真。"有了认真的态度就不怕问题多、不怕问题难、不怕问题新，职场新人要大力发扬业务上的"安、专、迷"精神，稳住心神、集中精神，认真对待每项工作，认真履行每道程序，认真把好每个关口，养成凡事认真对待、精益求精的好习惯。做到学有专长，成为单位某一方面的骨干或"尖子"。

精通业务必须一戒懒惰，二戒虚荣。要勤奋务实。无论业务工作多么繁杂，只要发扬勤奋务实的作风，就不难熟练掌握。要注重学在平时、干在平时，不要忽视滴水石穿、铁杵成针的细微功夫，工作中遇到疑点要及时弄清，有经验教训要及时总结；要发扬"钉子"精神，干每一项工作，都要锲而不舍、一抓到底。提高业务能力水平关键靠个人的勤奋自觉，学得勤、干得实，人人都成为业务工作的行家里手。

2. 乐于奉献

乐于奉献是对自己事业的不求回报的爱和全身心的付出。对个人而言，就是要在这份爱的召唤之下，把本职工作当成一项事业来热爱和完成，从点点滴滴中寻找乐趣；努力做好每一件事、认真善待每一个人。奉献精神是社会责任感的集中表现。奉献是一种态度，是一种行动，也是一种信念。奉献，方便了别人的同时，也提升了自己；奉献，在激励了他人的同时，也鼓舞了自己。奉献，是源自内心小小的感恩的心，是对单位和事业感恩。常怀奉献之心的人真正懂得人生的快乐，心有奉献之念的人真正懂得人生的真谛。

作为单位的普通一员，人人应尽其所能爱岗敬业，在平凡的岗位上做出力所能及的贡献。要充分认识到"爱岗"的价值在于"做事"；"敬业"的意义在于"奉献"。不必抱怨生活，也无须埋怨社会。爱岗敬业，淡泊名利，才是一种明智的人生选择和追求。

3. 遵守规矩

没有规矩，不成方圆。从大的方面讲，法律和规则是社会有序运作、人与人和谐共处的基本规范。每一个行业都有各自的职业行为规范，也就是"行规"。讲规矩是每个职员应尽的义务，也是用人单位对每个职员的起码要求。

作为单位一员，无论在什么时候都要遵守单位的劳动规章制度，也就是守规矩，没有了规矩，没有了约束，人就会变得有恃无恐、随心所欲，想干什么就干什么，最终害人害己。

守规矩必先懂规矩，做到知晓规矩、认同规矩、遵守规矩、维护规矩。将规章制度入脑入心，严格按原则办事，按政策法规办事，要清楚自己哪些事能做、哪些事不能做，哪些事该这样做、哪些事该那样做，不能随心所欲，做到不越"雷池"，不乱"章法"。

守规矩要做到辨是非。讲不讲规矩既反映了一个人的纪律观念，又展现一个人的品行修养、道德情操、文化素质。规矩是用来约束自己思想和行为的，不是做给别人看的。只有人人都守规矩，事业才能不断向前发展，个人才会不断进步。无论是什么时候，散漫永远是行不通的。守规矩不仅是自己不违法，还要守职尽职，在自己的岗位上做好自己职责范围内的事。

（二）争做同事好伙伴

1. 低调做人

低调做人是指职场新人为人要谦逊，心态要平和，不张扬、不炫耀，进退有度，忘记自己的学历和曾经的荣誉，以一个初学者的身份对待工作和同事，更要放下架子，亲切待人。如果不懂得谦卑低调做人,我行我素,恃才傲物,目中无人,则必招人嫌。

无论是什么样的人,处在什么场合,说话都应该注意分寸。与人交往,不抱怨不发牢骚,因为没人愿意去承载你的负能量。应保持微笑,谦和有礼,虚心进取。

行动在前,言语在后,努力做出成绩才是最重要的。越是谦卑,收敛锋芒,越能赢得他人的尊重。为人处事,尽量尝试站在对方立场、从对方角度想问题。

为人处事时刻保持谦卑的姿态,从思想层面提升自己。低调做人,你会一次比一次稳健,高调做事,你会一次比一次优秀。

2. 团结协作

与同事相处得如何,直接关系到自己的工作、事业的进步与发展。同事之间关系融洽、和谐,会令人感到心情愉快,有利于工作的进行,从而促进事业的发展;反之,同事关系紧张,相互拆台,经常发生摩擦,就会影响日常的工作和生活,阻碍事业的正常发展。

首先,学会沟通。同事之间的良好沟通,可以使你左右逢源。在工作中,遇事应先打招呼,以减少误会,加深理解,增强信任。沟通之后,必须言行一致、信守承诺,这样彼此之间才会形成某种默契,有利于工作的开展。

其次,学会倾听。人与人之间都有相互了解、理解,相互信赖和支持的愿望。倾听是人与人之间相互了解的重要途径。因此,如果希望自己被他人了解,就先得学会听他人的倾诉。只有愿意了解他人,他人也才愿意了解你。

拓展阅读 5 – 1

倾听的艺术

学会倾听是构建和谐人际关系的重要举措,在倾听时,要遵循以下几项原则。

(1)认真。在行为上要专注,不要一边不经意地听,一边做其他的事情,以免给人造成不被重视的感觉。

(2)耐心。听人把话说完,不轻易打断对方。对别人提出的问题不关心,会给人一种冷漠的感觉。别人针对自己的不足而提出的善意批评,更要虚心听取,有则改之,无则加勉。

(3)互动。适当及时地回应。倾听不要只是听,可以适当用语言或肢体动作表示听到了、理解了、没明白等意思。不能让对方有"听而不闻"的感觉。

(4)交流。以对方为中心,关注对方的话题,给予总结性、认可性的评价,在交流中加深了解和印象。不要进行没有意义的辩论,当观点存在原则性分歧时,应简要说明理由,防止引起不必要的争论。谈不到一起的话题,可以适当将话题引导到其他方面。

(5)共鸣。让对方感到受尊重。对谈话者的心理体验要给予理解,或表示同情等,要进入谈话者的世界。可以适当通过重复谈话者所说的内容等方式来表示兴趣和理解。

(6)求同存异。如果一方面希望和他人进行很好的沟通合作,另一方面又强调差异,这样只会使彼此之间距离越来越远,矛盾越来越深,最终使合作破裂。应把注意力放在双方的共同点上,站在同一立场上,设身处地为对方着想,尽量减少差异,达成共识。

3. 避免冲突

在职场中应尽量避免与他人产生矛盾,不忌妒他人取得的成绩和进步。一旦与人发生冲突,应该对事不对人,尽量控制自己的情绪,缓和气氛,积极化解矛盾,冷静处理意见分歧。发生冲突后,应主动开口打破僵局,态度诚恳,敢于承担责任,多做自我批评;遇到有隔阂的同事时,更应积极主动问好,热情打招呼,以消除冲突所造成的阴影,给其他同事留下不计前嫌、处事大方的印象。

(三) 争做领导的好下属

在职场上,领导在某种程度上左右着我们在单位中的职位,也许我们无从选择别人,但我们可以选择自己做一个"好下属"或"坏下属"。生活即是一种选择,希望更多的职场新人选择做一个好下属。那么,如何成为一个好下属?

1. 服从领导

服从是员工的天职。员工在进入一家新的公司后,就必须从零开始给自己一个定位,明确自己的职责,服从领导分配给你的任务。摆正位置既是做事的前提,同时也是做人的前提。俗话说:筷子夹菜勺喝汤。如果非要用筷子来喝汤,那只有两种可能:其一,喝不到汤,筷子反而失去了原有的作用而变成废物;其二,喝到了汤,经过改装后的筷子已经失去自我,不再是筷子。

一个高效的企业必须有良好的服从观念,一个优秀的下属也必须有服从意识,二者是相辅相成的。因为单位整体的利益,不允许部属抗令而行。领导的行为是组织行为。不尊重、不服从领导,对抗破坏的就是企业的整套管理指挥系统。对抗、违上的后果一是不利于工作,二是本人要付出代价。

一个团队,如果下属不能无条件地服从领导的指令,那么在达成共同目标时,则可能产生生障碍,反之,下属能发挥出超强的执行能力,团队便胜人一筹。

没有服从理念的员工不能成为一个真正的优秀员工,也无法实现自我的人生价值。每个员工在工作上都要学会第一时间去执行,绝不推卸责任。领导要的是结果,而不是你推三阻四、再三解释的原因。

2. 排忧解难

为领导排忧解难是下属的职责之一,否则对领导来说,你的存在将失去实质意义。成为领导无关紧要的人,将意味着你随时可以被炒鱿鱼;成为累赘将意味着丢掉你这个包袱,公司将做得更好;成为绊脚石则意味着领导找任何机会必须把你开除。而避免这三种结果的关键点就是你能否为上司排忧解难,助一臂之力。不要成为领导眼中无关紧要的人,不要成为领导身边的累赘,更不要成为领导工作中的绊脚石。助人即是助己,有用之材才有机会成材!领导升职了,下属接班的事情在职场中处处可见。

3. 忠诚履责

以大局为重,尊重领导,维护领导形象。领导是单位的核心、决策者和责任承担者,处于主导地位;从单位的利益出发,紧紧围绕以领导为中心,坚决维护领导权力地位、自觉服从领导安排,永远跟领导站在一边,发挥自己的主观能动性,积极开展工作,营造一个团结、和谐的上下级关系,为各项工作的开展创造一个稳定、融洽的大环境。

如果不小心在工作中犯了错误,要敢于向领导自我检讨,虚心接受批评,诚恳认错,不遮掩、不隐瞒、不强辩,不要企图蒙混过关,知错就改,避免顶撞。

按职责办事、依程序办事。请示汇报工作,传达领导的指示,要严格按规矩办事。按级别、按程序、按分工及时准确地请示报告。对领导的指示、交办的工作,要及时反馈落实情况。主动与上司多沟通,忠诚履责、独立完成本职工作,不将问题抛给领导,尽心尽责、勇于担责,多提建议和改善方案,不计较个人得失。

第四单元　迈向职业成功

◇ 问题导学

1. 职业成功的标准是什么?
2. 要达成职业目标,需要具备什么条件?
3. 你准备如何努力,来实现自己的职业目标?

案例导入

小闫是某高等职业学院机电工程专业的一名应届毕业生。面试时,她作为拟录用的众多储备干部中的一员,与半数以上的本科生和研究生同台竞技,脱颖而出,被用人单位录取试用。基层实习一个月后,她又凭借自己的刻苦和才华打败嫌"工作太累""条件不好""这工作不适合大学生做"的20多名竞争对手,获得公司领导的赏识。正式上班3个月后,小闫就担任行政管理部部长助理,第二年接任部长职位,成为同期新员工中最早步入主管岗位的员工。

成绩的背后离不开艰辛的付出。工作6年,小闫只回过3趟老家,春节只跟家人团聚过一次。那些不回家的春节,都花在给不回家过年的员工组织活动上。除此之外,为了帮助多数来自异乡的基层员工尽快融入当地生活,同时提升异地务工人员在当地的社会形象,小闫组织公司员工成立志愿者义工服务队,很快成了当地知名的社会组织,得到了社会的广泛认同。她还荣获当地"百佳团支部书记""百佳外来务工人员"称号。小闫通过自己的努力,利用6年的时间,从企业一线储备干部逐步成长为公司主管、志愿服务队队长、党的十八大代表,演绎了一部蓝领版的"杜拉拉升职记"。

每个毕业生走上社会后,都想成就一番事业。要想事业上有所建树,最重要的是什么?那就是在职业发展过程中,立足岗位、虚心学习、不断创新,努力成就自己的事业。

一、职业成功的标准

在人生旅程中,人人都希望成功,而职业成功是人生成功的关键。对于想追求事业成功高校毕业生来说,了解和把握职业成功的规律是非常有必要的。

什么是职业成功,如何才能获得职业成功,是人们普遍关心的问题。我们所处的时代是人人追求职业成功的时代,也是一个成功标准多元化的时代,用一元化的职业成功标准来衡量所有的人,是难以被认同的;同样,想找到适合所有人的职业成功路径也是徒劳的。但这并不意味着职业成功没有规律可循。通常,职业成功是指一个人所累积起来的、积极的、与工作相关的成果或心理上的成就感。

职业成功的标准是人们对职业成果意义的认识和评价,它取决于人们自身的需要和愿望。既然人的需求是多种多样的,人们对职业成功的评判标准就必然是多元化的。西方学者一般将职业成功分为客观成功和主观成功两部分。职业成功的客观指标包括总体报酬、晋升次数和其他能表示个体成就的外部标志;主观职业成功是个体所感受到的对工作和职业发展的满意程度。当我们越是关注职业成功的主观标准时,职业成功标准的多元性特点就越明显。一般来说,职业成功的标准有以下几种。

(1) 财富标准。通过工作获得更多的经济回报,财务自由是现代人成功的标志之一。

(2) 晋升标准。职业成功就是晋升到组织等级体系高层或者在专业上达到更高等级。

(3) 安全标准。渴望长时间的稳定工作,以获得职业上的安全。

(4) 自主标准。强调职业成功就是在工作中自主自由,对职业和工作有最大限度的控制权。

(5) 创新标准。标新立异,做别人没有做过的事情。

(6) 平衡标准。在工作、人际关系和自我发展三者之间保持有意义的平衡。

(7) 贡献标准。对社会、组织、家庭做出突出贡献。

(8) 影响力标准。在组织中、行业内、社会上有足够影响力,能够改变他人的心理和行为。

(9) 健康标准。在繁重工作的压力下能依然保持身心健康。

上述职业成功的标准并不是完全独立、相互排斥的。在每一个人的心目中,职业成功的标准是一个有层次的结构,与其内在的需求体系相对应。

职业成功标准的多元性还体现在个体职业成功标准的阶段性上。在职业生涯发展的不同阶段,人们所面临的任务不同,追求不同,对职业成功评价的标准也会不尽相同。一般来说,在职业生涯的早期,因养家糊口、成家立业需要一定的物力和财力,人们可能更注重财富标准;到了职业生涯的中期,人们可能会更关注职业发展的机会、家庭与工作的平衡、自我价值的实现,因而晋升标准、平衡标准、贡献标准等可能更受到重视;而到了职业生涯的晚期,临近退休,人们则更强调安全、有保障,因而安全标准可能成为最重要的职业成功标准。

总之,职业成功很难用一个绝对的标准来衡量。职业成功作为一个评价性的概念,不论从哪个角度对成功作出评价,都是与评价者个体的职业价值观紧密联系在一起的。从某种意义上说,讨论职业成功的标准问题,实际上是在探讨职业成功的价值观问题。

探讨职业成功标准的目的不是去寻找一种人人认同的客观标准,而是去关注不同的人们怎样定义职业成功,这种定义又怎样影响着人们的职业行为。对于个人而言,应厘清自己的内在需要,正确定义自己的职业成功标准,而不应盲目攀比,以免在职业生涯的旅途中迷失方向。

二、职业成功的条件

鲜花和掌声一直都是成功的点缀,每个人内心里都涌动着渴求成功的热血。歌手渴望

"站在这舞台,听到掌声响起来";学生渴望考试成功,以使老师和家长赞许的目光在自己身上停留和定格。现在的大学生虽然已经不再有昔日"天之骄子"的光芒,但是,一旦走出校园步入社会,有的人还是雄心万丈、豪情满怀,"天生我材必有用",渴望用成功来证明自身价值。

职业成功需要个体具备一定的素质和条件。人的一生不可能总是一帆风顺,困难和挫折会不停地向人们发起挑战,成就自己的职业理想和取得事业成功需要付出很多努力,有时还需要在困境中探索,走迂回曲折的道路。

(一) 积极心态是职业成功的基础

1. 积极心态的作用

有些时候,心态真的可以决定一个人的命运,有什么样的心态就拥有什么样的人生。马斯洛曾经这样说过:心态若改变,态度跟着改变;态度改变,习惯跟着改变;习惯改变,性格跟着改变;性格改变,人生就跟着改变。

积极心态主要是指积极的心理态度或状态,是个体对待自身、他人或事物的积极、正向、稳定的心理倾向,它是一种良性的、建设性的心理准备状态。积极心态与消极心态是相对而言的,面对生活的压力与挑战,若积极心态战胜了消极心态,就会促进个体的进步,激发人性的优点使之为善;若消极心态战胜了积极心态,就会阻碍个体的进步,激发人性的缺点使之为恶。

积极心态具有改变人生的力量。① 积极心态能够减少负面情绪。拥有积极的心态,情绪也随着变得正面。将不会沉溺于负面情绪中,且能更快地恢复到正面情绪。因而,生活会更加美好且有乐趣。② 正面情绪促进身体健康。压力、烦躁等负面情绪会引发冠心病等疾病。将负面情绪转化为正面情绪,能够提升整体的健康状况。③ 积极心态促进创造力和专注力。心态积极不仅对身体健康有益,且能"拓宽和激活认知能力"。因为积极的心态使得神经多巴胺水平上升,从而提升了创造力、专注力和学习能力。④ 正面的情绪还能提高人们应对困难的能力,积极心态能帮助人们快速从消极事件中恢复过来。会变得更加抗打击,不容易被创伤和痛苦击倒。

面对工作、问题、困难、挫折、挑战和责任,拥有积极心态的人会积极采取行动,努力去做,把工作、生活中的一切当作一种享受的过程。

拓展阅读 5-2

成就你的十大积极心态

高校毕业生要想获得职业成功,以下积极心态必不可少。

(1) 执着。对个人、企业和团队目标、价值观持坚定不移的信念。

(2) 挑战。勇敢地挺身而出,积极地迎接变化和新的任务。

（3）热情。对自己的工作及公司的产品、服务、品牌和形象具有强烈的感情和浓厚的兴趣。

（4）奉献。全心全意完成工作或处理事务。

（5）激情。始终对未来充满憧憬和希望，全力以赴地投入工作。

（6）愉快。乐于接受，微笑、快乐，并分享成功。

（7）爱心。助人为乐，常怀感恩心态。

（8）自豪。因为自身价值或团队成绩而深感荣耀。

（9）渴望。具有强烈的成功欲望。

（10）信赖。相信他人和集体的素质、价值和可靠性。

职场故事 5-11

英国一个不出名的小镇里，有一个叫玛格丽特的小姑娘，自小就受到严格的家庭教育。父亲经常向她灌输这样的观念："无论做什么事情都要力争一流，永远做在别人前面，而不能落后于人。即使是坐公共汽车，你也要坐在前排！"

对年幼的孩子来说，父亲的要求可能太高了，但他的教育在以后的日子里被证明是非常宝贵的。正是因为父亲的"残酷"教育，才培养了玛格丽特积极向上的态度和决心。在以后的学习、生活或工作中，她时时牢记父亲的教导，总是抱着一往无前的态度和必胜的信念，尽自己最大努力做好每一件事情，事事必争一流，以自己的行动实践着"永远坐前排"的教诲。

44年以后，英国乃至整个欧洲政坛出现了一颗耀眼的明星，她就是1979年成为英国第一位女首相、雄踞政坛长达11年之久、被世界政坛誉为"铁娘子"的玛格丽特·撒切尔夫人。

"永远都要坐前排"是一种积极的人生态度，这种态度使人激发出一往无前的勇气和争创一流的精神，从而获得成功。

2. 学会培养自己的积极心态

（1）耐心地自我检省。① 认识到改变需要时间。和改善体力与健康一样，培养积极心态也不是一朝一夕的。② 需要持续的努力。明确并提高你的优势。③ 认清自己的优点，会有更多正面情绪，更有能力应对困难。写日记。研究表明，自我检省能有效地促进学习和工作，也能帮助培养积极地心态。④ 记录你的情绪和想法，有助于认清自身的行为和反应。⑤ 记录每天发生的美好的事。⑥ 回顾一天中的美好事物。包括让你开心、骄傲、感恩、平静、满足、愉快的事件。⑦ 将负面情绪转化为正面情绪。看看你记录下来的负面情绪。努力从负面的事件中找到中立或积极面。

（2）回顾快乐的时刻。提高应对困难的能力，心态自然会逐渐变得积极。你所经历过的美好的事，它们带来的快乐是持久的。每当你回想起来，都会觉得开心。每个人都会遇到问题。生活本来就不是一帆风顺的。你要耐心地学着将负面情绪转化为正面情绪，也要学着接受生活中的不美好。你会逐渐不那么纠结那些不完美的细节。你会把困难看作增长阅历的机会。

（3）关爱自己。① 做喜欢做的事情。做让自己觉得开心的事。如果自己总是把他人放在第一位，可能很少考虑到自己。但首先得照顾好自己，才有能力去关爱他人。把自己调整到最佳状态，才能给他人最好的关爱。② 多回想满足的时刻。没人知道你的想法，不会觉得你很自大。不需要常常迎合别人的想法。③ 不要过多担心他人的想法。你是独一无二的，不用按照别人的标准来要求自己。你爱好的、擅长的都和别人不同。你自己去定义什么是成功。④ 不要拿自己和他人比较。你看待自己的方式和别人不同，就如同看一幅画，从远处看和从近处看都是不同的。你眼中的别人，也许只是他努力营造的形象，并不是最真实的。所以，不要用他人的标准来衡量自身价值。要学会更为客观地看待自己和别人的行为。

(4) 培养良好的人际关系。① 维持健康的人际关系。人际关系的重要性不容置疑，哪怕你是个内向的人，或觉得自己不需要太多朋友。朋友和社交关系对所有人来说都是一种支持的力量。因此，你要维持和亲友等的良好关系。② 开拓新的人际关系。结识新的朋友，学会判断哪些人给你带来正能量。和这些人建立更深的联系。他们会给你支持，帮助你培养积极的心态。③ 和朋友谈心。当你陷入消极情绪中，主动寻求朋友的帮助。不要把消极情绪埋在心里。而是要说出来然后解决问题，这样才能变得开心。

(5) 积极应对压力。① 学会从压力中看到积极面。换一个角度看待问题，学会有针对性地解决问题。找到给你压力的问题，尽快解决它。学会把问题分解，逐个击破。还要学会预测可能出现的问题，预先想好应对措施。② 从日常事物中发现积极面。心态积极意味着能够从平凡的事物，甚至是困难中发现积极面。③ 能用积极的心态看待问题，你会更有效地解决问题。当你有效地解决了问题，反过来也能促使心态变得更加积极。从而，生活会变得越来越美好。

(二) 明晰目标是职业成功的前提

成功的道路是由目标铺成的。目标，顾名思义就是目的和标准。没有目标，就好比登上了一只无舵无桨的小船，不知目的地是何方，只能随波逐流。没有目标就没有动力，也就无所谓成功。人们只有有了明确的前进目标和方向，才能找准自己的位置，才能有坚强的意志去克服千辛万苦和艰难险阻，在奋斗中实现自己的人生价值。

拓展阅读 5-3

比塞尔的故事

比塞尔是西撒哈拉沙漠中的一个小村庄，这儿曾发生一件非常奇怪的事：这儿的人没有一个走出过大沙漠。据说当地人从这儿无论向哪个方向走，最后都还是要转回到原地。肯·莱文作为英国皇家学院的院士，当然不相信这种说法，他做了一次实验，从比塞尔向北走，结果三天半就走了出来。

比塞尔人走不出来的原因是什么呢？肯·莱文感到非常奇怪。为了弄清楚这个问题，他雇了一个名叫阿古特尔的比塞尔人，让他带路，看看究竟是怎么回事。他们带了半个月的水，牵上两匹骆驼，肯·莱文收起指南针等现代化设备，只挂一根木棍跟在后面。十天过去了，他们走了数百英里的路程，第十一天的早晨，他们果然又回到了原地。这一次，肯·莱文终于明白了，比塞尔人之所以走不出沙漠，是因为他们根本不认识北斗星！

在一望无际的沙漠里,一个人如果凭着感觉往前走,他会走出许许多多、大小不一的圆圈,最后的足迹十有八九是一把卷尺的形状。比塞尔村处在浩瀚的沙漠中间,方圆百里没有一点参照物,若不认识北斗星又没有指南针,想走出沙漠,确实是不可能的。

肯·莱文在离开比塞尔时,带了上次和他合作的阿古特尔。他告诉这位小伙子,只要白天休息,夜晚朝北面那颗最亮的星走,就能走出沙漠。阿古特尔跟着肯·莱文,三天之后果然来到了大漠的边缘。

现在,比塞尔已是西撒哈拉沙漠中的一颗明珠,每年有数以万计的旅游者来到这儿,阿古特尔作为比塞尔的开拓者,他的铜像被竖在小城中央。铜像的底座上刻着一行字:新生活是从选定方向开始的。

由此可见,成功需要明确的目标和方向。如果一个人没有目标,他就会像在一望无际的沙漠中完全凭感觉在摸索的比塞尔人一样,漫无目的,曲折前行,而且最终可能会发现,自己又回到了起点,或经过多年的辛勤努力后,却依然两手空空,一无所获。一个人无论年龄多大,他真正的人生之旅是从设定目标那一天开始的。

目标像分水岭一样,轻而易举地把资质相似的人们分为少数的精英和多数的平庸之辈。前者主宰了自己的命运,后者随波逐流而枉度一生。新东方董事长俞敏洪说过:人生的奋斗目标不要太大,认准了一件事情,投入兴趣与热情坚持去做,你就会成功!

(三)马上行动是职业成功的保证

好的目标需要靠行动去实现,没有行动的梦想就仅仅是幻想而已。机会总是垂青那些已经付诸行动的人,在成功面前,没有行动,一切都是等于零。

通常,人们在做事情之前,都会仔细考虑,好好想想为什么要做?该怎么做。但是,仅靠想象不能改变现实,想得过多,往往会使事情变得更糟,适得其反。因为,不付诸行动,只有想象和思考,只会在原地踏步,就像石雕人,哪儿也去不了。

马上行动要优于单纯的思考,立即行动比总停留在分析、思考研究上要好。一个没有行动的人当然不会犯错。害怕失败,担心丢脸,这是有些人一直没有开始行动的原因。实际上,事情可能远没有想象的那样糟糕。唯有立即行动起来,才能克服恐惧,才能成就事业和梦想。

任何成功必须付诸行动才能获得,行动创造价值,赢得收获。

拓展阅读 5-4

两个去南海的和尚

在偏远的山区有甲、乙两个和尚。有一天,甲对乙说:"我想到南海去,你看怎么样?"

乙说:"你凭什么去呢?"

甲说:"我一个水瓶、一个饭钵足够了。"

乙说:"我多年来就想建造一条船沿着长江而下,现在还没有做到呢,你凭什么去?"

第二年,甲和尚从南海归来,把到过南海的事告诉乙和尚,乙和尚深感惭愧。

这个故事告诉我们,考虑过多不如马上行动,决定的事情马上去做,一百次心动不如一次行动!

(四) 方法正确是职业成功的捷径

成功是通过努力或付出做成一件事情或达成一个目标的结果或状态。人人都向往成功,都在寻找成功的方法,并为成功而努力。

人人希望事半功倍,人人渴求少走弯路。你当然可以花十年、二十年,甚至穷尽毕生的精力和时间,自己慢慢地摸索成功之道,但这毕竟不是最好的方法。成功最重要的秘诀之一,就是懂得利用已经证明有效的成功方法。已经证明有效的成功方法在哪里? 在成功人士那里。因此,向成功人士学习成功的方法,是追求成功的捷径。

1. 简单

很多人往往喜欢把事情搞得很复杂,很烦琐。成功者都是能认清并抓住事物的本质而追求简单的人。成功的人只认准一个目标,矢志不渝地坚持做下去,而非一心想做成许多事情。

2. 重复

成功就是简单的事情重复做。人们所追求的成功,不是一步到位就能实现的。一个小的成就也许只需一两次的行动就能达成,而要取得巨大的成就,那就得不断重复成功的方法和行动。"重复"看似很枯燥,但却是成功的捷径。重复需要坚持,重复需要毅力,重复还需要耐心和信心。只要长期坚持、始终如一,成功就离你不远了。

3. 模仿

模仿实质上就是"借力",是走向成功的最好方式之一。在缺少成功经验、方法,找不到成功方向的时候,模仿成功者,学习成功者,不失为一条捷径。模仿是一种比较机械的学习,开始不免有照抄照搬之嫌。但为了更好地获得成功,在模仿的基础上,还需要创新和发展,更需要有自己的特色。我们可以学习成功者经验和方法,还可以借鉴成功者的模式,但这不是我们想要的最终结果。在瞬息万变的大千世界里,创新发展,展示个性魅力始终是时代的主旋律。因此,在模仿的过程中,要不断推陈出新,超越自我和竞争对手。

(五) 坚韧的毅力是职业成功的动力

毅力就是意志力,是人们为了达到预定的目标而自觉克服困难、努力实践的一种意志品质;毅力是人的一种"心理忍耐力",是一个人完成学习、工作、事业的"持久力"。当它与人的期望、目标结合起来后,它会发挥巨大的作用。在所有的成功者中,坚韧的毅力起着决定性的作用;而对失败者来说,缺乏毅力几乎是他们共同的毛病。毅力会帮助我们克服恐惧、沮丧和冷漠;会不断地增加我们应付、解决各种困难与问题的能力;会将偶然的机遇转变为现实,能帮助我们实现他人实现不了的理想。

总之,只有意志坚强的人才能取得事业成功。

(六) 终身学习是职业成功的必然要求

专注成长,要求每一个人都必须认真审视自己的发展,及时发现自己的优点,及时补齐自身的短板,在今后的工作生活中,成长得更快、发展得更好。终身学习已成为生存、发展之道,知识将改变人们的命运。

培养自己终身学习的兴趣,有了兴趣,做什么事都是事半功倍,学习需要不耻下问,不懂就及时去问懂的人;不断积累经验,在不断的试错过程中,反思失败的原因,在下次的实践中可以根据以往的经验更好地完成任务;坚持学习不断完善自我。随着知识更新步伐的加快,必须不断学习,更新自己的知识,开拓视野,拓宽知识结构,才能适应职场不断变化的需求。

学会思考,不断总结,学习要与自身的发展结合起来,自己的想法与实践的结合,指导自己的工作和生活,不断提高认识事物、解决问题的能力。

(七)岗位创新是职业成功的源泉

岗位创新是指从业者在职业活动中,立足于本职岗位,通过模仿、引进、独创、改进等方式,在生产、管理、服务等方面形成具有新颖性、独创性和效益性等的制度、措施、方法、工艺、技术等。

在我国各行各业战线上,涌现了有不少以高超技能为盾,创新创造力作矛,攻坚克难专啃"硬骨头"的职业能手:他们之中,有可凭手上"功夫"为导弹"雕刻"翅膀的巧匠、有创意发明每年可节约上千万元成本的能人、也有技术"高手",怀揣的一身绝技,可比肩世界一流水准的大国工匠。这些"工匠"并非一般公众眼中的"精英",有的是技校、高职的毕业生,不少还是来自车工、钳工、焊工等看似平凡普通的岗位。但他们以自身的成长轨迹诠释着平凡中的不平凡。

在这个"大众创业,万众创新"的时代,人人皆可创新,皆能创新,即便在"小"岗位上,也能走出既有技艺又有创造力的大工匠。

21世纪是以知识创新为动力的知识经济时代。创新是灵魂,谁在知识创新中领先,谁就能在经济竞争中占据优势。习近平同志在2016年全国科技创新大会上明确指出:"科技是国之利器,国家赖之以强,企业赖之以赢,人民生活赖之以好。中国要强,中国人民生活要好,必须有强大科技。"社会经济的发展、科学技术进步都离不开创新与创新思维的驱动。没有创新就没有今天的物质文明、精神文明、制度文明和生态文明。只有依托创新能力,才能有效解决实际工作中的难题,才能充分展示个人的才华,在实际工作中增长才干,做出工作成绩,最终实现人生的价值。

职场故事 5-12

在中车长春轨道客车股份有限公司高速动车组制造中心调试车间,罗昭强可谓大名鼎鼎。30年来,罗昭强勤于钻研、勇于创新,先后解决难题340项,取得创新成果200余项,荣获国家发明专利4项、实用新型专利7项,累计为公司节省费用2 400余万元。

面对耀眼的成绩,罗昭强却总是谦虚地说:"产业报国,勇于创新,是我们每一位高铁工人的本色。"

2015年,罗昭强经过深思熟虑,从一名维修电工,转岗至高铁生产调试一线。面对全新领域,罗昭强躬身从"学徒"做起,手机电脑存满各种图纸,连早晚乘坐班车都在研究。功夫不负有心人,罗昭强厚积薄发,很快成为高速动车组制造中心调试车间技术团队负责人,率领团队先后完成一系列国家和企业重点项目的试制和调试攻关工作,取得了数十项调试方法的创新,保证了动车组"零故障"出厂。

"新时代的技术工人,不仅要埋头苦干,还要懂技术、会创新",这是罗昭强一直奉行的工作法则。面对国外调试设备的技术封锁,罗昭强研制了具有自主知识产权的列车端部模拟器等动车组关键调试装备,打破国外市场垄断,将设备成本缩减为1/10,将调试技术牢牢掌握在自己手里。中华技能大奖是国家颁发给技术工人的最高荣誉,获此奖者被尊称为"工人院士"。2016年,罗昭强摘得中华技能大奖。

收获成功的喜悦,罗昭强在创新之路上越战越勇。他将目光又锁定在城铁车和出口车项目上，先后研制出"城铁车调试模拟装置"和"海外高端市场地铁列车模拟调试装置"。其中，"海外高端市场地铁列车模拟调试装置"以100万美元每套的价格成功打入海外市场，开创了中国工人发明创造登陆海外高端市场的先河。

2018年，得知国家科技进步奖开始申报评选的消息，罗昭强兴奋不已，他利用丰富的动车组网络、牵引、制动等调试经验和所擅长的列车故障判断和逻辑分析绝活，主持完成了高速列车整车调试环境模拟技术及应用项目，填补了该领域国内外技术空白，荣获2018年度国家科学技术进步奖二等奖。

在罗昭强看来，企业进步、高铁事业发展需要大量技能人才来支撑。为此，他依托公司组建的首席操作师工作站和劳模创新工作室广募学员。为把自己多年所学倾囊传授给青年人，罗昭强采取"量体裁衣""分类塑造"的方法，带领徒弟做攻关项目、写创新论文，为徒弟设计不同方向的职业生涯晋升方案，让徒弟们各展所长、百花齐放。除现场教学外，他还充分利用互联网技术，开辟"技能微培""微课堂"等，通过微信群无私分享经验，随时教、随时学、随时论、随时解。在他微信群里，光是来自本企业外的学员，就遍布全国各地30多家企业。

如今，罗昭强工作室的成员，已由最初的10人发展到75人，囊括各类顶尖技能人才，工作室成员中具有高级职称的就有59人。

专题小结

从青涩的学生变成潇洒自信的职场新人，对每个即将走上工作岗位的高校毕业生来说，都是一场挑战。万事开头难，职场新人只有摆正心态、用心工作，正确处理好职场人际关系，在全新的职场环境中表现自己的自信与实力，才能迈出成功的第一步。相信你一定能成为合格的职业人并顺利实现职业理想！

思考与练习

一、制订习惯养成计划

制订一份良好行为习惯养成计划表，并坚持执行，时间不少于三个月。期末进行汇报、交流。

二、案例分析

职场新人小李去拜访毕业多年未见、大学里负责就业指导的张老师。张老师见了年轻人很高兴，就询问他的近况。这一问，引发了这个年轻人一肚子的委屈。

小李说："我对现在做的工作一点都没有兴趣，这个工作与我学的专业也不相符，整天无所事事，工资也很低，只能维持基本生活。我运气不好，什么样的好运都从未降临到我的头上。现在，我没有什么事情可做，又找不到更好的发展机会。"

假如你就是张老师，针对小李的问题和困惑，请给出你的建议。

三、课后反思

1. 通过本专题的学习，我懂得了：

(1) _____

(2) _____

(3) _____

2. 为做一名合格的职业人,我准备:

(1) _____

(2) _____

(3) _____

3. 我准备通过以下几方面的努力,来实现我的职业目标:

(1) _____

(2) _____

(3) _____

主要参考文献

［1］马幼连,吕闽王.大学生职业生涯规划与就业指导[M].北京：航空工业出版社,2019.
［2］杨广文,许淳,郭玉莲.大学生职业发展与就业指导[M].北京：中国人民大学出版社,2019.
［3］刘贵书,雷立成,彭继玲.大学生职业生涯规划与实践指导[M].成都：西南交通大学出版社,2018.
［4］何振华,李端,张晓宇.大学生职业规划与就业指导[M].北京：航空工业出版社,2019.
［5］林秋贵.大学生生涯规划与就业指导[M].天津：南开大学出版社,2015.
［6］崔邦军,黄美煜.高职生职业发展与就业指导[M].北京：航空工业出版社,2020.
［7］韩红梅.大学生就业指导教程[M].北京：中国人民大学出版社,2019.
［8］高校教材编委会.大学生职业发展与就业指导[M].天津：南开大学出版社,2017.
［9］刘兰明.职业基本素养教程[M].大连：大连理工大学出版社,2011.
［10］拜五四.大学生就业与创业实训教程[M].北京：科学出版社,2014.
［11］蔡松伯,金晶,彭晓清.大学生就业知识与技巧[M].成都：西南财经大学出版社,2016.
［12］董桂英.求职与就业能力训练[M].北京：机械工业出版社,2015.
［13］李根艳.大学生职业生涯规划与创业指导[M].武汉：武汉大学出版社,2014.
［14］汤锐华.大学生职业规划与发展：就业与创业指导[M].2版.北京：高等教育出版社,2014.

郑重声明

高等教育出版社依法对本书享有专有出版权。任何未经许可的复制、销售行为均违反《中华人民共和国著作权法》，其行为人将承担相应的民事责任和行政责任；构成犯罪的，将被依法追究刑事责任。为了维护市场秩序，保护读者的合法权益，避免读者误用盗版书造成不良后果，我社将配合行政执法部门和司法机关对违法犯罪的单位和个人进行严厉打击。社会各界人士如发现上述侵权行为，希望及时举报，本社将奖励举报有功人员。

反盗版举报电话　（010）58581999　58582371　58582488
反盗版举报传真　（010）82086060
反盗版举报邮箱　dd@hep.com.cn
通信地址　北京市西城区德外大街4号　高等教育出版社法律事务与版权管理部
邮政编码　100120

高等教育出版社

教学资源索取单

尊敬的老师：
　　您好！
　　感谢您使用**黄必义**等编写的**《大学生职业发展与就业指导教程》(第二版)**。为便于教学，本书另配有课程相关教学资源。如贵校已选用了本书，您只要加入高教社职业素养和创新创业教师交流群，或者添加服务 QQ 号 800078148，或者把下表中的相关信息以电子邮件发至我社即可免费获得。

我们的联系方式：
联系电话：(021)56961310/56718921　　高教社职业素养和创新创业教师交流群：310075759
服务 QQ：800078148（教学资源）　　电子邮箱：800078148@b.qq.com
传真：(021) 56717650　　地址：上海市虹口区宝山路 848 号　　邮编：200081

姓　　名		性别		出生年月		专　　业	
学　　校				学院、系		教研室	
学校地址						邮　　编	
职　　务				职　　称		办公电话	
E-mail						手　　机	
通信地址						邮　　编	
本书使用情况	用于_____学时教学，每学年使用_____册。						

您对本书有什么意见和建议？

您还希望从我社获得哪些服务？
□ 教师培训　　　　□ 教学研讨活动
□ 寄送样书　　　　□ 相关图书出版信息
□ 其他_____